Marcel Grzanna
Eine Gesellschaft in Unfreiheit

GOLDMANN
Lesen erleben

Das Buch

Marcel Grzanna liefert mit *Eine Gesellschaft in Unfreiheit* einen hochspannenden Insiderbericht über die Mechanismen des größten Überwachungsstaates der Welt. Neun Jahre hat der deutsche Auslandskorrespondent mit seiner Frau, der Journalistin Pia Schrörs, in China gelebt. Neben ihren Erlebnissen nimmt Marcel Grzanna Bezug auf die politische Lage des Landes, die Proteste in Hongkong und verknüpft diese mit Chinas Geschichte. Er beschreibt ihre tägliche Arbeit als Reporter, die oft brenzligen Umstände ihrer Interviews mit Dissidenten, ihre Bespitzelung, Verfolgung und Bedrohung durch den Staat. Mehr als einmal gehen die beiden Journalisten an ihre Grenzen und schließen Land und Leute dennoch in ihr Herz. Ein unverzichtbarer Bericht für alle, die sich für China interessieren.

Marcel Grzanna

Eine Gesellschaft in Unfreiheit

Ein Insiderbericht aus China, dem größten Überwachungsstaat der Welt

Mit einem Vorwort von Peter Kloeppel

GOLDMANN

Dieses Buch beschreibt meine Zeit als deutscher Auslandskorrespondent in China und beruht auf meinen Erfahrungen, Erlebnissen, Aufzeichnungen und Recherchen. Es ist meine persönliche Sicht auf meine Arbeit, mein Leben und die Menschen darin. Dieses Buch hat selbstverständlich keinen Anspruch auf Vollständigkeit. Manche Namen habe ich aus Respekt vor der Privatsphäre geändert. Einige Aussagen und Ereignisse habe ich mit erläuternden Quellen hinterlegt. Keine Person und kein Ereignis sind erfunden.

1. Auflage
Originalausgabe Mai 2020

Umschlaggestaltung: UNO Werbeagentur, München,
unter Verwendung eines Fotos von © FinePic
Fotos Umschlaginnenseiten: Getty Images 521897335
(Thank you for choosing my work.) und Shutterstock 202134403
(Lewis Tse Pui Lung)
Fotos im Innenteil: © Marcel Grzanna
Lektorat: Dr. Marion Preuß
MP · Herstellung: kw
Satz: Vornehm Mediengestaltung GmbH, München
Druck und Einband: CPI books GmbH, Leck
Printed in the Czech Republic
ISBN 978-3-442-14265-1
www.goldmann-verlag.de

Inhalt

Für Pia, Lily und Mats.
Uns alle hat das Leben in China geprägt und geformt.

Vorwort

China ist überall. In unseren Computern und Smartphones, im Spielzeug und in Kleidungsstücken genauso wie in Autos und der Raumfahrt. Mit seinen Unternehmen bestimmt das Land ganze Märkte, kann Preise diktieren und Industrien in die Knie zwingen. China ist ein bedeutender, ständig wachsender Machtfaktor in der Weltpolitik. Die Nation weitet ihren wirtschaftlichen Einfluss auf allen Kontinenten aus und macht auch keinen Hehl daraus, dass Handel und Politik untrennbar miteinander verknüpft sind. Die chinesischen Machthaber denken nicht von Wahl zu Wahl, ihr Zeithorizont misst sich in Jahrzehnten, wenn nicht gar Jahrhunderten. An China kommen wir nicht vorbei.

Dennoch bleibt das Riesenreich mit seinen 1,3 Milliarden Einwohnern den meisten von uns verschlossen. Es sind nicht nur Schrift und Sprache, sondern auch der philosophisch-kulturelle Hintergrund, der westlich orientierten Menschen mit ihrem Drang zur Individualisierung wenig nachvollziehbar erscheint: das Aufgehen des Individuums in der Masse zum Wohle des Großen und Ganzen.

Genau das macht es aber auch so faszinierend, sich mit China zu beschäftigen. Da schließe ich mich bewusst ein. Mein erster Besuch in Peking liegt mittlerweile 33 Jahre zurück. Als *RTL*-Reporter begleitete ich Bundeskanzler Helmut Kohl im Sommer 1987 auf einer China-Reise, die den deutschen Regierungschef und seine Delegation sogar nach Tibet führte. Ich kam tief beeindruckt von der Größe und Vielfalt des Landes zurück und begann, Chinesisch zu lernen. Zwei Jahre lang traf ich mich immer sonntags mit einem Studenten aus Shanghai. Heute ist er Kunstprofessor. Er brachte mir die Grundzüge von Schrift und Sprache bei und ganz nebenbei die chinesische Kultur näher. Mein Traum einer Korrespondentenstelle in Peking scheiterte dennoch – Ende der Achtzigerjahre erschien es einem jungen Fernsehsender noch zu ambitioniert, einen Reporter in den Fernen Osten zu entsenden.

Doch Chinas Bedeutung wuchs mit jedem Jahr. Die Hoffnung auf einen festen Korrespondenten, der über die teils unglaublichen Entwicklungen des Landes berichten würde, hatte ich nie aufgegeben. Bis schließlich 2007 unsere ehemalige Journalistenschülerin Pia Schrörs zu mir kam. Gemeinsam mit ihrem Lebensgefährten Marcel Grzanna wollte sie nach Peking ziehen und von dort Geschichten aus China liefern. Sie fragte, ob *RTL* sich vorstellen könne, sie zu beschäftigen.

In der Chefredaktion waren wir einerseits begeistert: Eine Absolventin unserer Schule wagt den Sprung ins eiskalte Wasser und ist sich auch nicht zu schade, als Einzelkämpferin selber zu drehen, ihre Beiträge am Laptop zu schneiden und den fertigen Nachrichtenfilm über das Internet nach Deutschland zu schicken. Die Voraussetzungen waren gut. Denn unseren Journalistenschülern hatten wir in der Ausbildung immer eingeimpft: »Wir bringen euch nicht nur

Journalismus bei, sondern auch das Einmaleins der Fernsehproduktion. Wenn ihr beides beherrscht, dann steht euch die Welt offen.« Und der Zeitpunkt schien optimal gewählt: Die Olympischen Spiele 2008 standen vor der Tür, die Welt blickte mit Staunen und wachsendem Interesse auf das Land, das sich selbstbewusst von seiner besten Seite zeigen wollte.

Zur Eröffnung der Sommerspiele – Pia und Marcel waren mittlerweile schon ein Jahr vor Ort – reiste ich nach China. Gemeinsam mit meiner Sport-Kollegin Ulrike von der Groeben wollten wir von der Eröffnungsfeier berichten und bekamen dabei einen Eindruck von den Arbeitsmöglichkeiten unserer China-Korrespondentin. Das »*RTL*-Studio Peking« bestand aus einem Zwölf-Quadratmeter-Zimmer und war Teil des kleinen Wohnhauses, das die beiden Reporter gemietet hatten. Über dem Eingang flatterten ein deutscher und ein chinesischer Wimpel im Wind. Mehr mittendrin im Reich der Mitte konnte man nicht leben: Das typisch chinesische Backsteinhaus mit Innenhof lag in einem Hutong, also einem klassischen Wohnviertel mit engen Gässchen, durch die kein Auto passte. Nicht jedes Haus hatte fließendes Wasser, öffentliche Toiletten waren Standard für viele Hutong-Bewohner. Der Verzicht auf Privatsphäre gehörte zum Alltag. Dafür bekam man als Europäer einen hautnahen Eindruck vom traditionellen chinesischen Lebensstil.

So faszinierend das alles war: Ich machte mir trotzdem Sorgen. War es wirklich so einfach, wie die beiden sich das ausmalten? Um ein möglichst umfassendes Bild eines Landes und seiner Bevölkerung zu zeichnen, würde es nicht ausreichen, nur Pressekonferenzen, Kulturveranstaltungen und ausgewählte Vorzeigeprojekte zu besuchen. Pia und Marcel wollten schließlich »Hard News« liefern. Das heißt: Genau hinschauen, kritisch fragen, an einer Geschichte dranbleiben, dorthin gehen, wo es auch mal Probleme mit Behörden und Staatsunternehmen geben könnte. Journalisten müssen berichten, wenn einschneidende Veränderungen im Leben von Menschen geschehen und Träume wahr werden. Aber sie dürfen auch die Augen nicht verschließen, wenn die Staatsmacht sich Bahn bricht und individuelle Rechte in Gefahr sind.

Es ist gleichsam faszinierend, frustrierend und beängstigend zu sehen, wie schwer sich die chinesischen Behörden mit diesem Verständnis von Journalismus tun. Da werden Reporter bespitzelt und ihre Mitarbeiter bedroht. Örtliche Polizisten setzen Informanten unter Druck, beschlagnahmen Videoaufnahmen oder behindern Recherchen. Marcel Grzanna und Pia Schrörs ließen sich trotzdem nicht von der Arbeit abhalten, und manchmal hielten sie selbst uns in der *RTL*-Nachrichtenzentrale in Köln im Ungewissen über ihre Arbeit. Was dazu führte, dass wir einmal erst aus der Nachrichtenagentur *dpa* von der Festsetzung der beiden erfuhren, in einer Provinz Tausende Kilometer entfernt von Peking. Die Sache ging dank der Intervention der deutschen Botschaft gut aus. Doch danach vereinbarten wir, dass unsere Redaktion aus Sicherheitsgründen immer über alle Reise- und Recherchepläne informiert sein müsse.

Manchmal grenzt es an ein kleines Wunder, dass trotz der Schikanen der Staatsorgane kritischer Journalismus möglich ist. Dies geschieht oft nur, weil selbstbewusste Chinesen von Vertuschungsversuchen der Obrigkeit genug haben und den Reportern Rede und Antwort stehen. Aber auch weil ortsansässige Mitarbeiter sich für ein Verständnis von Pressefreiheit einsetzen, das in ihrem Land eher Seltenheitswert hat. Manchmal reichen die Missfallensbekundungen des Staates sogar bis nach Deutschland, wenn die hierher entsandten Botschaftsmitarbeiter sich bei Chefredaktionen über vermeintlich zu kritische Berichterstattung der China-Korrespondenten beschweren und Besserung verlangen.

Dieses Buch will eines nicht sein: eine wissenschaftliche Abhandlung mit Statistiken und Tabellen. Vielmehr bietet es eine journalistische Perspektive auf die rasante Entwicklung einer Nation, die in Siebenmeilenstiefeln von einer agrarisch geprägten Gesellschaft zum Wirtschafts-Powerhouse marschiert. Koste es, was es wolle. Marcel Grzanna nimmt uns mit auf spannende Reportagereisen in Regionen, die Touristen nur selten zu sehen bekommen. Wir erhalten einen ungefilterten Blick auf das Leben von Chinesen in und außerhalb der Metropolen. Wir sind dabei, wenn Industrie und Umweltschutz kollidieren, wenn Parteikader und Sicherheitsorgane ein absolutistisches Autoritätsverständnis kultivieren, Menschen systematisch bespitzeln, verfolgen und einsperren, während selbstbewusste Bürger gleichzeitig auf Individualität, Eigentumsrechte und das Recht auf freie Meinungsäußerung pochen.

Wenn wir »Zhong Guo«, das Reich der Mitte, besser verstehen wollen, können wir das am besten mithilfe von Menschen, die dort leben. Der chinesische Philosoph Konfuzius hat vor 2.500 Jahren gesagt: »Wohin du auch gehst, geh mit Deinem ganzen Herzen.« Marcel Grzanna und Pia Schrörs haben ihr ganzes Herz in die Hand genommen und sich auf das Abenteuer China eingelassen. Entstanden ist ein herausragendes und absolut lesenswertes Buch, das den Schatz ihrer Erfahrungen zeigt und uns hilft, dieses faszinierende Land besser zu verstehen. Denn wir dürfen nicht vergessen: China ist überall.

Peter Kloeppel

1

Zu neuen Ufern

Ende Dezember 2006: Kälte und schlechte Luft haben Peking fest im Griff. Wir stehen auf einer Fußgängerbrücke über der Chaoyangmenwai, einer der Hauptverkehrsadern der Stadt, und starren auf die Autos unter uns. Seit zwei Tagen befinden wir uns in der Hauptstadt der Volksrepublik China. Die ersten Eindrücke sind deprimierend. Der Smog hängt so dicht über den Straßen, dass die Sicht nur wenige Hundert Meter beträgt. Die Sonne klebt als gelbe Scheibe am Himmel. Aber sie strahlt nicht. Sie wirft kaum mehr als mattes Licht auf die Tristesse dieser Wintertage. Alles ist grau und trüb.

Peking ist eine einzige Baustelle gut anderthalb Jahre vor den Olympischen Spielen. Und die Menschen hier sind ein anderer Schlag als jene, mit denen wir noch 48 Stunden zuvor in Taiwans Hauptstadt Taipeh tagein, tagaus zu tun hatten. Pia, meine Frau, hatte bei *Radio Taiwan International*, einem öffentlich-rechtlichen Radiosender, der in 13 Sprachen, darunter Deutsch, in alle Welt sendet, ein Praktikum absolviert. Ich hatte bei meinem damaligen

Arbeitgeber zwei Monate Resturlaub und freie Tage eingereicht, sodass wir den Trip nach Taipeh nutzten, um gemeinsam in einer Sprachschule Mandarin zu pauken. Es wurden traumhafte sechs Wochen.

Wir waren in einem kleinen netten Hotel mitten im Stadtzentrum abgestiegen. Die Tochter des Betreibers freute sich mit uns über jeden neuen Satz, den wir halbwegs unfallfrei aussprachen. Morgens marschierten wir die Straße hinunter zu einer Bäckerei, die von einer Frau eröffnet worden war, die ein paar Jahre in Deutschland gelebt hatte. Es gab leckeres Brot und wahlweise frisch gemahlenen Kaffee aus Kolumbien, Brasilien oder Costa Rica. Wenn sie selbst im Laden stand, unterhielten wir uns über deutsche Politik, und sie offenbarte Detailwissen über die Kanzlerschaften von Kohl und Schröder. Sie nannte sich Claudia für ihre deutschen Freunde. Wir verstanden uns so gut, dass sie uns an einem Wochenende mit ihrem Auto auf den höchsten Berg des Landes chauffierte.

An den Nachmittagen saßen wir oft am wild bewachsenen Ufer des Jilong-Flusses, wo jemand ein paar Plastikmöbel hingestellt hatte und kannenweise grünen Tee verkaufte. Um uns herum saßen alte Männer, die Karten spielten, während wir den Unterrichtsstoff vom Vormittag wiederholten. Zum Beispiel viermal die Silbe *ma* in vier verschiedenen Tonlagen: monoton gleichbleibend, ansteigend, abfallend-ansteigend, abfallend. Unsere Lehrerin Frau Shi war ein harter Knochen, der kein Wort Englisch sprach und uns alles abverlangte, wenn wir die ansteigende Betonung des zweiten Tons nicht deutlich vom erst abfallenden und dann wieder ansteigenden dritten Ton unterschieden. Zur Auflockerung befahl sie mir mit erhobenem Zeigefinger, Pia vor dem Schlafengehen ausgiebige Schultermassagen zu gewähren.

Abends liefen wir gerne stundenlang durch die Metropole und suchten eines der vielen lieblichen Restaurants auf. Damals schlossen wir Taipeh tief ins Herz. Intensiv hatten wir die wohligen Temperaturen während des Spätherbstes, die Sauberkeit der Innenstadt und die Höflichkeit der Menschen dort genossen, ehe wir zu unserem zweiwöchigen Kennenlerntrip in die Volksrepublik China aufbrachen.

In Peking pfeift uns jetzt der eisige Wind um die Ohren, die Luft stinkt und alle naselang rotzt jemand neben uns auf den Boden. Gleich am ersten Abend will man uns im Restaurant um ein paar Euro prellen. Das wäre alles halb so schlimm, wenn wir uns hier nur als Touristen aufhielten: kennenlernen, verabschieden, auf Wiedersehen. Tatsächlich aber besuchen wir zum ersten Mal diese Stadt, die wir schon sehr bald zu unserem Lebensmittelpunkt machen wollen. Auf der Brücke über der Chaoyangmenwai dämmert uns, was das bedeutet.

»Ich kann nicht fassen, dass wir hier wirklich hinziehen wollen«, meint Pia und schaut mich an. Eine dicke Träne läuft ihr über die Wange.

»Scheiße«, denke ich. Was soll das werden, wenn wir jetzt schon weinend auf dieser Brücke stehen und unserem alten Leben nachtrauern, vier Monate bevor es überhaupt richtig losgeht. Pia hat nur den Mut, es auszusprechen. Es ist nicht leicht, alles infrage zu stellen, wenn man sich jahrelang auf etwas vorbereitet, das man so unbedingt will. Denn mit den Zweifeln kommt auch die Angst, dass man seinen Traum begraben muss.

Und wir träumten nun schon einige Jahre davon, als Korrespondenten im Ausland zu arbeiten. Die Idee geisterte bereits seit meinen Anfängen im Journalismus zu Beginn der 1990er Jahre durch meinen Kopf. 2003 wurde es konkret. Ich saß vor dem Nachrichtenticker, als aus der damals kommenden Olympiastadt Athen eine Meldung über den öffentlichen Nahverkehr eintrudelte. In diesem Augenblick dämmerte mir, dass es eine gute Idee sein könnte, dort hinzugehen, wo bald die Olympischen Sommerspiele stattfänden. Damit wäre ein grundsätzliches Interesse einer breiten Medienlandschaft an unserer Arbeit für einen gewissen Zeitraum garantiert. Und damit wäre auch die wirtschaftliche Grundlage für einen Umzug ins Ausland geschaffen. Ich war wegen meiner begrenzten Fremdsprachenkenntnisse zuvor nie auf die Idee gekommen, in ein Land zu ziehen, in dem nicht Englisch oder Deutsch die Landessprachen waren. Jetzt begriff ich: Auch andere Sprachen ließen sich in wenigen Monaten lernen, wenn auch nicht fließend. Aber Mittel und Wege, mit den Einheimischen zu kommunizieren, würden sich überall finden.

China stand zufällig als Nächstes in der olympischen Reihe. Das *International Olympic Committee* (*IOC*) hatte Peking die Sommerspiele 2008 zugesprochen, und wir erkannten schließlich das berufliche Potenzial. Hätten die Spiele in diesem Jahr anderswo stattgefunden, wären wir wohl niemals nach China gegangen.

Es fühlte sich fast an wie ein Wink des Schicksals, als wir eines Abends in einer Berliner Kneipe am Tresen standen und den Tischglobus kreisen ließen. Wir spielten dieses Spiel von Zukunft und Sehnsucht. Pia schloss ihre Augen, und ich drehte die Achse. Dann brachte sie die Kugel mit dem Zeigefinger blind zum Stehen. Wir trauten unseren Augen kaum. Nicht nur, dass Pia auf China zeigte. Der Nagel ihres Zeigefingers landete bündig unter dem Namen *Peking*. Als würde sie einem Kind erklären, wo diese Stadt in der Welt zu finden sei. Wir lachten. Natürlich hätten wir unsere China-Pläne zwar auch dann weiterverfolgt, wenn ihr Finger auf Oslo oder Neufundland gezeigt hätte. Aber diesen Zufall nahmen wir gerne als eine Bestätigung für die Tauglichkeit unserer Idee zur Kenntnis: »Wenn das nicht mal ein Zeichen ist.«

Und jetzt stehen wir ein paar Jahre danach auf dieser Brücke, und Pia kullern die Tränen übers Gesicht. »Wollt ihr wirklich in diesen Moloch ziehen«, hatte Peter Kloeppel sie gefragt, der damals neben seiner Aufgabe als *RTL*-Chefredakteur auch Direktor der *RTL*-Journalistenschule war. Pia hatte sich rund zwei Jahre zuvor in Köln für ein Volontariat beworben und das große Glück gehabt, eine von nur 30 Auserwählten zu sein, die alle zwei Jahre unter damals Tausend Bewerbern ermittelt wurden. Peter Kloeppel mochte die Peking-Idee, aber er wusste um die Herausforderung. Er kannte die Stadt und hatte Freunde dort.

Seine bekümmerte Frage liegt uns jetzt auf der Brücke über der Chaoyangmenwai wieder in den Ohren, als der Horizont hinter einem faden Schleier verschwindet. Die Gegensätze zu Taiwan drücken auf die Seele. China ist für uns Neuland. Wir waren zwar Ende 2004 für ein paar Tage in Hongkong, aber das war eine andere Welt. Wir begreifen, dass es eine Sache ist, ein paar Wochen Urlaub in Asien zu machen. Aber seine Zelte in Deutschland abzubrechen, um sie in China wieder aufzustellen, ist eine ganz andere. Auch wenn uns immer bewusst war, dass es ein Risiko birgt, sich auf etwas einzulassen, von dem man keine Ahnung hat. Zumal weitreichende Konsequenzen für uns damit verbunden waren. Pia hatte ein gutes Jobangebot für die Zeit nach der Journalistenschule abgelehnt und ich meinen Posten als Leiter des Berliner Büros einer Sportnachrichtenagentur zur Disposition gestellt.

Wir waren natürlich nicht die ersten Ausländer, die sich diesem Abenteuer stellen und in China arbeiten wollten. Doch die meisten ausländischen Mitarbeiter großer Firmen machen einen Erlebnistrip in die Stadt, *look and feel,* ehe sie endgültig Ja oder Nein zu einem neuen Leben in der aufsteigenden Wirtschaftsmacht sagen. Ein bisschen so wie wir in diesen Dezembertagen. Aber diese Entsandten in spe werden vom Flughafen abgeholt und in ein schönes Hotel gebracht, das ihre Firma zahlt. Vor allem die begleitenden Ehe- oder Lebenspartner müssen schließlich überzeugt werden, weil sie es in der Regel sind, die ohne Aufgabe jahrelang gezwungen sind, sich in wildfremder Umgebung sinnvoll zu beschäftigen. Auf diesen Kennenlerntrips treffen sie schon einmal künftige Arbeitskollegen und andere Landsleute, die ihnen sagen, wo man am besten essen geht und wann sich der Buchclub in der deutschen Schule trifft. Vielleicht schauen sie sich auch schon einmal eine der Villen in den Vorstädten an, die der Arbeitgeber gegen horrendes Geld anzumieten bereit ist, damit die Mitarbeiter und deren Familien sich wohl fühlen, 9000 Kilometer von zu Hause entfernt. Dann fliegen sie nach ein paar Tagen mit dem Gefühl zurück, dass bestens für sie gesorgt sein wird und mit der Gewissheit, dass die Brötchen vom deutschen Bäcker auch in China frisch auf dem Frühstückstisch stehen werden.

Uns holt niemand am Flughafen ab. Wir gehen als Freiberufler auf eigenes Risiko ins Ausland. Eine Villa oder ein großes Apartment sind reine Utopie. Wir suchen für 500 Euro nach Bewohnbarem. Wir wissen nichts von einem deutschen Bäcker und haben keine Ahnung, wo sich andere Deutsche in dieser Stadt überhaupt aufhalten. Das Hotel, in dem wir im Dezember 2006 auf eigene Kosten für 14 Tage absteigen, ist zum Weglaufen. Unser Zimmer hat nur ein Oberlicht, durch das ein bisschen Helligkeit dringt. Eine brummende Klimaanlage, an deren Fächern feuchte Staubfusseln kleben, wärmt das Zimmer notdürftig auf. Junge Frauen stehen in dicken Mänteln an der Rezeption, weil nirgendwo geheizt wird. Wenn wir an ihnen vorbeilaufen, schauen sie uns argwöhnisch an und kichern. Morgens verlassen wir das Hotel, weil wir uns keine Minute länger als nötig dort aufhalten wollen. Es gibt nicht einmal Kaffee. Wenn wir auf die Straße treten, ist außer Autos und ein paar Bürogebäuden in der Ferne nichts zu sehen. Wir irren durch diesen Moloch auf der Suche nach etwas Lieblichem, nach einem Halt für die Seele. Die ersten beiden Tage laufen wir vom Hotel aus dummerweise noch in die falsche Richtung, nämlich dorthin, wo wir auf Kilometer hinaus keinen ordentlichen Kaffee finden. Irgendwann sitzen wir vormittags in einem *McDonald's*, essen einen fettigen Eiermuffin und trinken schlechten Kaffee. Wir stellen uns zunächst vor, wie wir in den kommenden Jahren an dieser öden Kreuzung, in diesem Schnellrestaurant hocken und unser Frühstück hinunterwürgen. Aber wir wissen auch, dass Muffensausen dazugehört. Deswegen lassen wir uns trotz des emotionalen Tiefpunkts nicht von unserer Entschlossenheit abbringen. Alles hatten wir darauf ausgerichtet, am 1. Mai 2007 den Flieger in ein neues Leben zu besteigen. Und trotz der Tränen bleibt es dabei: Wir wollen nach Peking, um von dort als Korrespondenten zu berichten.

Schnell wendet sich das Blatt. Am Tag darauf verzieht sich der Smog. Es wirkt wie Balsam für die Seele. Blauer Himmel verleiht der Stadt einen anderen Charakter. Er gibt ihr die Würde zurück. Wir klammern uns fortan an Kleinigkeiten. Die Filiale einer guten Kaffeekette, die wir finden, macht uns glücklich. Wir verbringen den Nachmittag des Heiligen Abends dort. Später essen wir in einem thailändischen Restaurant in pinkfarbenem Dekor und haben Spaß. Am 1. Weihnachtstag verspeisen wir in einem bodenständigen chinesischen Lokal feierlich erstmals Peking-Ente und verlieben uns in die Geschmackskombination der hauchdünnen Weizenpfannkuchen, bestrichen mit der süßlich, dickflüssigen Hoisin-Soße. Sie besteht hauptsächlich aus fermentierten Sojabohnen. Zum Entenfleisch legt man noch einige in Streifen geschnittene Gemüsesorten in den Fladen: ein Festmahl. Weil es das erste Mal ist, bitten wir das Knochengerüst der verspeisten Ente sehen zu dürfen, um sicherzugehen, dass man uns nicht nur die Haut, sondern tatsächlich auch das Fleisch darunter serviert hat. Die schmalbrüstige Ente hatte tatsächlich kaum mehr zu bieten. Dazu trinken wir *Beijing Bier*, das vornehmlich nach Wasser schmeckt, und den unverzichtbaren *baijiu*, einen Weizenschnaps mit markanter Note, der bei ausreichender Investition sehr süffig sein kann. Wir zahlen wenig und bekommen dafür eine Plörre, die uns beinahe die Speiseröhre verätzt. Aber der Abend bereitet uns große Freude.

Schritt für Schritt nähern wir uns an, Peking und wir. Was uns gestern noch nervte, bringt uns heute schon zum Lachen. Dem Kulturschock nach der Ankunft aus Taipeh folgt die sachliche Erkenntnis, dass manche Orte erst auf den zweiten Blick Charme entwickeln. Unsere Zuversicht wächst und mit ihr die Vorfreude auf die größte berufliche Herausforderung unseres Lebens.

Doch es gibt noch ein Problem: »Was macht so ein Korrespondent eigentlich den ganzen Tag?« Henrik Bork heißt der Mann, der diese Frage stellt. Er ist damals Korrespondent der *Süddeutschen Zeitung*. Henrik erzählt uns von seinen Anfängen als freier Journalist in der Volksrepublik und seiner damaligen Ahnungslosigkeit vom Alltag eines Korrespondenten. Er kennt China mit all seinen Facetten. Mitte der Neunzigerjahre wurde er mal aus dem Land ausgewiesen, weil die Regierung seine direkte Art, Dinge gnadenlos beim Namen zu nennen, nicht mochte. Da wurde sein Bild sogar in der 20-Uhr-Ausgabe der *Tagesschau* eingeblendet. Er ging nach Japan und, als sich die Wogen geglättet hatten, kam er acht Jahre später zurück nach Peking.

Eine Kollegin aus Berlin kannte Henrik noch aus gemeinsamen Studienzeiten und empfahl uns, ihn anzuschreiben, wenn wir in der Stadt seien. Er könnte uns bestimmt ein paar Tipps geben, meinte sie. Der erste gute Tipp von Henrik ist ein japanisches Restaurant in der Panjiayuan Lu, in dem wir zusammensitzen und Sake trinken. Über die Jahre wird es eine unserer Lieblingsanlaufstellen der Stadt, bis es dichtmacht, an anderer Stelle viermal so groß wiedereröffnet und dabei leider Herz und Seele verliert. Es ist ein spannender Abend, den wir zusammen erleben. Henrik erzählt

Kurioses und Erschreckendes aus all den Jahren, die er in Asien verbracht hat.

Das Treffen macht uns Mut, weil auch wir vom Alltag der Korrespondenten noch nichts wissen, als wir vier Monate später mit zwei Koffern, zwei Rucksäcken und ein paar Brocken Mandarin ohne Rückflugticket erneut in Peking landen. Nach ein paar Tagen haben wir eine Wohnung gefunden, die unserem schmalen Geldbeutel gerecht wird. Wir richten unser Heimbüro ein, kaufen ein Telefon, ein Faxgerät und einen Schreibtisch.

Noch ist im Sender in Köln kein Bewusstsein dafür entstanden, dass in Peking jetzt eine Reporterin zur Verfügung steht, die komplette Beiträge produzieren kann. Die Ausbildung an der Kölner Journalistenschule zielte zwar genau darauf ab, den Absolventen sowohl das journalistische Handwerk als auch die Handhabe von Kamera und Schnitt zu vermitteln. Doch Pia ist die Erste, die ihre erworbenen Fähigkeiten jetzt vollumfänglich in die Tat umsetzen will. Sie hatte eigens Extraschichten beim Umgang mit der Kamera geschoben. Doch ob das Konzept in der Praxis wirklich funktioniert, sodass aus einer Zulieferin von Bildmaterial eine echte Korrespondentin wird, weiß noch niemand.

Bislang war das deutsche Privatfernsehen ohne eine China-Korrespondentin ausgekommen. Es fehlt allen noch die Vorstellungskraft, was Pia über die üblichen Bildangebote der weltweiten Nachrichtenagenturen *Reuters*, *Associated Press* (*AP*) oder *Agence France-Presse* (*AFP*) hinaus aus der Volksrepublik würde anbieten können. Zumal die autoritäre Staatsmacht ausländische Journalisten bei jeder Gelegenheit gängelt und diskreditiert. Ist es überhaupt möglich, dass wir als China-Neulinge in so einem Umfeld ausreichend recherchieren können, um interessante und exklusive Einblicke aus der Volksrepublik zu vermitteln? *RTL* und *n-tv* würden nicht ohne Weiteres Geschichten ins Programm nehmen, die sich nicht vom Material der Agenturen unterscheiden.

Wochenlang sind wir wie gelähmt. Ich besuche ein paar Pressekonferenzen des Organisationskomitees der Olympischen Spiele und setze ein paar Texte bei der Agentur ab. Aber auch ich weiß noch nicht, mit welchen Themen sich neue Zeitungskunden in Deutschland gewinnen lassen. Die erste Zeit verbringen wir deshalb gerne damit, unser Leben zu organisieren, um das Gefühl zu haben, beschäftigt zu sein. Pia bastelt geschlagene zwei Wochen am Design ihrer Visitenkarten.

Wir leben in Fuli Cheng, einem Wohnblock südlich des Finanzviertels Guo Mao. Hier gibt es im Jahr 2007 in Fußgehweite nur chinesische Restaurants und einen chinesischen Supermarkt. Die örtliche Bäckerei verkauft süßes Weißbrot, mal mit süßer Wurst gestopft, mal mit Puderzucker garniert. Wir waren auf Backwaren mit asiatischem Charakter vorbereitet und hatten uns vorsorglich eine Brotbackmaschine aus Deutschland schicken lassen. Von der Existenz einer deutschen Bäckerei wissen wir immer noch nichts. Jahre später lachen wir selbst über uns, angesichts von so viel Ahnungslosigkeit. Schließlich lebten in der Stadt damals schon Tausende Deutsche und Zehntausende anderer Nationen, die längst Strukturen geschaffen hatten, die es ermöglichten, viele Annehmlichkeiten aus der Heimat auch in China zu genießen, ganz gleich, um welche Vorlieben es sich handelt.

Doch für den Augenblick fühlen wir uns sehr wohl in unserer chinesischen Blase. Viele Monate essen wir jeden Tag die lokale Küche. Bei uns um die Ecke gibt es den Nudelmann, wo wir hausgemachte Nudeln entweder mit Rinderbrühe in Suppe schlürfen (*là miàn*) oder abgekühlt serviert in einer Sesamsoße (*liáng májiàng miàn*). Natürlich gibt es den obligatorischen Feuertopf *(huŏguō)*, bei dem wie beim Fondue den Speisenden selbst überlassen ist, welche Zutaten sie in welcher Reihenfolge in der Brühe garen möchten. Und wenn wir keine Lust auf Nudeln oder Brühe haben, bieten andere Restaurants klassische chinesische Hausmannskost *(jiāchángcài)*, oder wir kochen selbst, meistens Reis mit gefüllten Teigtaschen *(jiăozi)* aus der Tiefkühltruhe. Zur Abwechslung gehen wir immer gerne zum Japaner, wo wir bald schon herzlich als Stammkunden begrüßt werden.

Wenn wir uns hin und wieder mit Kollegen treffen, sind wir immer ganz erstaunt, wenn diese uns erzählen, dass man auch Parmaschinken oder Müsli kaufen kann. Doch weil wir unseren Alltag so mögen, wie er ist, beschäftigen wir uns weder mit Parmaschinken noch mit Müsli. Wir entscheiden uns bewusst oder unbewusst dazu – so genau haben wir nie darüber nachgedacht –, unseren eigenen Weg zu gehen und uns nicht allzu sehr an die deutsche Gemeinde zu hängen. Zum einen, weil wir 25 Taximinuten entfernt von Sanlitun wohnen, wo viele Deutsche leben. Unser Alltag spielt sich woanders ab. Und zum anderen hilft es uns, Land und Leute schneller kennenzulernen und Fortschritte mit der Sprache zu machen, wenn wir weitgehend auf uns allein gestellt sind. Hinzu kommt eine gewisse Zurückhaltung, weil wir als Neulinge unsicher sind, wie wir uns unter all den renommierten Asienexperten positionieren können. Zumal wir für Medien arbeiten, deren China-Expertise noch sehr begrenzt ist.

Weil wir die allerersten Korrespondenten von *RTL* und dem *Sport-Informations-Dienst* (*SID*) in China sind, gibt es noch keine amtliche Registrierung unserer Büros, die wir formell eröffnen müssen. Arglos arrangieren wir alles in Eigenregie und tappen in diverse Fallen. Eine davon führt Pia nach wenigen Monaten direkt in ein Verhörzimmer der Staatssicherheit. Noch aber nehmen wir fälschlicherweise an, alles werde seinen Lauf nehmen.

Eines Abends brennt in der Nachbarschaft der Dachstuhl eines Rohbaus. Wir schauen aus dem Fenster im 17. Stock und fassen einen Entschluss: Da müssen wir jetzt hin, das drehen wir. Wir schnappen uns die Kamera und das Stativ, setzen uns in ein Taxi und fahren in Richtung des Gebäudes. Wir sind nervös, weil wir keine Ahnung haben, ob man einfach so eine Kamera auf einen vermeintlichen Großbrand halten darf oder ob das Regime uns wegen fehlender Lizenzen in Ketten legt. Die Frage erübrigt sich für diesen Abend. Als wir ankommen, sind die Flammen schon erloschen.

Es vergehen sieben Wochen seit unserer Ankunft, bis wir endlich unsere Chance wittern. Schwere Fluten haben in Südchina ganze Dörfer zerstört. Wir lesen in den staatlichen Zeitungen von Hunderten Toten. »Auf geht's«, entschließen wir uns. Wir buchen ohne Rücksprache mit dem Sender drei Flugtickets, zwei für uns, eines für unsere Übersetzerin, eine junge Frau, Anfang 20, die wir schon während unserer Stippvisite im Dezember kennengelernt hatten. Sie nennt sich Holly und weiß nichts über Journalismus. Aber sie spricht Englisch und half damals unserer Immobilienmaklerin aus, uns als Kunden zu gewinnen. Eine Dolmetscherin ist zunächst das Wichtigste, wenn wir uns auf den Weg in die Provinz machen wollen.

Wir starten am frühen Morgen und landen drei Stunden später in Meizhou in der Provinz Kanton. Mit einem Taxi fahren wir mehrere Stunden Richtung Katastrophengebiet, doch wir finden anfangs keine zerstörten Dörfer. Das Einzige, was wir sehen, ist ein Mann in einer Kleinstadt, der mit einem Wasserschieber eine Lache aus seiner Garage abzieht. Wir werden unruhig. Für die erheblichen Reisekosten erwarten die Redaktionen sicherlich eine Gegenleistung. Der Mann mit dem Gummiwischer wird nicht ausreichen für einen Beitrag im deutschen Fernsehen.

Wir suchen weiter. Noch eine Stunde vergeht. Der Fahrer fragt sich durch, und wir haben Glück. Irgendwann am Nachmittag finden wir tatsächlich eines der Dörfer, die komplett verwüstet sind. Kaum angekommen bekommt Pia einen Anruf von *n-tv* und schildert live am Telefon, dass sie gerade knietief durch den Schlamm läuft und es noch immer in Strömen regnet. Es ist ihre erste Telefonschalte, die live in Deutschland zu hören ist. Als das Gespräch beendet ist, schaut sie mich grinsend an und wischt sich demonstrativ mit der Hand über die Stirn: »Geschafft!«

Einige Bewohner des Dorfes haben einen Fährservice auf die andere Seite des Flusses eingerichtet, wo sich der Ortskern befindet und sich am Tag zuvor eine meterhohe Flutwelle durch die engen Gassen Bahn gebrochen hat. Ein Schweinekadaver schwimmt auf dem Fluss an uns vorbei. Wir setzen über und sprechen dort mit Leuten, die alles verloren haben, mit Familien, die Angehörige vermissen, mit Menschen, die der örtlichen Regierung Unfähigkeit vorwerfen.

Aber schon drängt die Zeit. Das *RTL-Nachtjournal* hat sich gemeldet und eine Reportage für den gleichen Tag bestellt. Pia ist zuversichtlich, dass sie bis Mitternacht deutscher Zeit liefern kann. In China sind wir im Sommer sechs Stunden voraus, und es ist erst früher Abend. Dummerweise trägt Holly an diesem Tag Flip-Flops. Bei jedem Schritt durch den Schlamm muss sie fürchten, einen ihrer Schlappen zu verlieren. Sie kämpft sich zurück zum Auto. Wir verlieren fast eine halbe Stunde, weil sie kaum vorankommt.

In der nächstgrößeren Stadt nehmen wir ein Hotel. Pia bastelt stundenlang an ihrem Beitrag, sucht Bilder heraus, O-Töne, textet, schneidet, vertont schließlich. Es ist vier Uhr morgens. Genug Zeit, glauben wir. Aber wir haben die Rechnung ohne das Internet gemacht. Das WLAN-Netz des Hotels kapituliert bei dieser Datenmenge. Die Übertragung soll vier Stunden dauern. Wir sehen ein, dass der Beitrag in dieser Nacht nicht im Nachtjournal laufen kann, selbst wenn Holly im Schlamm der Fluten feste Schuhe getragen hätte. Niedergeschlagen ruft Pia den Chef vom Dienst an und handelt sich zwei Stunden vor Sendebeginn eine Rüge ein. Nach einer Schimpftirade sagt er, er werde schon etwas im Stehsatz finden, um die Lücke zu schließen. Die ganze Arbeit umsonst, so scheint es. Wird das *Nachtjournal* jemals wieder eine Geschichte bestellen oder war das schon Beweis genug, dass es keinen Sinn ergeben würde, sich auf das neu eröffnete Büro Peking zu verlassen? Dann können wir gleich wieder die Koffer packen und nach Deutschland zurückkehren, glauben wir. Deprimiert legen wir uns schlafen.

Am nächsten Tag schreibe ich auf dem Rückflug nach Peking eine Reportage. Die *Frankfurter Rundschau* hat Interesse und auch ein paar andere Regionalzeitungen. Wir sind froh, dass nicht alles völlig umsonst war. Zeitungsberichte, die nach geschriebener Zeile bezahlt werden, lohnen sich aber auch nur, wenn ein Text mehrfach verkauft wird. Doch so oder so war die Reise eine wertvolle Erfahrung für uns, die uns zeigte, wie einfach es im Grunde war, an eine Geschichte zu kommen. Weder Polizei noch Stasi[1] hatten uns an der Arbeit gehindert. Niemand fragte nach unserem Presseausweis, den wir zu diesem Zeitpunkt auch noch gar nicht besaßen. Wir versuchten, die Pleite mit dem Internet aus der vergangenen Nacht abzuhaken.

Nach der Ankunft in Peking klingelt Pias Telefon. Das *Nachtjournal* fragt, ob die Geschichte denn heute pünktlich in den Sender einlaufen könne. Uns fällt ein Stein vom Herzen. Die Reportage wird doch noch gesendet. Und es kommt noch besser. Auch die Hauptnachrichten von *RTL aktuell* fragen eine kürzere Version für den Tag danach an. Volltreffer. Die Arbeit war nicht vergebens. Schnell ist das Malheur vergessen. Der Beitrag ist rund, die Bilder gut. Ab sofort gilt das »Büro Peking« als echte Option.

Wir feiern den Erfolg am Abend mit einem Nachtmahl bei unserem Stammchinesen. Wir haben allen Grund dazu, weil wir die Bestätigung bekommen haben, dass unser Konzept funktioniert und dass Pia in der Lage ist, fertige Beiträge in einer Qualität zu produzieren, die die Redaktionen gerne bestellen. Und tatsächlich wird die Reportage zur Initialzündung.

Wenn uns damals jemand fragte, wie lange wir in China

bleiben wollten, sagten wir immer, dass wir das Olympiajahr abwarten und danach entscheiden würden. Wir wollten uns nicht mit einem festen Termin unter Druck setzen. Die Marschroute lautete immer: Wenn es funktioniert, bleiben wir, ansonsten kehren wir zurück. Wir ahnen an diesem Abend noch nicht, dass wir für neun Jahre in China leben werden.

Pia schafft es mehrfach im Monat mit ihren Reportagen ins Programm und erhält in den folgenden Jahren viel Wertschätzung für ihre Arbeit. Sie wird 2011 von *Amnesty International* beim 6. Marler Fernsehpreis für Menschenrechte mit dem Ehrenpreis ausgezeichnet. Bei der Preisverleihung sitzt sie neben Gerd Ruge, der einen Sonderpreis für sein Lebenswerk erhält und der Anfang der 1970er Jahre selbst als China-Korrespondent für drei Jahre in Peking arbeitete. Zweimal wird Pia auch für den *CNN*-Award für deutschsprachige Journalisten unter 33 Jahren nominiert.

Ich arbeite derweil für viele namhafte deutschsprachige Medien. Im Sommer 2009 werde ich Wirtschaftskorrespondent der *Süddeutschen Zeitung* und des *Schweizer Tages-Anzeigers*. Noch kurz vor unserer Abreise nach China hatte mich eine Kollegin beim *SID* gefragt, ob wir denn nach Olympia auch wirklich nach Deutschland zurückkehren wollten. »Wenn mir nicht unbedingt die *Süddeutsche Zeitung* einen Job anbietet, dann wohl schon«, sagte ich überwiegend scherzhaft. Ich wollte die Frage weder mit Ja noch mit Nein konkret beantworten, auch um zu vermeiden, frühzeitig die Tür für eine mögliche Rückkehr zuzuschlagen. »Das wird wohl nicht passieren«, antwortete die Kollegin. Dass es dann doch genau so kommen würde, war beim besten Willen nicht abzusehen. Aber als die Stelle überraschend frei wird, setze ich mich im Bewerbungsverfahren durch und kann mein Glück kaum fassen, dass ich mich vom Sportredakteur mit den Schwerpunkten Fußball, Eishockey und Rudern zum Repräsentanten des Wirtschaftsressorts einer der führenden deutschen Tageszeitungen wandle. Dieses eine Ressort flößte mir stets großen Respekt ein, und ich wusste nicht, ob ich seinem Anspruch gerecht werden könnte.

In all den Jahren bereisen Pia und ich das Land in alle Himmelsrichtungen und dürfen China auf eine Art und Weise kennenlernen, die uns fasziniert, beglückt und amüsiert, die uns aber auch Angst macht, traurig stimmt und deprimiert. Wir lachen, weinen, essen und streiten mit den Chinesen. An manchen Tagen herzen, an anderen verfluchen wir sie. Doch egal, in welcher Gefühlslage wir den Gastgebern begegnen, wir empfinden es stets als großes Privileg, in China als Auslandskorrespondenten arbeiten zu dürfen.

Staatssicherheit und Polizei werden im Laufe der Zeit zu einem ständigen Begleiter unserer Arbeit. Oft verstecken wir uns, manchmal fliehen wir vor ihnen, hin und wieder stellen wir sie selbst zur Rede, und es kommt auch vor, dass wir uns freundlich mit ihnen unterhalten. Mehrfach werden wir für mehrere Stunden festgehalten, wir werden verhört oder bedroht. Manchmal hilft uns nur noch diplomatische Hilfe der Bundesrepublik Deutschland, um aus unserer misslichen Lage freizukommen. Manchmal wird es sogar handgreiflich; ein Teammitglied wird von der Polizei grün und blau geprügelt.

Dutzende Male reisen und recherchieren Pia und ich als

Kooperationspartner von *RTL* und *Süddeutsche Zeitung* gemeinsam durchs Land. Auch noch, nachdem unsere Tochter Lily und unser Sohn Mats geboren werden. Die beiden sind mit dabei, wenn wir hinter die Kulissen der Werkstatt der Welt blicken, die Lebensumstände von Wanderarbeitern beleuchten oder verwaiste Kinder besuchen. Sie sitzen mit im Auto, wenn wir uns vor der Polizei verstecken, sie stehen hinter der Kamera (bzw. liegen in ihrem Kinderwagen), wenn wir Dissidenten interviewen. Oft sind sie sogar Türöffner bei Reisen tief in die Provinzen, wo scheue Menschen schneller Vertrauen zu uns aufbauen, weil wir kleine Kinder mitbringen. Wir glauben, dass wir mit der gleichen Arbeitsweise in Deutschland oft auch verstörte Blicke geerntet hätten, aber in China stellte niemals irgendjemand die Anwesenheit der Kinder infrage.

China wird zu unserer neuen Heimat. Die Entscheidung nach Peking zu ziehen, entpuppt sich als die bestmögliche unseres Lebens. Es werden prägende neun Jahre zwischen Einschüchterungsversuchen durch die Staatssicherheit und Familienausflügen in die Sweatshops des Landes. Wir leben unseren Traum, den sich viele andere nie zu träumen wagen. Wie oft begegneten wir in Deutschland Kollegen, die uns sagten: »Ich wollte auch immer mal im Ausland arbeiten, aber …« Wir waren unendlich froh, dass wir dieses »aber« abgeschüttelt hatten. Es hätte genügend Hindernisse gegeben, die uns ausreichend Rechtfertigung geliefert hätten, unsere China-Pläne abzublasen. Aber … Wir hätten uns einen solchen Entschluss wohl niemals verziehen.

Wenn wir heute auf die Entwicklungen in China zurückblicken, fühlen wir uns bestätigt in unserer stets kritischen

Haltung der regierenden Kommunistischen Partei gegenüber. Eine Haltung, die uns häufig zum Vorwurf gemacht wurde. Unzählige Male mussten wir uns anhören, dass wir ideologisch befangen und voreingenommen über das Land berichteten. Dass es uns als Journalisten nur darum ginge, schlechte Nachrichten zu verbreiten, weil die sich besser verkaufen ließen. Doch wer sich die jüngsten Geschehnisse in Hongkong anschaut, wo Sicherheitseinheiten mit brutaler Gewalt alles niederknüppeln, was nach Protest aussieht, oder über die Enthüllungen über Umerziehungslager für muslimische Uiguren im Nordwesten des Landes liest, wo eine irrsinnige Zahl an Menschen wegen Verbrechen Einzelner in Sippenhaft genommen wurde, der bekommt einen Crashkurs über die Mechanismen autoritärer Systeme.

Wir sahen uns aufgrund unserer journalistischen Arbeit in China sehr häufig mit diesen Dingen konfrontiert. Auch deshalb ist dieses Buch entstanden. Es soll deutlich machen, dass eine Diktatur für die überwältigende Mehrheit ihrer Bevölkerung immer die schlechtere Alternative ist zu demokratischen Strukturen, ganz gleich, was uns die Machthaber solcher autoritären Systeme gegenteilig weismachen wollen. Dieses Buch ist ein Plädoyer für Freiheit, Bürgerrechte und Rechtsstaatlichkeit. Und es ist ein Versuch, seine Leser davon zu überzeugen, kompromisslos für die Werte liberaler Demokratien einzustehen.

2

Jung und naiv

»Ach, du meine Güte«, schoss es mir durch den Kopf. »Wir haben ein Problem. Und zwar ein riesengroßes.« Mein linkes Auge begann zu zucken, ein Hitzeschauer lief mir die Ohren abwärts über den Rücken, Schweiß bildete sich auf meiner Stirn. Es fühlte sich an, als hätte ich gerade zum ersten Mal einen Lungenzug an einer Zigarette genommen. Mir wurde kurzzeitig schwarz vor Augen, und mein Kreislauf sprang im Dreieck. Ich benötigte einige Augenblicke, bis ich wieder klar denken konnte.

Seit fast vier Monaten lebten wir im Land, und ich hatte mich gefragt, weshalb die Grenzbeamten am Flughafen so verstört auf mein Visum geschaut hatten. Ich war auf dem Weg nach Japan zur Leichtathletik-Weltmeisterschaft in Osaka. Es war meine erste Auslandsreise seit dem Umzug nach Peking. Bei der Passkontrolle inspizierte der zuständige Beamte meinen Ausweis sehr eindringlich. Er bat mich schließlich, ihn zum Schalter des Schichtführers zu begleiten. Ich dachte mir nichts dabei, sondern beschwerte mich ungeduldig, weil die Zeit knapp wurde und ich zum Abflugschalter musste.

Der Beamte zeigte seinem Vorgesetzten mein Visum. Der warf einen kurzen Blick darauf, war aber mit den Gedanken offenbar noch woanders. Es war ein hektischer Morgen mit Tausenden Grenzübertritten binnen kurzer Zeit. Der Schichtleiter schien völlig überlastet zu sein. Schließlich redete auch ich noch dazwischen und erinnerte daran, dass ich wirklich keine Zeit mehr hätte. Der Mann blickte genervt noch einmal in meinen Reisepass und gab schließlich sein Okay: »Lass ihn gehen!«

In der Annahme, dass alles rechtens war, hatte ich die Landesgrenze hinter mir gelassen. Jetzt saß ich voller Vorfreude auf meinen Japan-Trip im Flieger. Die Zeit zum Nachdenken nutzte ich, um nachzusehen, was den Grenzbeamten so kritisch gestimmt hatte. Während der vergangenen 20 Minuten hatte ich nicht ernsthaft in Erwägung gezogen, dass irgendetwas mit meinen Papieren nicht stimmen könnte. Andernfalls wäre ich den Beamten niemals so fordernd gegenüber aufgetreten. Eine große Klappe habe ich in der Regel nur, wenn ich mich im Recht fühle.

Ich nahm also meinen Reisepass und schaute auf das Visum: *J1* für Journalisten. So weit, so gut. Aber dann: *Entries*, also Einreisen: *01?* Moment mal. Das war höchst seltsam. Ich war mit diesem Visum schon einmal eingereist vor etwas mehr als vier Monaten und lebte seitdem in China. Ich hatte die feste Absicht, in die Volksrepublik zurückzukehren. Aber wie sollte ich mit einem Visum, das für eine einmalige Einreise bestimmt war, ein zweites Mal nach China hineinkommen? Ich benötigte ein Visum, das mir unabhängig von der Häufigkeit meiner Auslandsreisen immer wieder die Rückkehr ins Land ermöglichte. Dieses

Visum in meinem Reisepass tat das definitiv nicht. Hier war etwas faul und zwar gewaltig.

Tatsächlich hatten wir uns in den vergangenen vier Monaten nie um eine dauerhafte Aufenthaltsgenehmigung gekümmert. Wir waren in all der Zeit nie in der Ein- und Ausreisebehörde gewesen, um uns amtlich anzumelden. Wir waren nie bei der staatlichen medizinischen Untersuchung, die jeder Langzeitgast über sich ergehen lassen musste, ehe er seine Papiere bekam. Wieso nicht?

WIESO NICHT?????

Nun, es gab Gründe dafür. Natürlich gab es die. Vielleicht keine ausreichend guten. Aber es gab immerhin welche. Auch wir waren uns schließlich darüber im Klaren, dass wir nicht einfach in ein Land reisen und uns dort als Dauergäste niederlassen konnten, ohne ein einziges Mal unsere Dokumente vorzulegen. Dass es doch so weit kam, war eine Mischung aus Dummheit, Missverständnis und Naivität.

Unter anderem trug unser Wohnungsmakler Jimmy unverschuldet seinen Teil dazu bei. Nachdem wir wenige Tage nach unserer Ankunft unsere Wohnung bezogen hatten, bot Jimmy an, uns polizeilich zu melden. »Ach, das kann der Makler übernehmen«, staunten wir. »Das geht ja einfach.« Er nahm also unsere Reisepässe mit, und einen Tag später überreichte er uns die Registrierung der lokalen Polizeiwache in Fuli Cheng, samt unseren Dokumenten. Jetzt wusste man, dass wir hier waren, dachten wir. Und was die örtliche Polizeistation anging, stimmte das auch. Doch mit der Erteilung der Aufenthaltsgenehmigung hatte dieser Vorgang rein gar nichts zu tun. Jeder Ausländer, ob Resident oder Tourist, muss sich theoretisch bei der nächstgelegenen Polizeistelle

24 Stunden nach Ankunft melden. Die Hotels übernehmen das automatisch für ihre Gäste, weswegen die meisten Ausländer von diesem Vorgang nichts mitbekommen. Aber wer privat unterkommt oder eine eigene Wohnung mietet, der ist den Behörden gegenüber in der Bringschuld.

Fälschlicherweise nahmen wir an, alle Behördengänge seien nach Jimmys Hilfestellung abgehakt. Wir stellten nicht infrage, dass die Bürokratie so rasch und vermeintlich ohne jeden Aufwand vonstattenging. Das lag sicher auch an den vielen Veränderungen, die auf unser Leben einprasselten. Überzeugung und Begeisterung wurden stets begleitet von unserer latenten Sorge, dass unser Konzept scheitern könnte. Dass es eine falsche Entscheidung war hierherzukommen. Dass wir den Erwartungen an uns selbst vielleicht gar nicht gewachsen sein würden in diesem fremden Land.

In diesem emotionalen Durcheinander der ersten Wochen waren wir so sehr mit uns selbst beschäftigt, dass wir das Thema Behördengänge geistig ad acta legten, nachdem Jimmy uns die Registrierung vorlegt hatte. Es tat uns gut, eins von Tausend Dingen, die uns umtrieben, vermeintlich erledigt zu wissen. Es kostete uns so viel Zeit und Energie, unser Leben und Arbeiten in diesem neuen Kosmos zu organisieren, dass wir uns bis zum Morgen meiner Ausreise tatsächlich keinerlei Versäumnisse bewusst waren.

Dennoch: Das Stutzen des Grenzbeamten hatte nichts mit der nur einmaligen Einreise zu tun. Die meisten Visa waren darauf beschränkt. Dem Mann konnte doch völlig egal sein, ob ich plante, je wieder nach Peking zurückzukommen, um meine Frau noch einmal wiederzusehen. Es soll auch schon andere gegeben haben, die zum Zigaretten holen los sind und das nächste Mal in San Francisco in zerrissenen Jeans gesehen wurden.

Es gab also einen anderen Hinweis, der den Polizisten wohl verstört hatte. Nämlich, dass die maximale Aufenthaltsdauer nicht in dem Papier vermerkt war. Je nach Visum wird normalerweise eine bestimmte Anzahl von Tagen gewährt, die man sich im Land aufhalten darf, zum Beispiel 30 oder 90. In meinem Fall aber stand dort: *000 days*. Das bedeutete, dieses spezielle Visum war nichts mehr als eine Eintrittskarte in die Volksrepublik. Wir hätten nach der Einreise sieben Werktage Zeit gehabt, unsere Formalien zu erledigen und unser Jahresvisum zu beantragen. Dazu war es nicht gekommen. Und es war bereits Ende August. Wir waren also mehr als vier Monate überfällig und hielten uns faktisch illegal im Land auf.

Was immer die Beamten dazu bewegte, mich nicht festzuhalten, so vermutete ich, dass sie auch wegen meiner ahnungslosen Dreistigkeit, mit der ich auftrat, zusätzlich verunsichert waren. Konnte es wirklich sein, dass ein Ausländer mit einem Dokument vor ihnen stand, das monatelang abgelaufen war, und dennoch so forsch auf seine umgehende Ausreise drängte? So waghalsig konnte doch eigentlich niemand sein, dass er glaubte, damit durchzukommen.

Meine Ahnungslosigkeit und die Umstände, die an diesem Morgen die diensthabenden Polizisten unter Stress gesetzt hatten, bewahrten mich vor dem gleichen Spießroutenlauf, der Pia bevorstand. Denn natürlich hätte man mich an der Grenze festgehalten, wenn sofort ersichtlich gewesen wäre, dass ich keine gültigen Dokumente besaß. Und an weniger betriebsamen Tagen wäre das wohl auch geschehen. So aber saß ich bequem auf meinen Fensterplatz im Flieger Richtung Osaka. Nachträglich belangen konnte man mich nicht. Raus war raus. Da krähte kein Hahn danach. Ich konnte in Japan einfach ins chinesische Konsulat spazieren und für meine legale Rückkehr ein Touristenvisum beantragen. Dann würde ich abermals genug Zeit haben, um die versäumten Formalien anzugehen. Und genauso kam es. Binnen weniger Tage hatte ich ein neues Visum im Ausweis, mit dem ich alsbald nach Peking zurückkehrte.

Ein Grund zur Erleichterung war das aber nur bedingt. Denn Pia saß immer noch in China mit dem gleichen abgelaufenen Visum seit Monaten illegal im Land. Noch bevor wir in Richtung Japan abhoben, rief ich sie von meinem Fensterplatz aus an. »Ich fürchte, es gibt Schwierigkeiten.«

Die Chance, dass Pia ähnlich wie ich unentdeckt blieb, wenn sie versuchte, das erste Mal die Grenze zu überschreiten, tendierte wohl gegen null. Uns war klar, dass es nur eine Möglichkeit gab, die Dinge wieder ins Lot zu bringen. Pia musste sich umgehend bei der Polizei melden. Ihr rutschte das Herz in die Hose bei dem Gedanken, dass sie sich illegal in China befand. Seit fast vier Monaten. Als ausländische Journalistin. Was bedeutete das? Ging das noch als Kavaliersdelikt durch? Wir konnten es uns kaum vorstellen.

Als Journalisten zählten wir bei Behörden und Partei per se nicht zu den beliebtesten Gästen der Staatsführung. Sehr häufig zeigten chinesische Kader und Offizielle mit dem Finger auf die Medienvertreter der freien Presse, wenn sie Schuldige für was auch immer suchten. Sei es für Chinas schlechtes Image in der Welt, für diplomatische Krisen, für

Misstrauen gegenüber chinesischen Geschäftspraktiken, für aufmüpfige Bürger im Land, für vermeintliche Desinformation über die Lebenswirklichkeiten von Minderheiten und nicht zuletzt für die angeblich verletzten Gefühle von 1,3 Milliarden chinesischer Bürger. Journalisten aus dem Westen würden einfach alles verderben, lautete die klare Botschaft von Staat und Partei. Und jetzt verbockten zwei von ihnen auch noch das Prozedere zur Erteilung der Aufenthaltsgenehmigung. Würden sie uns abnehmen, dass es reine Schusseligkeit war? Oder würde man uns der Spionage oder Planung eines Umsturzes verdächtigen?

China war in den Jahren zuvor zunehmend in den Fokus des Weltinteresses gerückt und damit auch seine miserable Bilanz in Sachen Menschen- und Bürgerrechte, Umweltschutz und Unternehmensethik. Die Kritik am Land nahm massiv zu, und das Misstrauen der Regierung gegenüber allem Fremden war groß. So kurz vor den Olympischen Spielen, die dem Regime auch als Weißwaschprogramm seiner autoritären Politik dienen sollten, witterte man überall Verschwörung und Verrat. »Der Westen gönnt China seinen wirtschaftlichen Aufstieg nicht«, konterte die Kommunistische Partei jede Form der Kritik. In einer solchen Atmosphäre wussten wir nicht, wie die Sache für uns ausgehen würde. Drohte Pia vielleicht eine Haftstrafe oder die Ausweisung? Wir rechneten mit allem.

Ich beneidete sie beileibe nicht um ihren Gang. Im Gegenteil, sie tat mir leid. Ich fühlte mich schuldig und hilflos, weil ich tagelang in Japan festsaß. Mit ihrer Selbstanzeige hätte Pia theoretisch auch so lange warten können, bis ich zurückgekehrt war, allein wegen der moralischen Unterstützung. Dann wären wir zusammen zur Polizei gegangen, und vielleicht hätte auch ich mein Fett abbekommen. Geteiltes Leid ist halbes Leid. Aber wir fühlten uns trotz allem wohler damit, wenn sie gleich am nächsten Morgen vorstellig würde. Weil wir nicht wussten, welches Unheil auf uns zurollte, verschwendeten wir logischerweise keinen Gedanken daran. Aber in dem Augenblick, in dem wir begriffen, dass wir ein Problem hatten, beschlich uns das panische Gefühl, die Polizei wisse sowieso schon alles und wartete nur noch den richtigen Augenblick ab, um nachts über Pia herzufallen, ihr einen Sack über den Kopf zu stülpen und sie wochenlang an einem heimlichen Ort wegzusperren. Das war zwar völliger Blödsinn, aber rationales Denken fiel uns in diesen Stunden schwer.

Pia gingen Tausende Gedanken durch den Kopf, als sie versuchte, in dieser Nacht Schlaf zu finden. Bei jedem Geräusch glaubte sie, jemand würde schon an der Tür kratzen. Mit diesen Fantasien quälte sie sich durch die Nacht und war froh, als sie sich am Morgen endlich auf den Weg machen konnte. Auf ein Frühstück verzichtete sie, weil sie wegen der Anspannung sowieso keinen Bissen herunterbekam.

Die Behörde lag direkt am nördlichen zweiten Autobahnring in Sichtweite des Lama-Tempels. Pia benötigte fast 30 Minuten, um mit dem Taxi von unserem Wohnblock in Fuli Cheng durch den dichten Berufsverkehr in Richtung Norden zu fahren. Es war eine Fahrt ins Ungewisse. Ihre Hände waren feucht, sie war nervös. Jeder ihrer Gedanken kreiste um die nächsten Stunden.

Es war zehn Uhr, als sie vorbei an zwei Wächtern über den Vorplatz durch die Eingangspforte schritt. Gleich links hinter dem Eingang war ein Kopierservice eingerichtet, vor dem sich ein Haufen Menschen drängelte. Auf der rechten Seite führte eine Rolltreppe ins obere Stockwerk in die Schalterhalle. Es herrschte reger Betrieb. Ausländer aus allen Teilen der Welt standen zum Teil in Begleitung von chinesischen Übersetzern vor verschiedenen Pulten an, hinter denen uniformierte Polizeibeamte ihren Dienst taten. Es gab keine Glasscheiben oder Diskretionszonen. Während man selbst auf die Erledigung seiner Formalien wartete, konnte man bequem der Angelegenheit am Nachbarpult lauschen, wenn man wollte.

Pia musste die Halle einmal komplett durchqueren, vorbei am Atrium, an dessen anderen Ende sich vor dem letzten Schalter eine Schlange gebildet hatte. *Overstayed visa* stand in Englisch über dem Schalter, abgelaufene Visa. Als noch zwei Leute vor ihr an der Reihe waren, schlug Pia das Herz bis unters Kinn. Sie beobachtete die Beamtin, die sich ihrer Angelegenheit annehmen würde. Eine spitzmündige Brillenträgerin, die Nachfragen offenbar nicht sehr schätzte. Wenn einer ihrer ›Kunden‹ etwas zu sagen hatte, obwohl sie bereits ausführlich Einblick ins Prozedere gegeben hatte, blickte sie mit leicht nach vorn gebeugtem Kopf und einem verzerrten, fast widerstrebenden Gesichtsausdruck von unten nach oben über ihre Sehhilfe hinweg. Auf den Schulterklappen ihrer makellosen dunkelblauen Uniform blinkten zwei silberne Sterne, das visuelle Zeichen eines unteren Ranges der Disziplinarkette.

Nach ein paar Minuten war Pia an der Reihe. »Ni hao – guten Tag.«

»Ni hao«, antwortete die Dame und blickte Pia an. Es war ein Blick, der Misstrauen und Argwohn vermuten ließ.

Vielleicht hatten wir ihre bürokratisch motivierte Antipathie verdient.

»Mein Visum ist abgelaufen.«

»Zeigen Sie her«, antwortete die Dame barsch. Sie nahm sich Pias Reisepass vor und blätterte. Erst auf die Datenseite, um den Namen zu prüfen, dann weiter hinten, wo das Visum eingeklebt war. Als sie es entdeckte, nahm sie das Dokument hochkant in die Hand und hielt es sich dicht vor die Nase. Pia konnte nur ahnen, was der Frau durch den Kopf ging, als die sich von ihrem Sitz erhob und mit einem raschen Blick sagte: »Warten Sie hier!«

Die Beamtin traf vermutlich nur auf ein paar schusselige Touristen oder solche, die aus Kalkül länger im Land geblieben waren, als es ihnen erlaubt war, weil sie vielleicht einem gutbezahlten Job nachgingen. Jetzt aber saß eine deutsche Journalistin vor ihr, die nicht knapp an einer Frist vorbeigeschlittert war, sondern die sich über Monate illegal in der Volksrepublik aufgehalten hatte. Das war deutlich brisanter als die Vergehen der üblichen Verdächtigen.

Sie schritt durch eine Tür und war verschwunden. Pia wartete hochnervös und darum bemüht, Ruhe zu bewahren. Die Sorge kroch in ihr hoch und biss sich in jeder Faser ihres Körpers fest. Ein paar Augenblicke vergingen, in denen ihr genug Zeit blieb, sich das Hirn zu zermartern, weshalb es so weit gekommen war. Jeder Gedanke an unsere Sorglosigkeit fühlte sich jetzt an wie eine Ohrfeige. Eigentlich schon seit meinem Anruf am Vortag. Aber nun war es nicht mehr zu ändern. Es ging jetzt nur noch darum, einigermaßen heil aus dieser Angelegenheit wieder herauszukommen.

Plötzlich stand ein männlicher Beamter hinter ihr. »Guten

Tag, kommen Sie bitte mit«, sagte er. Dann führte er Pia quer durch die Halle vorbei an einem Fotoautomaten, wo noch schnell ein paar Passbilder gemacht werden konnten. Sie sah einige Ausländer mit gelangweilten Gesichtern, die sich die Beine in den Bauch standen. »Wie gerne würde ich jetzt mit euch tauschen«, ging es ihr durch den Kopf.

Der Polizist führte sie durch eine Tür in die Bürobereiche des Gebäudes bis zu einem Treppenabsatz. Von dort ging es zwei Etagen tiefer ins Untergeschoss und dann durch ein Labyrinth mehrerer Gänge bis in ein Büro, in dem zwei Tische standen und dazwischen ein Stuhl. Der fensterlose Raum war nur wenige Quadratmeter groß. Eine Neonleuchte warf weißes Licht. Der Mann schloss die Tür und nahm hinter einem Schreibtisch Platz. »Setzen Sie sich!«

Kurz darauf trat ein zweiter Beamter in den Raum. Er war jünger als der andere und hatte ein freundliches Gesicht. Er lächelte. Die menschliche Geste tat Pia für einen Augenblick gut. Dann aber warfen er und der andere sich ein paar Blicke zu. Der Ältere nahm Pias Visum noch einmal genau unter die Lupe. Das Verhör begann.

»Ihr Visum ist abgelaufen«, sagte der Ältere. Sie sprachen wie selbstverständlich Chinesisch, obwohl Pia darauf hinwies, dass ihre Sprachkenntnisse noch nicht ausreichten, um zwei Mitarbeitern der Staatssicherheit den Sachverhalt zu Protokoll zu geben. Wenn die beiden merkten, dass Pia den Fragen nicht folgen konnte, übersetzte der Jüngere kurz ins Englische. »Warum?«

Pia holte Luft. »Ich ... ich weiß es nicht. Weil ich dumm war. Ich habe es einfach vergessen.« Die Antwort fiel unbefriedigend für die beiden Männer aus.

»Sie sind als Journalistin eingereist und erzählen uns jetzt so eine Geschichte?«

Pia spürte ihren Herzschlag. Ihre Behauptung klang so abenteuerlich, wie sie richtig war. Sie versuchte zu erklären, weshalb sie so abgelenkt war, dass sie die Formalien vergessen konnte. Sie erzählte von dem Einzug in unsere Wohnung und dem Makler, der sich unserer Papiere angenommen hatte, von den drei Nullen unter der Dauer des Aufenthaltes, von der enormen Aufregung, die uns erfasst hatte, weil wir auf eigene Faust ein Leben als Korrespondenten beginnen wollten. Pia sprach dabei stets in der Ich-Form, um das Gespräch nicht unnötigerweise noch auf mich zu lenken. »Als ich die Registrierung von der Polizeiwache in unserem Wohnviertel in der Hand hielt, habe ich das Thema einfach abgehakt.«

»Aber man hat Ihnen doch vorhergesagt, dass Sie sich melden müssen. Und Sie wussten sicher auch, dass Sie beim Außenministerium Ihre Pressekarte beantragen müssen.«

Pia atmete durch. Wussten wir das? Ja, schon, und irgendwie wussten wir es auch nicht. Es gab niemanden, der uns den Prozess irgendwann einmal detailliert beschrieben hatte, niemand der uns die gesamtumfängliche Bedeutung der Pressekarte erklärt hätte. Im Internet standen zwar sämtliche Informationen zur Verfügung, aber umständlich und unklar formuliert. Mehrfach fragten wir in Berlin bei der chinesischen Botschaft nach, um uns zu vergewissern. Aber wir wurden immer mit Informationen versorgt, die uns in einer Grauzone zurückließen und uns eher verwirrten, als dass sie zur Aufklärung beigetragen hätten. Mehr als einmal sagte man uns auch: »Da müssen Sie sich noch einmal erkundigen.« Das ließ uns endgültig ratlos zurück. Wo sonst als in der chinesischen Botschaft sollten wir konkrete Antworten bekommen? Also entschieden wir, die Dinge einfach auf uns zukommen zu lassen.

Die Schwierigkeiten bestanden auch darin, dass unsere Medienpartner noch keine Korrespondenten im Land hatten. Wir waren die jeweils ersten und konnten weder vom Erfahrungsschatz eines Vorgängers noch eines alteingesessenen Büromitarbeiters profitieren. Sicher hätte uns sonst jemand auf den Ablauf des Prozedere aufmerksam gemacht und vielleicht sogar diktiert, was genau wir zu tun hatten. Aber wie wir es auch drehten und wendeten, am Ende des Tages waren ganz allein wir schuld an unserer Situation. Und wir mussten die Verantwortung dafür übernehmen.

»Ich weiß, es klingt seltsam, aber glauben Sie mir, dass ich Ihnen die Wahrheit sage. Ich war einfach dumm«, sagte Pia, die meistens auf Englisch sprach, während der jüngere Beamte seinem Vorgesetzten übersetzte.

»Was für eine Absicht steckt dahinter?«

»Keine Absicht. Es war Dummheit.« Und wieder schilderte Pia die Details.

Wieder wechselten die beiden Beamten ein paar Worte. Der Ältere machte ein paar Notizen und setzte dann besonnen fort: »Sagen Sie uns, was Sie für einen Plan haben!«

Pia schüttelte besorgt den Kopf. So fühlte es sich an, wenn man von Ermittlern in die Zange genommen wurde und spürte, dass es mit einer Entschuldigung und einem ehrlichen Bekenntnis möglicherweise nicht getan sein könnte. Sie fühlte sich hilflos und ängstlich.

»Es gibt keinen Plan. Wenn ich einen hätte, würde ich

doch nicht zu Ihnen kommen und mich selber anzeigen«, sagte sie. Aber so aufrichtig Pia ihre eigenen Aussagen auch vorkamen, ihre Sorge, dass ihr die Argumente ausgingen, um die Beamten von ihrer Ehrlichkeit zu überzeugen, wurde immer größer.

Abwechselnd schaute sie die beiden Männer an, auf deren Verständnis sie hoffte. Doch die Herren waren nicht so leicht zu überzeugen. Der Wortführer schaute so grimmig und misstrauisch, als hätte ihm jemand zwei Löffel Essig in den Tee gekippt. Immerhin schien der junge Mann Sympathie für Pia zu empfinden. Er war vielleicht Ende 20.

Das Verhör zog sich. Zehn Minuten, zwanzig, eine halbe Stunde. Immer wieder die gleichen Fragen. »Was haben Sie vor? Was ist Ihr Plan?« Es war zermürbend. Die Taktik der Fragesteller bestand darin, eine Schwachstelle zu finden. Sie suchten nach diesem einen Punkt, in dem Pia sich widersprechen und dann unter dem Druck einknicken würde. Oder war es einfach nur Einschüchterung? Oder vielleicht eine Machtdemonstration zweier Uniformierter, die ihre eigene Rolle so sehr mochten, dass sie das Schauspiel so lange wie möglich in die Länge zogen?

So oder so konnte Pia keine andere Antwort geben als jene, die sie von Beginn an wiederholte. Es gab nichts zu verheimlichen. Sie musste nicht an irgendwelchen Details drehen, um ihre Geschichte glaubwürdiger erscheinen zu lassen. Das half ihr dabei, ihre Position felsenfest zu verteidigen, wenn auch mit wachsender Verzweiflung.

Sie saß vor einem Profi, der nicht zum ersten Mal ein Verhör führte. Der Ältere vermittelte durch seine ruhige Hartnäckigkeit das Gefühl, dass er es schon öfter mit Leuten zu tun gehabt hatte, die ihm einen Bären aufbinden wollten, ehe sie schließlich doch die Wahrheit sagten. Pia spürte hinter seiner besonnenen Autorität das Temperament für lautstarke und aggressive Wutausbrüche. Wir sollten in den folgenden Jahren häufiger auf Beamte treffen, die anfangs sehr freundlich mit uns sprachen und dann plötzlich die Beherrschung verloren, wenn wir nicht das taten, was sie von uns verlangten.

Doch Pia signalisierte mit jedem Blick und jeder Geste ihre totale Bereitschaft zur Kooperation, sodass der Chefbeamte aufs Schreien verzichtete. Nach einer knappen Stunde folgte die Erlösung. Pia spürte, wie die Erleichterung umgehend ihre Muskeln lockerte. »Überstanden«, dachte sie.

»Sie kommen morgen um 9.00 Uhr wieder«, sagte der Ältere.

»Oh, nein, das ist nicht euer Ernst«, dachte Pia. Was sollte sie den Männern am nächsten Morgen sonst noch erzahlen?

Sie erfuhr nie, ob die Beamten tatsächlich nicht ausreichend überzeugt waren von ihrer Geschichte oder ob sie einfach nur zum Ausdruck bringen wollten, dass man mit den Behörden der Volksrepublik China besser nicht spaßen sollte.

Nach einer formlosen Verabschiedung verließ Pia an der Seite des Jüngeren das Zimmer. Auf dem Weg nach draußen begann er eine unverfängliche Unterhaltung über belangloses Zeug, aber Pia konnte ihm nicht mehr als einige kurze Antworten geben. Zu sehr war sie mit sich selbst beschäftigt. Zum Abschied lächelte er: »Bis morgen!«

Den Rest des Tages versuchte sie, sich bestmöglich abzulenken. Sie telefonierte mit ihren Eltern, kümmerte sich um einige Recherchen. Aber ihre Gedanken kreisten stets um das neuerliche Verhör. Immerhin gab es berechtigten Anlass zur Hoffnung, dass das Schlimmste überstanden war. Niemand hatte ihr gedroht, sie aus dem Land zu werfen, oder gar vorgeworfen, sie sei eine Spionin, die China schaden wolle.

»Wie ist es gelaufen?«, fragte ich sie aus meinem Hotelzimmer in Osaka.

»Ich weiß es nicht«, antwortete sie. Und dann erzählte sie, wie es ihr ergangen war und wie sie sich fühlte.

Es war klar, dass eine Geldstrafe fällig würde. Aber angesichts dessen, was für uns auf dem Spiel stand, war das ein Klacks. Maximal 14 Tagessätze musste derjenige entrichten, der sein Visum überzogen hatte. In Pias Fall waren das ein paar Hundert Euro.

Sie schlief besser als in der Nacht zuvor, wenn auch immer noch nicht sonderlich gut. Vielleicht musste sie am nächsten Tag doch noch mit einer Überraschung rechnen. Das mochte unwahrscheinlich sein, aber sie war nicht in der Verfassung, vollkommen rational zu bleiben. Wenn all diese Gedanken in ihrem Kopf in dieser Nacht aber etwas Gutes hatten, dann zumindest die Konsequenz, dass sie nicht verschlief.

Kurz vor neun am nächsten Morgen betrat sie wieder das Gebäude und meldete sich am Schalter bei der jungen Dame mit dem strengen Blick. Das gleiche Spiel. Wieder ging es über die Treppe zwei Etagen tiefer. Wieder nahm sie auf dem Stuhl zwischen den beiden Schreibtischen Platz. Noch einmal zwängte sich ein dicker Kloß durch Pias Hals. Der Ältere blickte sie an. Riss einen Nasenflügel nach oben, so wie es Hunde machen, wenn sie aggressiv sind. Und wieder die gleichen Fragen: »Was ist Ihr Plan?«

Nein, es gab auch an diesem Tag keine anderen Antworten. Wir wunderten uns später, dass die Beamten nicht ein einziges Mal nach mir fragten. Wir waren damals noch nicht verheiratet und hatten noch keine Kinder. Auch die Akkreditierungsprozesse in Deutschland waren getrennt voneinander angeschoben worden. Aber es sollte den Beamten doch klar gewesen sein, dass wir zusammenlebten und dass deswegen möglicherweise auch mein Visum abgelaufen war. Schließlich waren wir bei der örtlichen Polizeistelle gemeinsam gemeldet. Doch ich spielte auch im weiteren Verlauf des Verhörs keine Rolle. Wussten die Beamten wirklich nichts? Oder war es ihnen egal, weil ich ja ohnehin nicht mehr im Land war? Später vermuteten wir, dass sie tatsächlich ahnungslos waren. Niemals wurde mein abgelaufenes Visum von den Behörden thematisiert.

Die Beamten im Verhörraum hatten sich am Tag zuvor spontan Pias Fall angenommen und ihre Pflicht erfüllt. Als sie nun nach einer halben Stunde abermaligen Frage-und-Antwort-Spiels feststellten, dass die Sünderin nicht den Anschein machte, ihre Version ändern zu wollen, war die Angelegenheit formell so gut wie erledigt. Nach Zahlung der Geldstrafe durfte Pia sich genauso wie ich alsbald einreihen in die Schlange bei der Gesundheitsbehörde, danach beim Außenministerium ihre Pressekarte beantragen und damit schließlich erneut beim Amt für Einreise vorstellig werden, um endlich eine gültige Aufenthaltsgenehmigung zu bekommen. Wir waren mit einem blauen Auge davongekommen.

Konsequenzen hatte die Angelegenheit dennoch. Wir

durften uns sicher sein, dass die für ausländische Beamte zuständigen Pekinger Polizisten ab diesem Tag genau hinschauten, wenn der Name Pia Schrörs ihre Wege kreuzte. Ob sie ihre Geschichte glaubten oder nicht, spielte weniger eine Rolle als vielmehr die Tatsache, dass sie um ihren Fauxpas wussten. Kaum journalistisch aktiv war Pia kein unbeschriebenes Blatt mehr bei den Sicherheitsbehörden. Wir trafen im Laufe der Jahre zwar immer mal wieder Kollegen, die das als eine Art Auszeichnung verstanden, aber wir waren eher besorgt, dass es unsere Arbeit erschweren würde. Wir hätten uns weniger Aufmerksamkeit gewünscht. Und alles nur wegen einer riesigen Dummheit.

Wir schworen uns, dass wir niemals irgendwem von unserem Missgeschick erzählen würden. So sehr schämten wir uns für unsere Naivität und Dummheit. Im Laufe der Jahre wich die Scham, und wir erzählten die Anekdote unseres Fehlstarts, auch weil wir sie selbst nach so vielen Jahren immer noch nicht recht glauben konnten.

3

Abgestempelt

Vielleicht hätten wir vor der monatelangen Illegalität bewahrt werden können, denn wir übernachteten während dieser Zeit in so vielen Hotels, dass die Ungereimtheiten in unserem Visum jemandem hätten auffallen können. Normalerweise nehmen es Rezeptionisten sehr genau mit den Reisedokumenten ihrer Gäste. Doch vermutlich stiftete die genullte Anzahl der maximalen Aufenthaltsdauer auch dort ausreichend Verwirrung. Sogar als wir mit dem Organisationskomitee der Olympischen Spiele einen Besuchertrip in die Stadt Hangzhou unternahmen, machte uns niemand beim Einchecken auf unsere Pässe aufmerksam. Wir selbst waren sowieso überzeugt, dass alles seinen rechten Weg ging.

Vielleicht hätten an jenem Tag die Alarmglocken bei uns schrillen müssen, als dieser Beamte im Zollamt in der Pekinger Dongsihuan Zhonglu am mittleren vierten Autobahnring nach Pias Firmenstempel fragte. Ihre Kamera lag damals beim Zoll am Flughafen und wartete auf ihre Auslösung. Wir hätten uns ohrfeigen können, dass wir das Ding überhaupt angemeldet hatten.

»Seid ihr wahnsinnig«, meinte ein Kollege, dem wir unser Leid klagten. »Nach so einer Kamera kräht doch kein Hahn. Die sind genervt, dass ihr ihnen Arbeit aufbrummt.«

Es war ein gebrauchtes Stück mit einigen Hundert Arbeitsstunden, das Pia mit auf den Weg gegeben wurde. Es handelte sich um ein Auslaufmodell, dessen Überlassung dem Sender im Grunde keine zusätzlichen Kosten bereitete. Die Kamera funktionierte einwandfrei, aber ihr Restwert war schwer zu ermitteln. Ihr technischer Standard war gerade noch ausreichend.

Wären wir mit der Kamera einfach durch den Zoll gelaufen, hätte wahrscheinlich kein Grenzbeamter Interesse an diesem dunkelblauen Gepäckstück im Format einer Tennistasche gefunden. Wir wollten aber auf Ärger an Tag eins verzichten.

Damit steckte der wichtigste Teil unserer technischen Ausrüstung im chinesischen Paragraphen-Dschungel fest, und es dauerte Wochen, bis wir sie schließlich zurückbekamen. Am Flughafen hatte man die Kamera registriert und einbehalten und uns dann in die Dongsihuan Zhonglu geschickt. Dort sollten wir den Papierkram erledigen.

Dongsihuan Zhonglu war ein sehr pragmatischer Name, der nichts anderes bedeutete als der mittlere Teil des vierten, östlichen Autobahnrings. Das Gelände war damals noch karg bebaut, aber das Gebäude, das wir suchten, stand einige Hundert Meter von der Autobahn entfernt, was wiederum die Suche nach ihm massiv erschwerte. Der Taxifahrer gab laut eigenem Bekunden sein Allerbestes. Wir rauschten dennoch dreimal an der richtigen Ausfahrt vorbei, ehe wir endlich den Weg zum Zollamt fanden.

Hier standen wir nun mit Holly, unserer Übersetzerin mit den Badeschlappen, die auch nicht wusste, wie das Prozedere bei der Auslöse einer Kamera funktionierte. Dann kam das Gespräch schnell auf den Stempel zu sprechen.

»Was für ein Stempel?«, fragten wir den Beamten.

Man muss wissen, was wir damals auch noch nicht wussten: Jedes Unternehmen, chinesisch oder international, besitzt so einen Stempel, jede Vereinigung, jede Stiftung und auch jedes Medium, das in China offiziell akkreditiert ist. Der Firmenstempel ist so etwas wie der Heilige Gral eines Unternehmens. Fast niemand bekommt ihn zu sehen, und nur wenige sind auserwählt, ihn zu hüten. Meistens schlummert er in einem Tresor, um zu verhindern, dass er in falsche Hände gerät. Der Stempel ist mehr wert als jede Unterschrift oder jeder Fingerabdruck im chinesischen Rechtssystem. Wer den Firmenstempel besitzt, kann Verträge schließen oder kündigen, Ware bestellen, Immobilien kaufen oder verkaufen, Mitarbeiter einstellen oder entlassen. Er ist ein staatlich zertifiziertes Instrument, das nur die chinesischen Behörden ausgeben und damit die Legitimation für jeden unternehmerischen oder institutionellen Akt erteilen. Die Handlungsfähigkeit jeder Firma und damit auch jedes ausländischen Korrespondentenbüros ist in China unmittelbar an diesen Stempel geknüpft. Er macht aus einem formlosen Schreiben ein rechtlich bindendes Dokument. Wer den Stempel verliert, muss den Verlust umgehend melden und sperren lassen. Wer eine Firma abwickelt, muss ihn den Behörden zurückgeben. Der Stempel wird auch dann ausgestellt, wenn man nur ein Büro in China eröffnet, also die Repräsentanz einer ausländischen Firma.

In Berlin hatten uns die Mitarbeiter der chinesischen Botschaft zwar mitgeteilt, dass auch wir so ein Büro eröffnen müssten, aber der bürokratische Zusammenhang dahinter blieb uns verborgen, weil er nicht formuliert wurde. Die knappen Hinweise aus der Botschaft waren auch hier nicht gänzlich verständlich. Wir glaubten, es ginge um die Einrichtung eines Arbeitsplatzes, einer Meldeadresse sozusagen, unter der wir als Journalisten erreichbar wären. Konkrete Nachfragen bei der Botschaft verliefen im Sand. Aber ein Büro wollten wir ohnehin einrichten, mit Telefon, Internet und Schreibtisch. Der Umfang der behördlichen Registrierung und ihre Konsequenzen, die dahintersteckten, waren uns nicht bewusst.

Eigentlich hätte dieser Prozess für uns bedeutet, zunächst das chinesische Außenministerium über unsere Präsenz in China zu informieren und dann dort die Eröffnung eines Büros zu beantragen. Im gleichen Prozess hätten wir unsere Pressekarten erhalten, die uns die Grundlage für die Legitimität unserer journalistischen Arbeit verschafften. Und natürlich hätte man uns frühzeitig unsere chinesischen Namen erteilt.

Als Journalist war es zwingend notwendig, sich einen Namen in Schriftzeichen zuzulegen. Der Presseausweis und viele andere Dokumente, die wir im Laufe der Zeit im Rahmen unserer Arbeit ausfüllten, verlangten nach einem Namen in Mandarin. Wer sich selbst keinen aussuchte, dem half zwangsläufig die Presseabteilung des chinesischen Außenministeriums in Peking. Für gewöhnlich orientierten sich die Quasi-Taufpaten am Klang des westlichen Namens. Entweder des Vornamens oder des Nachnamens, je nach dem, was besser zu verwenden war. Pia bekam die wohlklingende Bezeichnung *péi yǎ* zugesprochen. Das Schriftzeichen 裴, das in der Umschrift Pinyin als péi transkribiert wurde, galt als allgemein lieblicher Familienname. Das Zeichen 雅, yǎ, indes bedeutete elegant. Häufig wurde *Péi yǎ* von Chinesen auf ihren Namen angesprochen, wie schön er sei, wie schön er klinge.

Ich hieß *Mǎ shū*. Der Familienname *Mǎ* war in China sehr geläufig. Das Zeichen 马, *mǎ*, bedeutete Pferd. Ich war also einer aus der Horde, dessen Charakter in der Regel durch den Namen, den ihm die Eltern mit auf den Lebensweg gaben, bestimmt werden sollte. In meinem Fall bereitete die Silbe *shū* jenen Chinesen, denen ich meinen Namen nannte, stets große Freude. *Shū*, 舒, war der erste Teil des Wortes *shūfu*, was angenehm bedeutet. Je nach Zusammenhang kann man *shūfu* aber auch mit entspannt, gemütlich oder gemächlich übersetzen. Ich weiß nicht, nach welchen Kriterien ein Muttersprachler in Mandarin die exakte Definition eines mehrfach besetzten Begriffs konkret auswählt. Zweifellos aber entschieden sich die Chinesen, mit denen ich es zu tun hatte, mehrheitlich für jene, die sie herzlich zum Lachen brachte. Unsere Chinesischlehrerin, die uns daheim in unserer Wohnung unterrichtete, spuckte fast ihren Tee über den Tisch, als ich ihr von *Mǎ shū* erzählte. Aber es war weder bei ihr noch bei anderen Muttersprachlern ein gehässiges Lachen. Die Leute versicherten mir, sie lachten mit mir über diesen schönen Namen. Ich nahm das so hin.

Wer weiß, ob ich den gleichen Namen erhalten hätte, wenn wir im vorgesehenen Zeitrahmen unsere Pressekarten beantragt hätten. Es war nicht ungewöhnlich, dass die Mitarbeiter im Außenministerium wie wild rotierten. Es hatte also offenkundig auch sein Gutes, dass wir den Akkreditierungsprozess verschwitzt hatten.

Der fehlende Stempel im Zollamt machte uns damals nicht ausreichend stutzig. Im Gegenteil, wir wurden pragmatisch. Weil wir keinen besaßen, gingen wir zum Stempelmacher bei uns in der Nachbarschaft. Ein alter Handwerker, der solche Dinger seit Jahr und Tag in seinem winzigen Laden produzierte. »Kein Problem«, meinte der Alte, nachdem wir ihm geschildert hatten, wie wir uns unseren eigenen Firmenstempel so vorstellten. »Pia Schroers, *RTL* Television« und unsere Adresse stand darauf. 60 Minuten später hielten wir den Stempel in unseren Händen.

Der Beamte in der Dongsihuan Zhonglu konnte sich ein Lächeln nicht verkneifen. Dieser Stempel war ein Witz, und er hätte uns die Herausgabe des Dokuments verweigern können. Aber warum tat er das nicht? Vielleicht dachte er sich einfach, dass es ja auch sein konnte, dass wir unsere Kamera als Privatleute einführten und nicht als offizielle Repräsentanten eines ausländischen Mediums. Er fragte jedenfalls nicht weiter nach. Ihm genügte unser Fantasieprodukt von dem Alten um die Ecke. Der Beamte half uns damit zwar, dass wir nach einigem Hin und Her unsere Kamera gegen ein paar Hundert Euro auslösen konnten. Aber hätte er sich geweigert, unsere Marke Eigenbau zu akzeptieren und stattdessen auf einen offiziellen Firmenstempel bestanden, wären wir vielleicht noch rechtzeitig vom falschen Pfad abgekommen und niemals illegal im Land gewesen.

4

Helft uns!

Wir fragten uns, ob sich unsere bürokratischen Fehlstarts negativ auf unsere Bewegungsfreiheit auswirken würden. Solange wir über harmlose Themen berichteten, war das vermutlich nicht zu befürchten. Aber wir waren nicht nach China gekommen, um heikle Themen auszusparen. Im Gegenteil merkten wir schnell, dass ausgerechnet solche Geschichten, deren Wahrheitsgehalt der Staat am liebsten verleugnete und Recherchen dazu massiv behinderte, an jeder Ecke im Land zu finden waren.

Uns wurde seitens der Kommunistischen Partei (KP) häufig der Vorwurf gemacht, wir wollten mit unserer Themenauswahl ein bewusst schlechtes Bild von China zeichnen. Aber das stimmte nicht. Es waren Themen, die das Land bewegten, die seinen Charakter zeichneten, die das Leben von Abermillionen Chinesen prägten, ihren Alltag, ihre Sorgen, ihre Wirklichkeit. Sie lieferten einen markant großen Ausschnitt nicht nur der politischen, sondern vor allem auch der sozialen und gesellschaftlichen Realitäten im Land.

Die Zensoren sorgten dafür, dass heimische Medien nur

begrenzt oder gar nicht über Unliebsames berichteten. Sie fürchteten, dass detaillierte Hintergründe zu einem bestimmten Thema dem Image und dem Machtanspruch der Partei Schaden zufügen könnten. Als ausländische Korrespondenten konnten sie uns dagegen nicht zensieren. Allerdings konnten sie unsere Arbeit erschweren oder bisweilen sogar blockieren. Im Laufe der Jahre eigneten wir uns Strategien an, um zu verhindern, dass wir bei der Arbeit von offizieller Seite gestört wurden. Wir entwickelten gemeinsam mit unserem langjährigen chinesischen Mitarbeiter Yongbin ein Gespür für die Befindlichkeiten des Machtapparats. Dennoch geschah es, dass wir bei vermeintlich harmlosen Themen völlig unwissend in ein Wespennest stachen und damit die Behörden auf uns aufmerksam machten. Das musste nicht zwingend ein Thema politischer Natur sein. Es genügte, dem schmutzigen Geschäft eines hohen lokalen Beamten durch Zufall zu nahe zu kommen, um einen ganzen Verwaltungsbezirk in helle Aufregung zu versetzen.

Delikate Themen drängten uns Betroffene oftmals persönlich auf. Ich erinnere mich gut an den Nationalen Volkskongress im März 2008. Wir fuhren mit der U-Bahn bis zum Osteingang der Verbotenen Stadt, wo wir ausstiegen und den Rest des Weges bis zur Großen Halle des Volkes zu Fuß zurücklegen wollten. Mit der Kamera in der Hand und einem Stativ auf der Schulter waren wir unzweifelhaft als Medienvertreter zu erkennen. Wir waren nur ein paar Meter gelaufen, als mich eine Frau am Ärmel zog. Ob wir Journalisten seien, fragte sie.

»Ja, wieso?«, antwortete ich.

Sie schaute sich in alle Richtungen um. Die Straßen und

U-Bahnhöfe rund um den Platz des Himmlischen Friedens waren an diesem Tag voll mit Menschen. Darunter befanden sich auch unzählige Zivilbeamte der Staatssicherheit, die jede Form eines möglichen Protestes durch innenpolitische Oppositionelle oder Aktivisten aus dem Ausland vor den Augen Hunderter Journalisten aus aller Welt im Keim ersticken wollten. Entsprechend leise setzte die Frau fort.

»Ihr müsst uns helfen. Sie haben uns das ganze Haus einfach abgerissen und nichts bezahlt«, sagte sie mit großen Augen, die uns hilfesuchend anschauten. Mit *die* meinte sie die lokalen Statthalter der KP. Dann drückte sie uns einen Stapel Kopien von Dokumenten in die Hand, die das Unrecht beweisen sollten, das ihr und ihrer Familie widerfahren war. Ihr Mann stand zwei Meter neben ihr. Er hatte seinen Kopf tief zwischen die Schultern gezogen und die Hände in seinen Manteltaschen vergraben. Sein Blick ging von links nach rechts, um mögliche Schnüffler auszumachen. Zwischen den beiden stand ein Mädchen, vielleicht zehn Jahre alt, das in einen rosafarbenen Plüschrock mit weißer Strumpfhose gekleidet war und scheinbar teilnahmslos ins Leere starrte. Die Frau erzählte im Flüsterton, dass sie aus Chongqing in Westchina nach Peking gekommen waren, um hier bei der Zentralregierung eine Petition einzureichen. Sie hatten nicht nur die Dokumente ihres eigenen Falls dabei, sondern auch die Papiere zahlreicher Nachbarn, deren Häuser ebenfalls zerstört wurden.

Die Petitionsstelle in Peking beruhte noch auf einer Tradition aus der Kaiserzeit. In den 1950er Jahren wurde sie durch die KP institutionalisiert. Wo es keine Rechtsstaatlichkeit gibt, ist der Wunsch nach Gehör bei den Mächtigen und die Hoffnung auf deren Gunst die einzige Chance, Gerechtigkeit zu erfahren. Jede Provinz hatte eine solche Stelle und eben auch die Zentralregierung. Peking bildete den letzten Hoffnungsschimmer einfacher Leute, doch noch zu ihrem Recht zu kommen, wenn sie in ihrer eigenen Provinz mit ihren Anliegen nicht weitergekommen waren. Die Hoffnung war meist mit dem Glauben verknüpft, dass die Zentralbehörden ein Ohr für die Nöte der kleinen Leute hätten. Wir dagegen verloren diesen Glauben recht schnell. Immer wieder trafen wir Leute, die uns von ihren vergebenen Anläufen erzählten, ihre Petition in Peking einzureichen. Das Instrument entpuppte sich für viele Bürger als wertlos. Es waren einfach viel zu viele Petitionen, mit denen Peking sich hätte beschäftigen müssen, was auch eine logische Konsequenz der fehlenden Rechtsstaatlichkeit war. Denn wo Gerichte fast alle Klagen ablehnten, die sich gegen die Praktiken von Verwaltungsbehörden oder Staatsorganen richteten, blieb den Bürgern meist nichts anderes übrig als ein letzter Anlauf bei der Regierung.

Der Zentrale wurde der Andrang der Bittsteller irgendwann zu groß. Die Partei fürchtete, dass sich in Peking die Benachteiligten zusammenrotten und Massenproteste auslösen würden. 2014 wurde die Petitionsstelle in der Hauptstadt deswegen endgültig geschlossen. Lokale Regierungen sollten die Belange der Menschen selbst lösen. Die Kader in den Provinzen wurden angewiesen, ihren Bürgern Beistand zu leisten, wenn die im Konflikt mit ihnen standen. Der Haken daran war, dass diese Form staatlicher Hilfestellung vorher schon nicht funktioniert hatte. Nur deswegen waren die vielen Bittsteller überhaupt erst nach Peking gereist.

Viele dieser Wutbürger schafften es erst gar nicht bis zur zentralen Petitionsstelle, weil die Kader aus den lokalen Bezirken auf der Hut waren und besonders hartnäckig Protestierende überwachen ließen. Sie warnten davor, nach Peking zu reisen und drohten ihnen mit Prügeln oder Haft. Wer sich dennoch bis in die Hauptstadt wagte, musste damit rechnen, abgefangen zu werden. Viele, die erwischt wurden, landeten in einem sogenannten schwarzen Gefängnis. Das konnten zum Beispiel private Hotels sein, die von Provinzregierungen angemietet und kurzerhand umfunktioniert wurden. Sie dienten dazu, die Bittsteller illegal festzuhalten. Denen konnte man offiziell zwar nichts vorwerfen, außer, dass sie um ihr Recht kämpften. Manche verbrachten dennoch Monate oder Jahre in diesen Gefängnissen, ehe sie zurück in ihre Heimatprovinz durften. Andere kehrten nie aus Peking zurück. Schwarze Gefängnisse gab es allerdings im gesamten Land. Opfer dieser Praxis waren mehrheitlich Frauen.[2]

Mangelnde Alternativen machten uns ausländische Journalisten in den Augen dieser Menschen zu einem vermeintlichen Rettungsanker. Auch die Familie aus Chongqing sah in uns ihre vielleicht letzte Möglichkeit für eine angemessene Entschädigung des erlittenen Schadens. Pia schaute mich an. Wir spürten die Verzweiflung dieser Leute. Sie taten uns leid. Ohne ihre Geschichte im Detail zu kennen, zweifelten wir nicht daran, dass dieser Familie Unrecht widerfahren war. Wir hatten einige Monate zuvor schon über Zwangsabrisse in Peking im Rahmen städtischer Erneuerung berichtet und dabei erfahren, wie rücksichtslos und teilweise brutal mit Leuten umgegangen wurde, die den Plänen eifriger Immobilienentwickler und der Profiteure in den Verwaltungen im Weg standen.

Es war ein Fall, der sich in einer alten Nachbarschaft abspielte, auf die wir aus unserem Hochhaus in Fuli Cheng blicken konnten. Mitten in der Nacht waren die Bewohner aus dem Schlaf gerissen, von Unbekannten aus ihren Häusern gezerrt und wegen ihrer Weigerung auszuziehen verprügelt worden. Vor ihren Augen rissen Bagger ihre Hauswände ein. Eine Frau lag noch im Bett, als die Abrissbirne ihr Wohnzimmer demolierte. Sie schaffte es unverletzt aus dem Gebäude. Die Leute riefen sofort die Polizei, doch die ließ sich erst am Morgen danach blicken. Die Beamten nahmen ein paar Zeugenaussagen auf und machten Fotos vom Tatort. Aber niemand wurde jemals für diesen Überfall belangt. Einige Monate lebten die Menschen in den Baracken, ehe sie ihren Kampf schließlich aufgaben. Man zahlte ihnen eine Entschädigung, von der sie sagten, sie sei viel zu niedrig, um sich anderswo in der Stadt eine Wohnung kaufen zu können. Dann wurden die Häuser abgerissen, und der Neubau eines Apartmentblocks konnte beginnen.

Solche und ähnliche Geschichten hörten wir im Laufe der Jahre immer wieder. Sie spielten überall im Land, und meistens erzählten sie von korrupten Kadern und Polizisten, die mit den Baufirmen unter einer Decke steckten und sich nicht darum scherten, ob Familien fair behandelt wurden. Es kam zwar auch vor, dass Hausbewohner sich gerecht entschädigt fühlten. Aber das waren absolute Ausnahmen.

Oft war es so, dass Geschichten über Enteignungen und Zwangsräumungen gar nicht das Thema für vereinbarte Treffen und Interviews waren. Meist entpuppten sie sich als

Nebenstränge anderer Erzählungen, auf die wir uns konzentriert hatten. Wie oft schauten Pia und ich uns während solcher Gespräche an, und einer von uns sagte kopfschüttelnd: »Überall das Gleiche.«

Die Familie im U-Bahnhof am Platz des Himmlischen Friedens hoffte auf unsere Hilfe. Aber wir wussten, dass es aus rein journalistischer Betrachtung keine Rechtfertigung dafür gab, Tausende Kilometer tief ins Land zu reisen, um eine Geschichte zu erzählen, die auch in Peking alle naselang passierte und über die wir ähnlich bereits berichtet hatten. Solange diese Geschichte nicht einen speziellen Aspekt aufweisen konnte, der sie von anderen Zwangsräumungen markant unterschied, kam das Thema für uns nicht infrage.

Was sich so sachlich, rational anhört, hatte allerdings auch eine emotionale Komponente. Jemanden abzulehnen, der nach Hilfe fragte, war eine sehr unangenehme Entscheidung. Einem Bettler auf der Straße Hilfe zu versagen, war inzwischen Teil unserer globalen Misstrauenskultur. Es tat den meisten Menschen schon lange nicht mehr weh, einem Obdachlosen ein Almosen zu verwehren, ob in China oder Deutschland oder sonst wo auf der Welt. Das galt ebenso für uns. Aber wenn jemand um tiefgreifende Unterstützung regelrecht flehte, dann wuchs in uns ein Pflichtgefühl, unsere Möglichkeiten genauestens zu prüfen. Aber uns wurde schnell klar, dass wir uns nicht zum Sprachrohr aller Benachteiligten im Land aufschwingen wollten und konnten. Deswegen machten wir auch an diesem Tag im U-Bahnhof den Leuten wenig Mut. Wir nahmen dennoch ihre Dokumente an und versprachen, sie uns anzuschauen, ob es vielleicht doch einen Grund für uns gäbe, darüber zu berichten. Gesagt, getan, aber es gab nichts. Es war ein Fall wie Millionen anderer. Unsere damalige Mitarbeiterin rief die Frau daraufhin an und erklärte ihr ausführlich, weshalb wir nicht kommen würden.

Diese Begegnung stand exemplarisch für die Situation, in der wir uns plötzlich in China wiederfanden. Wir standen vor der Wahl, uns in einem autoritären Staat heiklen Themen intensiv zu widmen oder eben nicht. Intensiv bedeutete, dass wir Leute trafen, bei denen wir damit rechnen mussten, dass Staat und Partei aktiv eingriffen, um solche Treffen zu verhindern. In der Theorie war es ganz einfach, als westlicher Journalist Dissidenten zu interviewen oder Menschenrechtsverletzungen an markanten Beispielen zu thematisieren. Die Praxis aber hielt Ängste und Sorgen dagegen, die wir als zunächst unerfahrene Auslandskorrespondenten einfach noch nicht kannten. Das kostete uns anfangs Überwindung. Wir hätten die Themen auch oberflächlicher und allgemeiner darstellen können, aber dann hätte unsere Berichterstattung niemals die gleiche Tiefe und Präzision erfahren. Wir hätten Experten zu diesem oder jenem Problem in China fragen, ein bisschen im Internet nach Bildmaterial Ausschau halten, dazu reichlich Symbolbilder drehen können und fertig. Wobei auch *RTL* und *n-tv* vermutlich bald gesagt hätten, dass solche Beiträge dauerhaft nicht brauchbar gewesen wären. Als Schreiber hatte ich es einfacher. Für meine Berichte waren nicht einmal Symbolbilder nötig. Ich hätte alles vom Schreibtisch aus erledigen können: scheinbar mutig und unbestechlich aus dem Herzen der Diktatur, aber eben weit weg von der echten Geschichte. Für uns hätte es sich aber angefühlt wie Journalismus zweiter Klasse.

Dass wir uns gegen die sichere Variante entschieden, war einerseits bedingt durch unsere Überzeugung, dass unsere Arbeit grundsätzlich Mut verlangte und wir zudem nur dann glaubwürdig berichten konnten, wenn wir uns vor Ort von den Dingen ein Bild machten, statt auf Sekundärquellen zu vertrauen. Andererseits wurden wir durch Begegnungen wie diese regelrecht in solche Themen hineingezogen. Und wir wehrten uns nicht, sondern spürten, dass wir uns dieser Herausforderung stellen mussten, wenn wir als Korrespondenten in China ernst genommen werden wollten.

Immer wenn wir uns in den Jahren danach entschieden, über dramatische Schicksale von Menschen zu berichten, machten wir den Leuten deshalb von Beginn an klar, dass wir an ihrer Situation nichts ändern würden. Ein TV-Bericht im deutschen Fernsehen oder ein paar Zeilen in einer deutschen Zeitung mochten vielleicht helfen, ein Bewusstsein im Westen über die grundsätzliche Problematik zu schaffen und damit lautere Forderungen an China nach mehr Rechtsstaatlichkeit zu provozieren. Aber kein Chinese sollte sich erhoffen, unseretwegen mehr Gerechtigkeit oder gar Rettung zu erfahren.

Ich erinnere mich nur an eine glückliche Ausnahme. Es ging um ein Baby namens Jinhua. Der Junge war acht Monate alt und hatte nicht mehr lange zu leben, als wir ihn und seine Eltern in einem Örtchen nahe der Millionenstadt Linfen in der Provinz Shanxi trafen. Linfen galt damals nach Angaben der chinesischen Behörde für Umweltschutz als die Stadt mit der schlechtesten Luftqualität im gesamten Land.[3] Ausländische Institute verliehen ihr einen Platz in den Top Ten der schmutzigsten Städte der Welt.

Jinhua war mit einem Herzfehler auf die Welt gekommen. Der behandelnde Arzt hatte der Mutter erklärt, dass die Luft, die sie während der Schwangerschaft eingeatmet hatte, wohl der Grund für den Geburtsfehler war. Das tat er nicht offiziell und vermerkte diese Vermutung auch nicht im Krankenbericht des Kindes, weil er wie alle anderen Ärzte auch von den örtlichen Behörden angewiesen worden war, dieses Problem zu verschweigen. Doch für den Mediziner stand fest, dass Jinhua ein Opfer der Umweltverschmutzung war. Man sagte uns, dass solche Herzfehler bei Säuglingen in Linfen zunehmend aufgetreten waren, seitdem die Provinz in den Neunzigerjahren ihren Aufstieg zu einem chinesischen Zentrum für Kohleabbau begonnen hatte.

Durch Zufall waren wir bei der Recherche zu diesem Thema auf diesen Arzt gestoßen und baten ihn um Kontakte zu Familien mit betroffenen Kindern. Er verwies uns an Jinhua und seine Eltern. Unsere damalige Producerin hatte uns zunächst einen Termin in dem Krankenhaus verschafft, wo wir mit dem Arzt ein Interview führen wollten. Am Abend dann planten wir einen Besuch bei der Familie. Wir bezogen Quartier in einem Hotel in der Innenstadt von Linfen und machten uns am Mittag auf den Weg ins Krankenhaus. Unser Taxifahrer ließ uns vor dem Eingang aussteigen und parkte nur wenige Meter entfernt.

Das Gebäude war ein großer rechteckiger Klotz mit einem großen Atrium, das sich über mehrere Stockwerke in die Höhe zog. Der Arzt empfing uns bereits im Foyer. Gemeinsam stiegen wir die Treppen hinauf und gingen im ersten Stock in sein Sprechzimmer. Dort bauten wir unsere Kamera auf und begannen das Interview. Wir stellten konkrete Fragen nach der Häufigkeit von Herz- und anderen Erkrankungen, die seiner Meinung nach in unmittelbarer Verbindung mit der Luftverschmutzung standen. Bereitwillig gab der Mann Auskunft. Schon nach einer kurzen Weile klingelte sein Telefon, und er bat uns um einen Augenblick Geduld. Er verließ das Sprechzimmer und ließ uns warten. Fünf Minuten später kam er aufgeregt zurück. »Es gibt kein Interview. Ich sage nichts«, meinte er ohne weitere Erklärung. Er bat uns Platz zu nehmen, und wir versuchten zu verstehen, was vor sich ging.

»Hier stimmt doch was nicht«, sagte Pia zu mir.

»Ja, ziemlich seltsam«, antwortete ich.

Wir schauten unsere Übersetzerin an. Auch sie verzog verwundert ihr Gesicht.

»Entschuldigen Sie, aber weshalb wollen Sie nicht weiterreden?«, fragte sie.

»Ich sage nichts, ich sage nichts«, sagte der Arzt sichtlich angespannt. Seine Reaktion versetzte uns in Alarmbereitschaft. Wir vermuteten, irgendwer aus dem Krankenhaus hatte unsere Ankunft an wen auch immer weitergetragen und verraten, dass ausländische Journalisten ausgerechnet mit jenem Arzt sprachen, der eine präzise Meinung über die Zusammenhänge von Luftverschmutzung und Herzerkrankungen vertrat. Wir wussten nicht, wer hier in Kürze durch die Tür spazieren und unsere Arbeit unterbinden würde. Aber wir waren uns sicher, dass es nicht lange dauern konnte, bis jemand eintreten und uns zum Gespräch bitten würde. Ohne lange nachzudenken, packten wir deshalb unsere Sachen zusammen und marschierten auf die Zimmertür zu. Doch jetzt stellte sich uns der anfangs freundliche Arzt in den Weg und bat laut und eindringlich, dass wir wieder Platz nehmen sollten. »Essen Sie Früchte«, sagte er mehrfach und hielt uns einen Teller mit frischem Obst vor die Nase. Doch wir entschieden uns dagegen und spürten, dass es das Beste war, schnellstmöglich zu verschwinden. Sanft schoben wir ihn zur Seite. Zum Glück wurde er in seiner offensichtlichen Panik nicht handgreiflich, sondern ließ uns gewähren. Auf dem Gang wartete bereits weiteres Personal, das nun ebenfalls versuchte, uns aufzuhalten. Doch wir machten nun ebenso laut begreiflich, dass wir umgehend diesen Ort verlassen wollten. Man versuchte, uns an den Armen zu halten, aber unserer Entschlossenheit hatten die Damen und Herren nichts entgegenzusetzen. Wir drängelten uns zu dritt den Weg frei. In Windeseile verließen wir das Gebäude auf dem gleichen Weg, auf dem wir gekommen waren und rannten zu dem Taxi, das auf dem Parkplatz auf uns wartete. Schnell verstauten wir unsere Sachen im Kofferraum, stiegen ein und wiesen den Fahrer an, sofort loszufahren.

»Wohin fahren wir?«, wollte der wissen.

»Egal, erstmal nur weg von hier«, sagte unsere Producerin laut und bestimmend.

Unsere Herzen pochten. Pia und ich saßen auf der Rückbank und schauten uns regelmäßig um, weil wir uns vergewissern wollten, dass uns niemand folgte. Nach zehn Minuten waren wir ziemlich sicher, dass dies nicht der Fall war. Wir atmeten tief durch. Aber wir ärgerten uns, dass wir den Arzt nun nicht in den TV-Beitrag einbauen konnten, obwohl wir Verständnis für seine Beweggründe hatten. Nach dem Telefonanruf musste er urplötzlich große Angst bekommen haben. Später erfuhren wir, dass man ihm gedroht hatte, seinen Arbeitsplatz zu verlieren, wenn er nicht sofort das Interview abbrechen und dafür sorgen würde, uns so lange aufzuhalten, bis Polizei oder örtliche Kader einträfen. Zum Glück blieb es bei der Drohung. Er behielt seinen Posten, obwohl er uns den Beamten nicht servieren konnte.

Wir begriffen, wie sensibel das Thema war, mit dem wir uns hier befassten. Unsere Berichterstattung über kranke Menschen in Verbindung mit der verschmutzten Luft war nicht erwünscht. Das musste aber nicht unbedingt eine Direktive aus Peking sein. Gut möglich war es, dass die örtlichen Kader Angst davor hatten, dass das Image der Region weiteren Schaden nahm. Auch, weil viele Fabriken keineswegs die Mindeststandards für Umweltschutz einhielten, die in großen Mengen von der Zentralregierung erlassen wurden. Neue Regularien aus der Hauptstadt wurden oft geflissentlich ignoriert. Das war billiger, mit weniger Aufwand verbunden und bedeutete für die Fabrikbetreiber mehr Profit. Von den Gewinnen flossen große Summen auch an jene Kader zurück, die beide Augen zudrückten und deren Lakaien jetzt wohl auf der Suche nach uns waren.

Mit einem gehörigen Schrecken in den Gliedern machten wir uns auf die Suche nach der Familie des herzkranken Jinhua. Es wurde eine Odyssee durch die Vororte des Molochs. Das Dörfchen war ein Kaff an einer Landstraße rund 30 Kilometer außerhalb des Zentrums. Es war so klein, dass wir uns ständig verfuhren. Egal, wen wir fragten, wir tappten im wahrsten Sinne des Wortes im Dunkeln. Denn die Sonne war längst untergegangen, als wir immer noch durch die Gegend kurvten. Mehrfach hatten wir Jinhuas Vater angerufen und um Orientierungshilfe gebeten. Aber wer schon einmal einen Chinesen in der Provinz nach dem Weg gefragt hat, der weiß, welches Chaos das auslösen kann. Beschreibungen waren meist so unpräzise wie Wettervorhersagen für die Weihnachtstage im Sommer. Das klang dann etwa so: »Erst nach Osten, dann nach Norden« oder: »Zehn Kilometer der Straße folgen und dann hinter dem Baum links.« – »Hinter welchem Baum?« – »Dem an der Straße.«

In all den Jahren als Korrespondenten haben wir derart viel Zeit aufbringen müssen, um unsere Gesprächspartner oder Zielorte zu finden, dass wir bequem einen Jahresurlaub dafür hätten eintauschen können. So ungenau oder unverständlich waren die Erklärungen, die man uns gab. Wir fluchten, rauften uns die Haare, gerieten in Panik oder lachten uns manchmal auch halb schlapp während all dieser Irrfahrten durch Chinas Städte und Provinzen.

Irgendwann fanden wir Jinhuas Familie doch noch. Sie lebte in einem Haus an einer Landstraße mit einem Hof und einem Brunnen vor der Tür. Das Gebäude bestand aus einem großen Wohnzimmer, in dem sich die Kälte des Herbsttages breitmachte. Ein Sofa und zwei Sessel standen um einen großen Holztisch herum. An einer Wand hingen Poster mit den Porträts von Mao Zedong und dessen Premierminister Zhou Enlai. Beide Enden des Raumes hatten eine Tür. Eine führte ins Schlafzimmer, die andere in die Küche. Ein schwaches Licht aus einer einsam leuchtenden Glühbirne kämpfte gegen die Dunkelheit an.

Jinhua auf dem Arm seiner Mutter zu sehen, war ein Bild des Jammers. Der Kleine war dick eingepackt in weiße

Wollkleidung mit einem winzigen Mützchen auf dem zarten Kopf. Er atmete schwer und kaum hörbar, seine Lippen waren blau angelaufen, und wenn er schrie, krächzte er einige kleinlaute Töne hervor. »Die Ärzte sagen, dass er noch höchstens ein Jahr zu leben hat«, sagte seine Mutter.

Wir waren auf diese tragische Geschichte vorbereitet, aber dieses kleine Wesen so hilflos und schwach zu sehen, brach uns fast das Herz. Wir bewunderten seine Mutter dafür, dass sie die Fassung bewahrte, während wir einen dicken Kloß im Hals hatten. Die Mutter erzählte uns von dem Arzt, der ihnen verriet, weshalb Jinhua wohl krank auf die Welt gekommen war, und von dem Wasser aus dem Brunnen, das sie zum Kochen nutzten und zum Teetrinken, obwohl es verseucht sein sollte. So genau wussten sie das nicht, aber es war das, was die Leute im Dorf erzählten. Ich zögerte, als sie uns Becher mit Tee servierten, trank aber trotzdem. Pia ließ ihren Becher unberührt stehen.

Nur eine Operation konnte den Jungen retten. Die Kosten dafür lagen bei rund 70.000 Yuan, damals etwas weniger als 7.000 Euro. Das war unmöglich aufzubringen für die Familie, die nur wenige Hundert Yuan im Monat zur Seite legen konnte. Es war ein bedrückender Abend. Uns fehlten die richtigen Worte, als wir uns nach einer Stunde verabschiedeten. Aber wir konnten nicht wissen, dass diese Begegnung für die Familie eine Wende bedeutete.

Für den nächsten Tag hatten wir ein Dorf im Umland anvisiert, dem eine Papierfabrik in unmittelbarer Nachbarschaft Tod und Krankheit gebracht hatte. Sein eigentlicher Name wurde meist durch das Attribut »Dorf der Behinderten« ersetzt. Etliche Menschen litten an Lähmungen, Schäden im zentralen Nervensystem oder waren an Krebs erkrankt. Als wir durch die Lobby schritten, fielen uns zwei Männer auf, die auf Sofas fläzten. Als wir sie passierten, sprangen sie aus ihrer bequemen Haltung auf und folgten uns ziemlich auffällig nach draußen. »Stasi«, flüsterte ich Pia zu. »Die sind unseretwegen hier.« Es war der erste Gedanke, der mir durch den Kopf ging. Die Beamten waren nach den Ereignissen im Krankenhaus auf uns aufmerksam geworden und hatten schnell unser Hotel ausfindig gemacht.

Wir packten die Ausrüstung ins Taxi und fuhren los. Es herrschte relativ dichter Verkehr, sodass wir zunächst nicht bemerkten, ob uns tatsächlich ein Auto verfolgte. Als wir die Außenbezirke erreichten, fiel uns allerdings ein Zivilfahrzeug auf, das eine Weile hinter uns herfuhr.

Um sicherzugehen, dass es tatsächlich Beamte waren, bogen wir in eine kleine Straße ein, folgten ihr ein paar Hundert Meter und blieben stehen. Das Auto war hinter uns. Es behielt einen Sicherheitsabstand und parkte ebenfalls. Pia hatte die Kamera einsatzbereit auf der Schulter und drehte in die Richtung, in der das Fahrzeug stand. Offenbar bemerkten die Männer im Auto, dass wir sie filmten. Sofort legte der Fahrer den Rückwärtsgang ein und setzte zurück, bis sie hinter einer Kurve verschwunden waren.

»Stasi«, sagte Pia bestätigend.

Uns war klar, dass es schwer werden würde, unter diesen Bedingungen im Dorf der Behinderten ungestört drehen und mit den Bewohnern sprechen zu können. »Wie kommen wir jetzt hier weg?«, fragten wir uns.

Die Straße endete an einer Großbaustelle, die eine riesige Fläche einnahm, deren anderes Ende kaum auszumachen war. Autos konnten hier unmöglich passieren. Der schlammige Schotterboden war so von Baggern zerfurcht, dass ein normaler PKW unter keinen Umständen diesen Weg nutzen konnte. Er wäre irgendwo auf seinem Unterboden liegen geblieben, weil die Räder den Grund nicht mehr berührt hätten.

Ein paar Meter entfernt standen allerdings mehrere schmale Motorrikschas mit Ladefläche. Die Männer halfen den Arbeitern dabei, Baustoffe und Maschinen auf der Baustelle zu verteilen. Das war auch unsere Chance. Wir packten unsere Sachen, zahlten das Taxi und gingen schnell zu einem der Rikschafahrer. Ich drückte ihm 20 Yuan in die Hand und zeigte in Richtung Baustelle. »Fahr uns auf die andere Seite!« Der Typ schaute verwundert seine Kumpel an, und alle kicherten ungläubig. »Los, auf geht's«, forderten wir ihn auf. Unsere Producerin nahm hinter ihm auf dem Sattel Platz, Pia und ich kaperten die Ladefläche. Er handelte noch zehn Yuan mehr raus und fuhr los. Unsere Verfolger konnten uns unmöglich mit ihrem Auto folgen. Ehe sie begriffen, was wir vorhatten, waren wir schon mitten auf der Baustelle. Uns liefen die Tränen vor Lachen, als wir schaukelnd an den Arbeitern vorbeifuhren, unsere Verfolger waren abgehängt. Wenige Minuten später hatten wir das andere Ende erreicht, wo eine Hauptstraße verlief. Hektisch kletterten wir von der Rikscha herunter, bedankten uns beim Fahrer und winkten nach einem Taxi. Wir hatten Glück. Augenblicke später hielt eine hellblaue Schrottkiste vor uns. Wir warfen uns auf die Rückbank und riefen: »Fahr!«

Verdutzt schaute der Fahrer unsere Producerin an. »Wohin?«

»Egal, fahr! Einfach geradeaus.«

Eine Weile hielten wir die Köpfe unten, bis sich herausstellte, dass unsere Taktik aufgegangen war. Die Verfolger waren nicht mehr zu sehen, und wir machten uns ungehindert auf den Weg ins Dorf der Behinderten, wo wir in Ruhe unsere Eindrücke gewinnen konnten und Bilder drehten. Wir sprachen ungestört mit Bewohnern, die uns bereitwillig ihre Situation schilderten. Auf die Spitze treiben wollten wir es aber nicht. Es war damit zu rechnen, dass unsere Anwesenheit an die Behörden gemeldet wurde, weshalb wir unseren Aufenthalt vorsichtshalber auf eine gute Stunde begrenzten.

Bei der Rückkehr am Abend ins Hotel wartete eine unliebsame Überraschung auf uns. Schon als wir durch die Lobby schritten, spürten wir die Blicke der Mitarbeiter, die möglichst unauffällig taten, aber damit eigentlich genau das Gegenteil bewirkten. Eine junge Frau an der Rezeption griff zu einem Funkgerät und flüsterte hinein, während ihre Augen auf uns gerichtet blieben. Wir ahnten natürlich, dass dieses auffällige Verhalten mit unserer Arbeit zu tun haben musste, und es war ein unangenehmes Gefühl. Schließlich spürten wir, dass uns ein dichtes Netz an Denunzianten umgab, das von der Stasi gesponnen worden war. Leute, die nichts über uns wussten, außer dass wir Journalisten waren. Sie kannten den Inhalt unserer Arbeit nicht, aber sahen uns als potenzielle Gefahrenherde für die Sicherheit ihres Landes, weil irgendein Beamter es ihnen so vorgegaukelt hatte.

Im Zimmer sah zunächst alles so aus wie am Morgen, als wir es verlassen hatten. Erst als Pia sich ihrem Laptop widmete, der auf einem Schreibtisch stand, wurde uns klar, dass jemand am Computer gewesen war. Der Akku war voll, als wir aufgebrochen waren, jetzt war er leer. Zweifellos hatte sich jemand an unserer Technik zu schaffen gemacht. Glücklicherweise befanden sich auf dem Rechner nur harmlose Daten. Das gesamte Filmmaterial des vergangenen Tages hatten wir bei uns getragen. Aber es beschlich uns ein mulmiges Gefühl. Diese Zimmertür war auch im abgeschlossenen Zustand nicht mehr wert als eine Gardine. Wenn man uns gewaltsam abnehmen wollte, wonach jemand bereits heimlich gesucht hatte, stellte dieses Schloss kein Hindernis dar.

So weit kam es aber nicht. Wir waren schließlich autorisiert zu tun, was wir taten, und niemand seitens der lokalen Behörden in Linfen wollte offenbar Ärger mit der Zentralregierung in Kauf nehmen. Denn wegen der anstehenden Olympischen Spiele genossen wir einen besonderen Schutz. Peking hatte kein Interesse daran, internationales Aufsehen für rabiaten Umgang mit ausländischen Reportern zu riskieren. Zumindest damals nicht. Das Blatt wendete sich im Zuge des Arabischen Frühlings, als das Regime fürchtete, die Kontrolle über die Dinge im Land verlieren zu können.

Auf eine Beschwerde beim Management des Hotels verzichteten wir. Sie wäre reine Zeitverschwendung gewesen. Als die Nacht überstanden war, hatten wir auch sämtliche Sorgen abgelegt. Die heiklen Teile unserer Reise hatten wir hinter uns, am Abend ging das Flugzeug zurück nach Peking. Es störte uns auch nicht, dass uns erneut zwei Beamte an den Fersen hingen, die diesmal wohl vor dem Hotel auf uns gewartet hatten, statt wie am Vortag in der Lobby. Denn zunächst bekamen wir von ihnen gar nichts mit. Nach ihrer Schmach vom Vortag waren sie mit aller

Konsequenz darauf bedacht, nicht noch einmal abgehängt zu werden. Wir behielten dennoch den Verkehr im Auge und machten ein Fahrzeug aus, das uns verdächtig erschien, weil es sich einerseits um einen schwarzen VW-Passat handelte, der wohl zur Grundausstattung einer Behörde gehörte und außerdem überall dort parkte, wo wir ausstiegen. An diesem Tag mussten wir jedoch nur noch harmlose Alltagsszenen in der Stadt drehen. Es gab für die Beamten keinen Grund einzuschreiten. Niemand behinderte uns bei der Arbeit.

Die Geschichte über die Umweltverschmutzung und das Schicksal des Kindes lief schließlich im *Nachtjournal* und in den Hauptnachrichten. Ich bastelte an einem Report, den ich mehreren Tageszeitungen anbot. Ich hatte darin konkret die finanziellen Verhältnisse der Eltern und ihre Aussichtslosigkeit geschildert.

Es war kurz vor der Adventszeit, als mich die E-Mail eines Lesers der *Mittelbayerischen Zeitung* aus Regensburg erreichte. Er hatte dort meinen Text gelesen und bot an, die Kosten für eine Operation des Kindes komplett zu übernehmen. Wir informierten die Familie, die ihr Glück nicht fassen konnte und überall ausplauderte, was geschehen war. Schnell machte die Nachricht in der Nachbarschaft die Runde, dass es einen Geldspender geben sollte. Nicht lange danach meldete sich ein Parteikader aus der Ortsverwaltung telefonisch beim Vater. Ob er wüsste, dass solche Spenden illegal seien, fragte er ihn. Der Beamte verlangte die Hälfte des Geldes, andernfalls würde der Vater sich strafbar machen. Der Vater reagierte geistesgegenwärtig. »Es gibt keinen Spender«, log er.

Auch in den Wochen danach versuchten es die Erpresser

immer wieder aufs Neue. Doch Jinhuas Vater blieb bei seiner Behauptung. Die Drohanrufe machten ihm keine Angst. Es ging um das Leben seines Sohnes. Was sollte Schlimmeres passieren als der Tod des Kindes? Heimlich brachen sie im Frühjahr nach Peking auf. Der Spender hatte die Summe an uns überwiesen, samt Auslagen für Übernachtungen und Transport der Familie. Es folgte eine ausführliche Untersuchung des Kindes in der Pekinger Herzklinik. Schnell war klar, dass die Operation besser heute als morgen stattfinden musste. So kam es auch. Wenige Tage nach dem ersten Besuch in Peking wurde dem Baby ein Katheter gelegt.

Wir kümmerten uns um die Bezahlung aller Rechnungen vor Ort. Zu den normalen Kosten war eine saftige Schwarzzahlung an den operierenden Arzt geflossen, um ihn zu motivieren, sein Bestes zu geben. Es war das erste Mal, dass wir damals von dieser Praxis des »Roten Umschlags« erfuhren, der wir in den Jahren danach in öffentlichen chinesischen Krankenhäusern immer wieder begegneten.

Ich erinnere mich, wie wir vor der Operation die Familie in ihrem Hotelzimmer trafen, von dem Spender aus Bayern und den Umständen erzählten, die zu seiner überlebenswichtigen Hilfe geführt hatten. Die Eltern schauten sich an und konnten sich ein ungläubiges Lächeln nicht verkneifen. Immer wieder schüttelten sie den Kopf. Sie sahen aus, als sei ihnen ein Wunder begegnet. Und ein bisschen so war es ja auch. 1,3 Milliarden Menschen lebten zu der Zeit in China. Umweltverschmutzung war und ist ein landesweites Problem. Was wäre gewesen, wenn ihre Stadt nur Platz zwei in der Rangliste der schmutzigsten Städte des Landes belegt hätte? Ihr Sohn wäre nicht gesünder, aber wir wären nicht nach Linfen, sondern anderswo hingereist. Was, wenn wir nicht diesen einen Arzt, sondern einen anderen angerufen hätten? Was, wenn die Zeitung meinen Bericht nicht hätte drucken wollen? Was, wenn der Spender am Erscheinungstag keine Zeitung gelesen hätte? Was, wenn der Spender bereits einen anderen Kanal für seine jährliche Finanzspritze an Hilfsbedürftige genutzt hätte? Was wenn wir die Stasi nicht abgehängt hätten, um bei Jinhua drehen zu können?

Der Junge überstand den Eingriff prächtig. Nur ein halbes Jahr später knipste ich ein Foto, wie er nach einem Kontrollbesuch breit grinsend über den Bürgersteig eierte. Er hatte gerade Laufen gelernt. Seine Mutter hockte hinter ihm, hielt ihm die Hand und lachte schallend. Der Vater ist im Hintergrund zu sehen, wie er zufrieden die Mundwinkel verzieht. Das Glück stand dieser Familie in die Gesichter geschrieben.

Jinhua hatte unmittelbar von unserer Berichterstattung profitiert. Aber er blieb die Ausnahme. Und das war gut so. Wir waren Journalisten und keine Aktivisten. Wir folgten keiner Agenda und hatten keinen Auftrag. Aber wir freuten uns darüber, dass jemand dem Kind das Leben gerettet hatte. Doch das war nicht der Maßstab für das, was wir taten.

5

Kein Kommentar

In den allermeisten Fällen setzten die Protagonisten ohnehin keine Hoffnung darauf, dass Staat und Partei vor ihnen zu Kreuze kriechen würden, weil in Deutschland das Fernsehen oder eine Zeitung über sie berichtete. Viele Menschen nutzten uns allerdings als Ventil für ihren Ärger, ihre Wut und ihre Verzweiflung, die sich manchmal jahrelang angestaut hatten. Und wir mussten dabei sehr genau zwischen Fakten und Meinungen unterscheiden.

Entsprechend ausgiebig widmeten wir uns vielen unserer Interviewpartner, um Widersprüche in ihren Erzählungen zu entwirren. Manchmal verzichteten wir auf Geschichten, weil uns die Hintergründe unschlüssig erschienen. Wem es nicht gelang, Sachverhalte glaubhaft lückenlos darzustellen, wurde nicht Bestandteil unserer Berichterstattung.

Wir waren stets um journalistische Fairness und sauberes Handwerk bemüht. Immer versuchten wir, auch die Gegenseite anzuhören, wenn es um Geschichten ging, bei denen Bürger den Behörden Korruption, Machtmissbrauch oder Versagen vorwarfen. Doch in den seltensten Fällen stießen wir auf Bereitschaft zur Stellungnahme, wenn wir örtliche Behörden kontaktierten. Stattdessen trafen wir auf eine Mauer des Schweigens. Um unsere Berichterstattung nicht zu gefährden, stellten wir unsere Anfragen in der Regel erst, nachdem die Dreharbeiten erledigt waren.

Das geschah meist per Fax aus unserem Büro. Tatsächlich galt China als Vorreiter in der digitalen Transformation des öffentlichen und privaten Lebens, aber Interviewanfragen an staatliche Stellen verlangten immer ein Fax. Zusagen bekamen wir aber so gut wie nie.

Irgendwann begannen wir deshalb, unverhofft an die Türen von Ämtern oder Polizeidienststellen zu klopfen, wenn wir sonst keine Reaktionen erhielten. Und es kam tatsächlich vor, dass sich Beamte spontan bereit erklärten, uns vor der Kamera Frage und Antwort zu stehen. Ich erinnere mich an einen Fall in Shenzhen, eine Megacity im Perlflussdelta in der Provinz Kanton, gleich an der Grenze zu Hongkong. Wir hatten Familien getroffen, deren Kinder entführt worden waren. Diese Verbrechen waren keine Einzelfälle, sondern zwei Beispiele von Hunderttausenden im Land. Kindesentführungen waren in China an der Tagesordnung. Kleine Jungen wurden in anderen Teilen des Landes an Familien verkauft, wenn dort ein Stammhalter fehlte. Mädchen wurden benötigt, um anderswo die massive Überzahl an Junggesellen auszugleichen. Sie wurden als Kinder entführt, um dem örtlichen Heiratsmarkt zur Verfügung zu stehen. Dieses Ungleichgewicht war eine Konsequenz der Ein-Kind-Politik. Mädchen wurden millionenfach abgetrieben, weil sie gerade bei den Familien auf dem Land weniger Wert hatten als Jungen. Es kostete Geld, sie zu verheiraten, während die Jungen mit ihrer Arbeitskraft die Einkommen sichern sollten.

Nicht immer wurden entführte Mädchen verheiratet. Im Jahr 2013 besuchten wir ein Dorf in einer besonders vom Überschuss an Männern betroffenen Region. Dort lebten unter anderem vier Kinder im Alter zwischen vier und zehn Jahren allein in ihrem Elternhaus. Mutter und Vater waren als Wanderarbeiter in Südchina beschäftigt. Die älteste Tochter kümmerte sich um ihre jüngeren Geschwister. Hin und wieder schaute ein Nachbar im Alter um die 45 Jahre nach dem Rechten. Er erzählte uns von einer Abmachung mit den Eltern der Kinder. Er half den Kindern, indem er ihnen Geld zusteckte, für sie Lebensmittel einkaufte oder Reparaturen im Haus übernahm. Im Gegenzug sollte ihn die Zweitälteste heiraten, sobald sie im gebärfähigen Alter war. »Was soll ich machen? Ich finde hier keine Frau«, sagte der Mann.

Das Schicksal der entführten Kinder war oftmals dramatischer. Viele landeten als Bettelkinder auf den Armen alter Frauen in den großen Städten, wo sie Mitleid erregen sollten, um Passanten oder Autofahrer an roten Ampeln zu einer Geldspende zu bewegen. Wieder anderen wurde mit dem Einsatz von glühenden Eisen brutal das Augenlicht genommen, und man setzte sie dann als verwahrloste Spendensammler für die Hintermänner ein.

Als Jahre später unsere eigenen Kinder mit chinesischen Freunden auf Spielplätzen in Shanghai tobten, ließen die befreundeten Eltern ihren Jungen aus Angst vor einer Entführung buchstäblich nicht eine Sekunde aus den Augen. Auch wir waren vorsichtig trotz der Gewissheit, dass blonde ausländische Kinder nicht zum primären Beuteschema der Kindermafia passten. Ausländerkinder ließen sich für all diese Zwecke nicht verkaufen.

Nachdem wir die beiden Familien der entführten Jungen in Shenzhen besucht hatten, gingen wir zur zuständigen Polizeiwache und brachten unser Anliegen vor. Wir ernteten verwunderte Blicke, aber man stellte uns in Aussicht, jemanden zu organisieren. Und tatsächlich wurde uns zwei Stunden später ein Interview mit einem Kriminalbeamten gewährt, der mit einem der beiden Fälle betraut war. Der Vater eines der Jungen warf der Polizei ein völliges Versagen und grundsätzliches Desinteresse an der Aufklärung vor. Viele Hinweise sprachen für diese These. Doch der Beamte verteidigte seine Arbeit. Er war der Meinung, die Polizei hätte alles getan, was sie tun konnte. Unser Eindruck war indes, dass die Polizei mit sehr wenig Dynamik hinterher war, dieses Verbrechen aufzuklären. Stattdessen hatte sie einen Routineprozess angeleiert, der schließlich ins Leere lief. Es war eben nur ein Kind von Abertausenden. Wir fragten uns, was zuerst da war: die vielen Entführungsfälle oder die Resignation der Beamten.[4]

So oder so kam diese Form der Zusammenarbeit mit der Polizei bei kritischen Themen nur sehr selten vor. Es sei denn, man zäumte das Pferd von hinten auf und kontaktierte für eine Geschichte zuallererst die örtlichen Behörden. Wenn man das Glück hatte, dass sie nicht sofort ablehnten, musste man jedoch damit rechnen, einen bizarr verzerrten Ausschnitt der Realität serviert zu bekommen. Deswegen war es für uns in den meisten Fällen schlicht tabu, den offiziellen Weg zu gehen. Wir hätten uns die Recherchen vor

Ort nicht nur erheblich erschwert, sondern sie meistens sogar unmöglich gemacht. Wir erlebten, dass mögliche Protagonisten von einer Verabredung Abstand nahmen, weil sie von Beamten davor gewarnt wurden, uns zu treffen.

Manchmal aber ging es nicht anders, als mit den Behörden zu kooperieren, um überhaupt die Chance zu bekommen, Bilder zu einem bestimmten Thema zu drehen. Vor den Paralympics 2008 hatten Pia und ich von einer Einrichtung in der Provinz Anhui gelesen. Es war ein privates Projekt eines Mannes, der sich behinderter oder verwaister Kinder annahm. Es ging Pia vor allem darum, das soziale Engagement des Mannes und die Umstände darzustellen, unter denen behinderte Kinder zum Teil leben mussten. Pia hatte von seinen großen Nöten gelesen, das Projekt zu finanzieren. Es waren so viele Kinder, dass ihm an allen Ecken und Enden die Mittel fehlten. Oft hatten ihm Eltern ihr behindertes Kind einfach anonym vor die Tür gelegt. Sie ertrugen die Scham in ihren Dörfern nicht, wenn Nachbarn schlecht über sie redeten, weil sie vermeintlich nicht in der Lage gewesen waren, ein gesundes Kind zu zeugen. Manchmal wussten die Eltern einfach auch nicht, wie sie ein Leben lang für ein Kind sorgen sollten, das niemals in der Lage sein würde, seinen Teil zum Lebensunterhalt der Familie beizutragen.

Wir hatten den alten Mann angerufen und gefragt, ob wir seine Schule besuchen könnten. Er machte gleich klar, dass dazu dringend das Einverständnis der lokalen Behörden nötig wäre. Zwangsläufig ließen wir uns darauf ein, weil wir spürten, dass ein Dreh sonst überhaupt nicht zustande kommen würde. Yongbin meldete sich bei den Behörden und verabredete einen Termin.

Schon an der Grenze des Verwaltungsbezirks holten zwei Fahrzeuge mit Vertretern von diversen lokalen Ämtern Pia, Yongbin und einen deutschen Kameramann, den wir für die Monate der Olympischen und Paralympischen Spiele angeheuert hatten, auf der Autobahn ab. Die Begrüßung hinter der Mautstelle verlief extrem höflich und formell. Jene, die sich vorstellten, gehörten zum Amt für auswärtige Angelegenheiten und dem lokalen Arm des Propagandaministeriums. Einige andere sagten gar nichts und blieben auf Distanz.

Sie alle begleiteten das Team bis zur Schule. Der Gründer der Einrichtung, mit dem wir telefoniert hatten, begrüßte Pia kurz und kündigte dann überraschend an, dass er sehr müde sei und schlafen müsste, noch ehe der Dreh richtig losgegangen war. Dann verzog er sich und stand für den Rest des Nachmittages nicht mehr zur Verfügung. Pia und Yongbin waren sich sicher, dass der Mann nicht freiwillig das Feld räumte. Stattdessen hatten die Beamten ihn wohl angewiesen, gleich nach der Begrüßung von der Bildfläche zu verschwinden. Wir hatten die Vermutung, dass die Beamten befürchteten, der Alte könnte Details ausplaudern, die sie selbst oder die Partei in ein schlechtes Licht rückten.

Ein prominentes Beispiel für überraschende Müdigkeit war 2017 der merkwürdige Auftritt des Bruders von Friedensnobelpreisträger Liu Xiaobo. Nachdem dieser nach jahrelanger Inhaftierung an Krebs gestorben war, trat der Bruder vor die Presse und gab ein kurzes Statement, in dem er die gute Behandlung des Verstorbenen vor seinem Tod durch offizielle Stellen betonte. Dann verabschiedete er sich umgehend mit dem Hinweis, er sei müde von der langen

Reise und könne keine Fragen beantworten. Beistehende Parteikader flankierten damals die Aussage mit bestätigenden Zwischenrufen: »Ja, er ist müde.« Die anwesenden Journalisten hatten also nicht die Möglichkeit, den vielen Ungereimtheiten auf den Grund zu gehen, die mit dem Tod von Liu Xiaobo im Raum standen. Denn dass seine Krankheit nach bestem Wissen und Gewissen behandelt worden war, wurde außerhalb Chinas stark bezweifelt. Der Verdacht lag auch hier nah, dass Liu Xiaobos Bruder von den Beamten gezwungen wurde, Dinge zu sagen, die er nicht sagen wollte, und dann umgehend zu verschwinden.

So musste also auch der alte Mann in Anhui auf behördliche Empfehlung offenbar dringend Schlaf nachholen und deswegen den Funktionären die Vorstellung seiner Schule überlassen.

Es wartete eine große Überraschung auf Pia. Als sie in Begleitung der Staatsdiener eines der Klassenzimmer betrat, stand sie vor einer Gruppe Kinder im Alter von sechs bis acht Jahren. Alle trugen knallrote, strahlend saubere Trainingsanzüge, und jedes Kind hatte eine frische Halbliterflasche Wasser auf dem Tisch vor sich stehen. Vor allem die Trainingsanzüge weckten ihr Misstrauen, denn alles, was sie über die Schule gelesen hatte, ließ darauf schließen, dass so gut wie kein Geld für irgendetwas anderes als ein paar Grundnahrungsmittel zur Verfügung stand. Deshalb bat Pia Yongbin darum, das ein oder andere Kind unverfänglich zu fragen, ob immer alle Kinder die gleichen Sachen trugen, während sie selbst laut mit dem Kameramann sprach und Anweisungen gab, um die Aufmerksamkeit der Begleiter vornehmlich auf sich zu lenken. Es stellte sich heraus, dass die Trainingsanzüge erst am gleichen Morgen von den Behörden verteilt worden waren und die Kinder angewiesen wurden, sie zu tragen.

In einem anderen Raum kümmerten sich zwei Frauen um schwerbehinderte Kleinkinder. Sie behandle das Mädchen wie ihre eigene Tochter, versicherte die eine, als sie eines der Kinder auf dem Arm trug. »Wie heißt es denn?«, wollte Pia wissen. Auf die Frage war die Frau offenbar nicht vorbereitet.

»Den Namen habe ich vergessen«, stammelte sie. Pia und Yongbin vermuteten, dass diese beiden ›Betreuerinnen‹ überhaupt erst zum ersten Mal an diesem Tag in dieser Einrichtung waren und nur fürs Fernsehen den Anschein erwecken sollten, dass bestens für die hilfebedürftigen Kinder gesorgt wurde.

Die Stimmung wurde angespannter. Die Beamten merkten, dass Pia sich ein eigenes Bild verschaffen wollte und auf einige Merkwürdigkeiten stieß. Während ihr viele Kinder im Klassenraum kerngesund vorkamen, entdeckte sie durch Zufall, und buchstäblich hinter einer Mauer, einige andere, die schwerstbehindert waren. Offenbar sollte Pia diese Kinder nicht zu sehen bekommen. Trotz ihrer Neugier entschieden sich Pia und Yongbin zum Aufbruch. Sie wollten vermeiden, dass die Beamten doch noch die Herausgabe der Aufnahmen forderten. Nach einer kurzen Verabschiedung ließen sich bis an die Stelle eskortieren, an der sie eine Weile zuvor abgeholt worden waren. In der Nacht kehrten sie mit einem verzerrten Bild der Realität nach Peking zurück. Es erschwerte, die echten Bedingungen in der Schule darzustellen. Zwangsläufig berichtete Pia über die Widersprüche, mit denen sie konfrontiert worden war. Ob der Eindruck, den die Behörden beim Zuschauer hinterließen, besser war, als wenn die Beamten den Dingen freien Lauf gelassen hätten, wagten wir zu bezweifeln.

Zugegebenermaßen war das auch durch kulturelle Unterschiede bedingt. Vor allem in Ostasien ist die Kultur der Scham ausgeprägt. Unschönes oder persönliches Versagen wird am besten unter den Teppich gekehrt, und niemand schaut darunter. Im Gegensatz dazu pflegen europäische Nationen eine Kultur der Schuld. Wir halten das öffentliche Eingestehen von eigenen Fehlern für einen respektablen Charakterzug.

Aber das punktuelle Aufhübschen der Realität war typisch für die chinesische Diktatur. Hier zählte der Schein, nicht das Sein. Wo eine einzige Partei für alles Verantwortung beanspruchte, fiel es leicht, die politische Schuld zu verorten. Also wurde schon auf der Graswurzelebene von Partei und Verwaltung der Eindruck verhindert, dass irgendetwas nicht optimal verlief. Behinderte, vernachlässigte Kinder, die in Armut lebten, waren nichts, was man Menschen außerhalb Chinas unbedingt vor Augen führen wollte. Deshalb wollte niemand als Beispiel für die Realität herhalten. Zumal es in autoritären Systemen sehr unangenehm werden konnte, nach ›oben‹ zu berichten. Immerhin blieben den Kindern in Anhui neue Trainingsanzüge.

Dreharbeiten in offizieller Begleitung waren in der Regel von den Gastgebern von vorne bis hinten durchorganisiert. Die Interviewpartner, die man uns präsentierte, waren entsprechend loyal zu den Behörden. Prinzipiell sprach auch nichts dagegen, Leute vor die Kamera zu holen, die im Sinne der Partei sprachen. Das ermöglichte uns auch einen wertvollen Blickwinkel auf bestimmte Sachverhalte. Das Problem war aber, dass diese Meinungen meistens überhaupt keine Substanz besaßen. Wenn wir nachhakten, um eine Argumentation zu verstehen, stellten wir meistens fest, dass die vermeintlich persönlichen Ansichten von Gesprächspartnern häufig nur aus ein paar oberflächlichen Kommentaren bestanden, die sie wiederholten und sich bei näherem Hinsehen als Luftblasen entpuppten. Schlüssig und detailliert antworteten dagegen meist nur jene, die sich trauten, etwas zu kritisieren. Ich erinnere mich nur an wenige Fälle, in denen das anders war.

Einmal reisten wir in die Provinz Hunan, um ein Weiterbildungsprojekt vorzustellen, das örtliche Behörden ins Leben gerufen hatten. Es war deshalb interessant für uns, weil es ein Beispiel für das Bemühen von Politik und Verwaltung war, die dramatischen Folgen der internationalen Wirtschaftskrisenjahre 2009 bis 2011 mit geeigneten Maßnahmen zu kontern. Die Beamten ließen uns beliebige Interviews mit den zufälligen Teilnehmern führen, ohne sich konkret dafür zu interessieren, was wir fragten, noch was die Teilnehmer antworteten. Aus einem einfachen Grund: Sie waren überzeugt von ihrer Idee und hatten diese mit aufrichtigem Engagement durchgesetzt. Entsprechend positiv fiel das Feedback zu dem Projekt aus, aber es war deswegen keineswegs unkritisch. Die Teilnehmer lobten grundsätzlich die Möglichkeit zur Weiterbildung am Computer, einigen war sie aber schlichtweg zu oberflächlich. Sie glaubten nicht daran, dadurch eine bessere Aussicht auf einen neuen Arbeitsplatz zu bekommen. Andere glaubten das schon.

In den meisten Fällen aber kam es gar nicht so weit, dass wir in Begleitung von Beamten unserer Arbeit nachgingen, zumindest wenn wir uns für delikate Themen interessierten. Unter oft fadenscheinigen Ausreden wurden die Anfragen abgelehnt. Eine Standardantwort lautete, man könne unsere Sicherheit nicht gewährleisten. Auf Nachfragen, wo die Gefahren lauerten, gab es entweder keine Einzelheiten oder absurde Begründungen wie das unberechenbare Wetter oder der Zustand von Straßen in der Region, in der wir drehen wollten.

Es passierte aber auch, dass aktuelle Ereignisse so viele ausländische Reporter auf den Plan riefen, dass Polizei und Staatssicherheit nicht verhindern konnten, dass berichtet wurde. Aber sie gaben sich je nach Anlass alle Mühe, Recherchen oder Berichterstattungen zu erschweren.

Als im Herbst 2010 besagter Liu Xiaobo den Friedensnobelpreis zugesprochen bekam, versammelten sich binnen kürzester Zeit Dutzende Korrespondenten aus aller Welt vor dem Pekinger Wohnblock, wo er mit seiner Frau Liu Xia vor seiner Haftstrafe gelebt hatte. Liu Xia wurde es zuvor noch erlaubt, ihren Mann nach der Verkündung der Strafe zu besuchen. Unmittelbar danach wurde sie von der Staatssicherheit isoliert und unter Hausarrest gestellt.[5]

Die Polizei war gut vorbereitet. Um Reporter daran zu hindern, in Lius Wohnung zu gelangen oder Bilder von ihr am Fenster zu schießen, hatte sie den Zugang zum Wohnblock mit hohen Bauzäunen abgesperrt. So entstand auf dem Fußweg eine Art Sackgasse mit hohem Blickfang, wo wir und zahlreiche Kollegen uns aufhielten, aber von wo aus es unmöglich war, Bilder der Wohnung zu machen. Um den Journalisten die Lust an der Arbeit weiter zu verderben, drehte eine Straßenkehrmaschine unermüdlich ihre Runden. Der Fahrer steuerte den Wagen 30 Meter entlang des Bürgersteigs, drehte dann um, kehrte die gegenüberliegende Straßenrinne und wechselte nach einigen Metern erneut die Richtung. Das alles begleitet von einem Höllenlärm, der es vor allem den anwesenden TV-Reportern so schwer wie möglich machen sollte, von dort aus zu berichten. Währenddessen richteten Uniformierte und Beamte in Zivil unermüdlich mehrere Kameras auf die Presseschar, um die Anwesenheit jedes einzelnen Journalisten zu dokumentieren.

Ich weiß nicht, ob diese Aufnahmen jemals gegen uns verwendet wurden oder ob man uns einfach nur einschüchtern wollte. Tatsache war, dass vielen Journalisten regelmäßig mit Schwierigkeiten bei ihrem nächsten Visumsantrag gedroht wurde, auch uns. Ich erinnere mich an mindestens ein Dutzend Gelegenheiten, bei denen Polizei oder Staatssicherheit die Kameras auf uns hielten. Dabei kam es häufig zu grotesken Situationen. Nämlich, wenn wir unsere Kamera gleichzeitig auf sie richteten und ihre Arbeit filmten.

Nach einer Stunde vor dem Haus von Liu Xiaobo hatten wir genug. Wir hatten einen Aufsager gedreht, in dem Pia die Szenerie beschrieb, auf die wir dort trafen. Mehr gab es von dort ohnehin nicht zu berichten. Der Einfallsreichtum der Beamten aber nötigte nicht nur uns ein Lächeln ab.

Doch nicht immer liefen die Begegnungen mit der Polizei oder der Staatssicherheit so amüsant ab. Es wurde bisweilen sehr ungemütlich.

6

Falsches Spiel

»Wir haben gehört, dass Sie Filmaufnahmen gemacht haben. Wir würden sie gerne sehen«, sagte dieser Fiesling, der sich mit einer Zigarette in der Hand wie ein Lehrer vor der Klasse halb stehend, halb auf einem Tisch sitzend dicht vor uns platziert hatte. Dann schaute er uns schweigend an. Sein bohrender Blick ließ uns erschaudern. Wir wussten nicht, wer dieser Mann war, wie er hieß, welches Amt er ausübte und was ihm erlaubte, sich in unsere Arbeit einzumischen. Doch wir spürten, dass ihn unsere offenen Fragen wenig interessierten. Neben ihm stand sein Mann fürs Grobe, deutlicher jünger als er, vielleicht um die 30, mit – und das ist kein Klischee, sondern war furchteinflößende Realität – rot unterlaufenen Augen, deren Blicke uns hasserfüllt musterten. Es sah tatsächlich so aus, als fletschte er mit den Zähnen. Er schien nur auf ein Wort von seinem Chef zu warten, um uns auf der Stelle körperlich maßregeln zu dürfen.

Es war das erste Mal, dass wir während unserer Korrespondententätigkeit von der Polizei festgehalten wurden.

Wir konnten nicht einfach aufstehen und gehen, so wie wir es eine Weile zuvor im Krankenhaus in Linfen getan hatten. Hier gab es nur noch zwei Möglichkeiten: entweder die Aufnahmen rausrücken oder über die Botschaft Hilfe organisieren. Wir wählten die Telefonnummer von Maria Gosse. Sie war Mitarbeiterin des Auswärtigen Amtes und damals Ansprechpartnerin für deutsche Journalisten in der Botschaft in Peking. Wir hatten sie erst wenige Wochen zuvor kennengelernt und mit ihr vereinbart, dass wir uns an sie wenden wollten, wenn Hilfe vonnöten sein könnte.

»Wir haben ein Problem«, sagte ich und schilderte ihr grob, was geschehen war.

»Wo sind Sie genau?«, wollte sie wissen.

Wir befanden uns in einem Vorort von Zhumadian, einer bezirksfreien Stadt in der zentralchinesischen Provinz Henan und saßen unfreiwillig in einer kleinen Polizeiwache, die an einer Hauptstraße gelegen war. Vor uns bauten sich die beiden Zivilbeamten auf, dahinter einige Uniformierte und draußen Hunderte Neugierige, die sich versammelt hatten. Viele drängelten sich wie bei einem Schaufensterbummel an die große Glasscheibe der Polizeiwache heran, durch die sie uns wie die Auslage in einem Kaufhaus begutachteten. Wir waren nach China gekommen, um hinter die Kulissen dieses Landes zu schauen. Jetzt bekamen wir, was wir wollten. Die beiden Herren genehmigten uns einen Intensivkurs in Konfliktlösung durch die Staatsgewalt. Faktisch hatten wir uns zwar nichts zuschulden kommen lassen, aber wir waren jemandem mit unserer Arbeit auf die Füße getreten. Da spielte es keine Rolle, ob wir im Recht waren oder nicht.

Es ging um das Thema Aids. In den Neunzigerjahren

hatten sich viele Tausende Menschen in der Provinz Henan mit dem HI-Virus angesteckt. Die Bevölkerung war damals zum Blutspenden aufgerufen worden, weil das Plasma dringend benötigt wurde. Gegen Bezahlung machten viele arglose Menschen mit. Statt das Blut der Spender auf mögliche Erreger zu testen, wurde es wahllos und in großen Mengen zusammengemischt. Nachdem das Plasma entnommen war, wurde den Menschen das Blut zurück in die Körper gepumpt.[6] So genügten wenige HIV-Infizierte, dass sich ganze Gemeinden in der Region kollektiv ansteckten. China hatte den Skandal nicht unter den Teppich kehren können und musste sich vernichtende Kritik aus aller Welt gefallen lassen. Auch wir wussten davon und lernten im Oktober 2007 durch reinen Zufall jemanden kennen, der uns dringlich zu verstehen gab, dass wir als Journalisten versuchen sollten, mit den Menschen vor Ort zu sprechen.

Im Szeneviertel 798 in Peking kamen wir mit einer Galeristin ins Gespräch. Eigentlich ging es um ein Bild, das wir für Pias Eltern erstehen sollten. Aber als sie von unserem Beruf erfuhr, lenkte sie das Thema im Laufe unserer Unterhaltung auf den Aids-Skandal. Weil wir wegen der Verhandlungen um den Preis für das Bild mehrfach bei ihr vorbeischauten, kamen wir auch in den kommenden Wochen immer wieder darauf zu sprechen. Irgendwann überrumpelte sie uns dann förmlich. Sie hätte bereits alles für unsere Reise organisiert, wir müssten nur einen Termin mitteilen, wann wir dorthin reisen wollten. Das Künstlerviertel 798 war damals noch ein Hort der intellektuellen Querdenker, ehe die städtisch geförderte Kommerzialisierung die unbequemen Künstler verscheuchte. Deshalb fürchtete die Galeristin möglicherweise abgehört zu werden und sprach laut und verschlüsselt. »Ihr müsst unbedingt nach Henan reisen und euch diese fantastischen Tempel anschauen. Sie sind wirklich wunderschön anzusehen. Ich habe euch einen Fahrer organisiert, der genau weiß, wo sich die schönsten Tempel befinden.«

Wir hatten Respekt vor dem Thema. Wir wussten, dass jede Form der Berichterstattung über den Skandal weitgehend verhindert wurde. Geschichten über die HIV-Problematik gab es in chinesischen Medien nur, wenn sie von der vermeintlichen Fürsorge von Staat und Partei handelten. Ausländische Berichte beschränkten sich häufig darauf, an den Skandal mit Archivmaterial zu erinnern oder sich auf chinesische Menschenrechtsaktivisten zu beziehen, aber Reportagen aus einem der betroffenen Dörfer waren höchst selten. Besonders knifflig war die Angelegenheit, weil der spätere Premierminister Li Keqiang in den 1990er Jahren Provinzgouverneur in Henan war. 2007 war er in den Ständigen Ausschuss des Politbüros befördert worden, um 2013 schließlich die Regierungsgeschäfte zu übernehmen. Li machte also gerade steil Karriere, als wir uns des Themas annahmen. Wir waren sicher: Unsere Recherchen vor Ort würden durch diese Konstellation nicht erleichtert werden. Wir ahnten aber noch nicht, dass wir einige Monate später deswegen ernsthaft um unsere Akkreditierung bangen mussten.

»Okay, wir fahren«, sagten wir der Galeristin und verabredeten einen Termin zwei Wochen darauf.

Die Zeit bis dahin nutzten wir, um den Aids-Aktivisten Hu Jia zu treffen. Hu hatte kurz zuvor noch unter staatlichem Hausarrest gestanden, weil er sein soziales Engagement im

Laufe der Jahre zunehmend mit öffentlicher Kritik an der Regierung verknüpfte und beispielsweise die Ausrichtung der Olympischen Spiele in der Volksrepublik mit Olympia 1936 in Nazi-Deutschland verglich.[7]

Wir besuchten Hu Jia in seiner Wohnung in einem Pekinger Vorort. Wir waren uns nicht sicher, ob wir vielleicht in Schwierigkeiten geraten könnten. Es hieß, die Staatssicherheit überwache Hu weiterhin rund um die Uhr, ließe ihm zuweilen aber den Freiraum, auch ausländische Gäste zu treffen. Vermutlich sammelten sie Material, das später gegen ihn verwendet werden sollte, um ihn hinter Gitter zu bringen.

Seine Frau Zeng Jinyan öffnete uns die Tür. Auch sie war wegen kritischer Äußerungen im Visier der Staatsmacht. Unsere Überraschung war groß. Mit ihren gerade einmal 25 Jahren sah Zeng aus wie eine brave Studentin, nicht wie eine Dissidentin, die das Regime herausforderte. Sie war klein und schmal gebaut und zog sich gleich zurück, als wir das Interview mit ihrem Mann vorbereiteten. Hu war damals 34, aber er hätte mit seinen zarten Gesichtszügen leicht als Endzwanziger durchgehen können. Als wir die Kamera aufbauten, saß er wie ein Schuljunge geduldig auf seiner Wohnzimmercouch. Die Handflächen hatte er aufeinandergelegt und zwischen seine Oberschenkel gesteckt.

Vielleicht hatten wir einen Menschen erwartet, der mit der Faust auf den Tisch haute. Jemanden, der der Regierung so richtig die Meinung geigte, komme, was wolle. Und nicht jemanden, der so wirkte, als könne er keiner Fliege etwas zu Leide tun. Doch diese erste Begegnung mit einem öffentlichen Regimekritiker lehrte uns das Gegenteil. Hu sprach ruhig und völlig unaufgeregt. Er argumentierte sachlich, detailliert und aus voller Überzeugung. Nicht den Hauch eines Zweifels beschlich ihn, ob es wirklich richtig war, in seiner Situation mit ausländischen Reportern über seine Ansichten zu sprechen.

2006 war er für sechs Wochen spurlos verschwunden, ohne rechtliche Grundlage verschleppt von der Staatssicherheit, um ihn mundtot zu machen. Später folgte der Hausarrest, den er gemeinsam mit seiner Frau in einem Internetblog und als Filmdokumentation nachzeichnete. Die Gängelungen durch den Staat hatten ihn nicht eingeschüchtert. Ausführlich schilderte er uns seine Entwicklung von einem sozial engagierten Bürger, der nach Henan gereist war, um leidenden HIV-Infizierten zu helfen, zu einem Menschenrechtsaktivisten und Dissidenten. Nicht alles, was wir hörten, stimmte uns optimistisch für unsere bevorstehende Reise nach Henan. Eher verdeutlichte es die Sensibilität des Themas und die Gefahr, dort auf rigorose Sicherheitsbeamte zu treffen.

Nach zwei Stunden verabschiedeten wir uns von Hu und seiner Frau. Als ich ihm die Hand schüttelte, erwischte ich mich dabei, wie ich mich tief vor ihm verbeugte. Es war ein Reflex, den ich nicht einstudiert hatte und der in dieser Form normalerweise nicht zu meinem Kommunikationsrepertoire gehörte. Meist nickte ich einfach nur deutlich mit dem Kopf. Bei Hu Jia aber drückte eine unsichtbare Kraft meine Schultern nach unten. Ich spürte, wie ich diesem sanften Menschen aus meinem tiefsten Inneren vermitteln musste, wie sehr ich seinen Mut bewunderte, für mehr Freiheit und Bürgerechte zu kämpfen. Dabei ging es mir nicht darum, dass Hu gegen ein kommunistisches Regime aufbegehrte. Es hätte jede andere Diktatur der Welt sein können, ganz gleich wo auf der Erde. Zumal Ideologie in autoritären Staaten nach einer Weile doch sowieso keine Rolle mehr spielt. Es geht dann nur um Machterhalt, ganz gleich, ob es proletarische oder bürgerliche Diktaturen sind. Ich spürte schlicht tiefsten Respekt vor der Entschlossenheit dieses Mannes, einem repressiven System die Stirn zu bieten, trotz der Gewissheit, dass der Staat mit aller Härte zurückschlagen würde.

Acht Wochen nachdem wir Hu Jia getroffen hatten, wurde er verhaftet. Der Vorwurf lautete Untergrabung der Staatsgewalt. Trotz mehrfacher Warnungen durch die Stasi hatte er über eine Internetkamera an einer Anhörung mit dem EU-Parlament teilgenommen. Im folgenden Frühjahr wurde er zu einer Gefängnisstrafe von dreieinhalb Jahren verurteilt. Im Dezember 2008 verlieh ihm das EU-Parlament den Sacharow-Preis für geistige Freiheit. Zuletzt traf Pia Hu Jia im Jahr 2019 zu einem Interview. Er war während der Haft schwer an der Leber erkrankt, aber überlebte und blieb auch nach dem Gefängnis ein Kritiker des Regimes, nicht so prominent wie zuvor, aber immer bereit, öffentlich seine Meinung kundzutun. Er war inzwischen geschieden. Seine Frau lebte mit dem gemeinsamen Kind in Hongkong.

Wenige Tage nach unserem ersten Treffen mit ihm flogen wir nach Zhengzhou, die Provinzhauptstadt von Henan. Dort angekommen empfing uns wie besprochen ein Fahrer, den uns die Galeristin organisiert hatte. Mit seinem Privatwagen holte er uns ab, wohl wissend, was unsere Absicht war. Als wir eine Weile gefahren waren, fragte er plötzlich:

»Wollt ihr nicht erst mit den lokalen Behörden sprechen, um euch eine Genehmigung zu besorgen?«

Pia und ich schauten uns an. Wir waren verwirrt. War nicht klar, dass wir unsere Anwesenheit unbedingt verbergen wollten? Unsere damalige Producerin Yu, die neben dem Fahrer saß, vergewisserte sich. Doch es gab keinen Zweifel. Er empfahl uns, die lokalen Behörden zu kontaktieren. Wir überlegten kurz und waren uns sicher, dass wir das nicht wollten. Erst später begriffen wir, dass der Fahrer allein aus Selbstschutz gehandelt hatte. Er wollte uns nicht ernsthaft dazu bewegen, unser Kommen anzukündigen. Stattdessen verschaffte er sich ein Alibi für den Fall, dass wir erwischt würden. Im ersten Augenblick aber fühlte es sich für uns so an, als ob wir einen Verbündeten verlören. Es war ein unangenehmer Moment, weil uns die Solidarität des Fahrers für unser Vorhaben ein Gefühl der Sicherheit verschafft hatte. Immerhin war er von der Galeristin eigens für uns organisiert worden. Vermeintlich sprang er zu einem denkbar ungünstigen Zeitpunkt ab.

Wir erreichten Zhumadian und verkrochen uns tiefer auf den Rücksitzen, um nicht gesehen zu werden. 20 Minuten ging es noch über eine Landstraße, ehe wir in eines der Dörfer gelangten, in denen ein Großteil der Menschen HIV-infiziert war. Zahlreiche Bewohner waren bereits an Aids gestorben. Wir hatten vorab mit niemandem im Dorf gesprochen. Niemand erwartete uns. Wir entschieden uns für eine Überfalltaktik. Wir baten den Fahrer, so nah wie möglich an eines der einstöckigen Häuser heranzufahren. Unsere Auswahl war reiner Zufall. Wir wollten verhindern, dass uns irgendjemand sah. Dann stiegen wir aus und eilten die wenigen Meter bis zur Tür. Sie war nicht abgeschlossen. Ohne zu klopfen, traten wir ein. Das Haus bestand aus drei karg eingerichteten Räumen, in denen nur wenige alte Holzmöbel herumstanden. Nach hinten heraus gab es einen kleinen Hof, auf dem zwei Hühner herumirrten. Die Fenster bestanden aus morschen Rahmen mit dünnen Scheiben. Wir vermuteten, dass die Wahrscheinlichkeit groß war, hier jemanden zu finden, der uns eine interessante Geschichte erzählen konnte.

Eine Frau um die 60 Jahre schaute verdutzt, als wir in der Tür standen und hörte dann unserer Übersetzerin aufmerksam zu, als die erklärte, wer wir waren. Ohne lange nachzudenken, willigte sie ein, uns ihre Geschichte zu erzählen. Die Temperatur im Haus war nur unwesentlich höher als die bittere Kälte draußen vor der Tür. Wir setzten uns auf alte Holzschemel, dick eingepackt in unsere Winterkleidung. Wir bauten unsere Kamera auf und baten die Frau darum zu erzählen, was ihrer Familie widerfahren war. Sie erzählte von ihrem Mann, ihrem Sohn und ihrer Schwiegertochter, die alle der Krankheit erlegen waren. Ihre Schwiegertochter war gerade einmal ein Jahr zuvor verstorben. Jetzt lebte die Frau allein in dem Haus. 100 Yuan, damals nicht einmal zehn Euro, hatten die Blutsammler pro Spende bezahlt. Sie selbst verzichtete auf das Geld, weil sie wegen eines empfindlichen Herzens um ihre Gesundheit bangte.

Während die Frau erzählte, schlich ich hin und wieder an die Haustür, die mehr ein hölzernes Gatter war als eine Tür, und lugte vorsichtig hinaus. Nichts. Es schien ein gutes Zeichen zu sein, dass sich offenbar niemand für uns oder das parkende Auto vor der Tür des Hauses interessierte.

Wir waren zuversichtlich, vorerst nicht entdeckt zu werden. Als wir das Interview kurz darauf beendet hatten, waren wir sicher, noch ein weiteres Gespräch unbemerkt führen zu können. Wir packten unsere Sachen, bedankten uns und verließen das Haus. Wir schlichen schnell aus der Tür und wandten uns ohne langes Nachdenken wenige Meter nach rechts zum nächsten Eingang und traten wieder ungefragt ein. Und auch hier lagen wir richtig.

Diesmal war es ein Mann Anfang 30, der selbst infiziert und dessen Frau bereits verstorben war. Er wusste nicht, ob auch sein zehnjähriger Sohn betroffen war. Zwar hatten die lokalen Behörden den Jungen einem Test unterzogen. Doch das Ergebnis wurde dem Vater nie mitgeteilt. Der Mann erzählte uns von den Problemen, in der Stadt einen Job zu finden. Wenn die Leute erfuhren, woher er stammte, wurde er stets abgelehnt. Das Gemüse, das er anbaute, konnte er nur im eigenen Dorf verkaufen. Anderswo waren seine Produkte und die der anderen Bewohner verpönt, weil es den Menschen zu riskant war, von einem Infizierten Lebensmittel zu kaufen. Glücklicherweise kam uns auch bei diesem Interview niemand in die Quere. Wir nahmen uns auch noch die Zeit, Bilder von dem Mann in seinem Hof zu drehen, wie er die Hühner versorgte.

Als wir uns schließlich verabschiedeten, fühlten wir uns deswegen vielleicht eine Spur zu sicher. Statt uns einfach ins Auto zu setzen und abzuhauen, wollte Pia unbedingt noch ein paar Bilder des Dorflebens drehen. Anfangs standen nur zwei oder drei ältere Leute auf der Straße, aber binnen weniger Minuten wurden es mehr und mehr, bis schließlich die Zahl der Neugierigen auf mindestens zwei Dutzend angestiegen war. Die Leute schauten einfach dabei zu, wie wir sie und ihr Dorf vor die Linse nahmen. Ich wurde nervös. Nach rund 15 Minuten drängte ich Pia scharf dazu, endlich ins Auto zu steigen, noch immer begutachtet von den Schaulustigen. Wir stiegen ein und rollten langsam los. Wir hatten zwei Möglichkeiten: nach rechts durch den Ortskern oder den Umweg nach links an den Gemüsefeldern vorbei.

Ich erinnere mich genau, wie ein alter Mann mit einer Mao-Mütze auf dem Kopf auf der Straße stand, die linke Hand in der Hosentasche vergraben, seine rechte Hand hob und mit einer scheinbar völlig beiläufigen Geste in die entgegengesetzte Richtung winkte, weg vom Ortskern. Dabei senkte er gelangweilt den Kopf. Instinktiv folgten wir seinem Fingerzeig. Wir umkurvten ein paar Gemüsefelder, als Pia darauf bestand, noch einmal auszusteigen und eine Bäuerin bei der Feldarbeit zu filmen. Wie sonst hätte sie bebildern sollen, dass Gemüse aus der Region anderswo verpönt war, fragte sie.

Nach ein paar Minuten saßen wir wieder auf der Rückbank. Unser Blick streifte über das flache Land, und plötzlich sahen wir, wie vielleicht einen Kilometer von uns entfernt drei schwarze Limousinen über die andere Zufahrtsstraße buchstäblich auf das Dorf zurasten. Uns war sofort klar, dass es sich um Behördenfahrzeuge handeln musste. Dann verschwanden sie hinter einer Häuserzeile. Hätten wir nicht angehalten, um die Samensetzerin zu filmen, wären wir ihnen auf der Landstraße in die Arme gefahren. So aber erwischten wir genau das richtige Zeitfenster und konnten unseren Weg unentdeckt fortsetzen. Irgendjemand im Dorf hatte uns verraten und der alte Mann an der Kreuzung uns den richtigen Weg gewiesen. Er ahnte wohl, dass bald Beamte aus Zhumadian eintreffen und nach uns suchen würden. Wir atmeten tief durch. Doch unsere Glückssträhne sollte bald darauf ein Ende haben.

Um nach Zhengzhou zurückzukehren, mussten wir erneut durch die Bezirkshauptstadt. Plötzlich staute sich der Verkehr. Ein paar Meter weiter hatten Polizisten eine Sperre errichtet und kontrollierten jedes Fahrzeug. Es ging um uns. Als unser Wagen an der Reihe war, schaute der Polizist kurz auf die Rückbank, blickte Pia und mir in die Augen und griff sich dann an seinen Hemdkragen, an dem ein Mikrofon seines Sprechfunkgerätes befestigt war. »Wir haben sie.«

Der Polizist wies den Fahrer an, am Straßenrand zu halten. Unsere Producerin Yu, eine junge Frau Anfang 20, geriet in Panik. »Ich glaube, es ist Zeit, dass wir jetzt die deutsche Botschaft anrufen«, sagte sie mit dünner Stimme. Sie konnte ihre Angst kaum verbergen. Im Gegensatz zu unserem Fahrer waren auch wir ziemlich besorgt und ahnungslos, was jetzt auf uns zukommen würde. Aber bislang war nicht viel passiert. Wir waren gerade erst von der Polizei angehalten worden und wussten nicht einmal, weshalb. Noch sahen wir keine Veranlassung, die deutschen Diplomaten um Hilfe zu bitten. Ein Anruf bei der Botschaft schien uns verfrüht. Wir überlegten fieberhaft, um einen Ausweg zu finden.

Zu dritt verließen wir den Wagen, nahmen unsere Ausrüstung, taten so, als ginge uns das alles nichts an und hielten nach einem Taxi Ausschau. Man hatte unseren Fahrer aus dem Verkehr gezogen. Was hatte das mit uns zu tun? Es war der naive Versuch, uns aus der Bredouille zu befreien. Völlig vergebens natürlich. Wir liefen über die Hauptstraße, während die ersten Schaulustigen uns neugierig beobachteten. Drei oder vier Polizisten folgten uns in ein paar Metern Abstand zu Fuß. Das sorgte für noch größeres Aufsehen, und immer mehr Menschen folgten der Herde, die uns hinterherlief, aus Angst davor, etwas Spannendes zu verpassen. Wir hatten das Gefühl, uns in einem völlig absurden Szenario zu befinden, noch dazu in einem, das uns in den Mittelpunkt des Interesses rückte. Wir liefen durch einen schmucklosen Außenbezirk einer Provinzstadt in einem autoritären Staat, vermutlich die einzigen Ausländer weit und breit, und suchten nach einer Möglichkeit, der Polizei zu entkommen, die uns in Sichtweite folgte. War das hier Realität oder ein schlechter Film?

Pia und ich versuchten gegenseitig, uns nicht anmerken zu lassen, wie groß unsere Angst war. Wir waren gerade einmal acht Monate im Land und waren nie zuvor in einer solchen Lage. Schon gar nicht in China, aber auch nirgends sonst auf der Welt. Das bequeme Nest, in dem wir den Großteil unseres bisherigen Lebens verbracht hatten und das uns ein ständiges Gefühl von Sicherheit vermittelt hatte, war unerreichbar weit weg. Es fühlte sich an, als seien wir ohne jegliche Kontrolle über die Situation. Die Sache in Linfen, als man uns verfolgte und irgendwer in unserem Zimmer schnüffelte, verlief viel subtiler. Auch damals schlugen unsere Herzen schneller, aber wir hatten immer einen Ausweg im Blick. Jetzt standen wir Auge in Auge mit der chinesischen Polizei und wussten, dass einige sehr unangenehme Fragen auf uns warteten. In der Ausländerbehörde in Peking hatte es gewisse Regeln gegeben, als Pia dort zum Verhör saß. Hier in Zhumadian mochten diese Regeln vielleicht keine Rolle spielen. Unschöne Gedanken kreisten uns durch die Köpfe. Wir hatten Angst und bemühten uns, jede aufkommende Panik zu unterdrücken.

Wir versuchten, ein Taxi anzuhalten. Der ahnungslose Fahrer bremste ab, doch ein Polizist machte ihm mit einer kurzen Geste deutlich, dass er weiterzufahren habe. Der Fahrer schaute uns an und winkte nervös ab. Uns war klar, dass wir aus dieser Nummer so schnell nicht herauskommen würden. Ratlos und besorgt standen wir an der Straße als Protagonisten einer Realityshow ohne Drehbuch. Mehrere Hundert Menschen verfolgten jetzt schon das Spektakel. Smartphones gab es damals noch nicht, sonst hätten wir sicherlich auf chinesischen Videoplattformen unsere 15 Minuten Ruhm bekommen.

Ein Polizist und eine Frau in Zivil mit Brille und einem gelben Winter-Zweiteiler kam auf uns zu. »Kommen Sie doch bitte dort drüben in die Wache«, sagte sie.

»Wieso?«

»Wir würden Sie gerne registrieren.«

Wir ignorierten ihre Bitte für ein paar Augenblicke. Aber es hatte ja doch keinen Zweck. Niemals würden wir ein Auto finden, das uns mitnehmen würde. Und bis nach Zhengzhou zu laufen, war auch keine Option. Also folgten wir ihnen. Unsere Gefolgschaft bildete eine Schneise, durch die wir nun in die Dienststelle marschierten. Die Leute begafften uns wie Affen im Zoo, teils ungläubig, teils amüsiert. Im Vorraum der kleinen Polizeistation händigten wir unsere Papiere aus.

Pia, Yu und ich hatten beim Eintreten noch schnell verabredet, dass wir unter keinen Umständen Bereitschaft zeigen würden, in die hinteren Räume der Wache zu gehen. Weder wollten wir riskieren, dass unser Telefonempfang dort gestört sein könnte, noch dass man uns voneinander trennte. Man hätte uns einzeln nach hinten tragen müssen wie die Demonstranten bei einer Sitzblockade. Wir setzten uns also mit dem Rücken zur Fensterfassade auf die Holzbank im Vorraum der Station und warteten. Die Beamten nahmen unsere Presseausweise genauestens unter die Lupe, kopierten sie und kritzelten die Daten darauf noch einmal mit Kugelschreiber in eine große Kladde.

»Dürfen wir jetzt gehen?«, fragten wir, als die schriftliche Erfassung unserer Daten abgeschlossen war.

»Noch nicht. Bitte bleiben Sie sitzen«, wies man uns an. Obwohl man unsere Identitäten notiert und offenbar schon geprüft hatte, ließ man uns warten. Doch unser Protest blieb unerhört. Wir ahnten nichts Gutes. Plötzlich fiel uns der Fahrer ein. Wie ging es ihm? Wir hatten ihn eine Viertelstunde lang nicht gesehen und wussten nicht, was mit ihm geschehen war. Unsere hohen Adrenalinspiegel ließen unsere Gedanken nur um uns selbst kreisen. Jetzt hatten wir uns etwas beruhigt, und ein rascher Blick aus dem Fenster tat sein Übriges. Wir sahen den Fahrer im Gespräch mit einem Polizisten am Straßenrand vor seinem Auto stehen. In einer Hand hielt er eine Zigarette, die andere hatte er in der Hosentasche vergraben. Ungezwungen lehnte er an der Motorhaube seines Fahrzeugs und unterhielt sich mit einem der Beamten. Er hatte ihm einfach die Wahrheit erzählt. Nämlich, dass er uns am Flughafen aufgegabelt hatte, wir ihn baten, in eines der betroffenen Dörfer zu fahren, und er uns eindringlich riet, mit den örtlichen Behörden in Kontakt zu treten. Er konnte völlig überzeugend schildern, wie er uns während der Hinfahrt darauf hingewiesen hatte, dass es besser wäre, eine Genehmigung einzuholen, wir aber stur bei unserem Plan geblieben waren.

Eine Weile lang geschah nichts. Wir warteten. Die Polizisten befassten sich nicht weiter mit uns. Was sollte das alles? Dauerte die Registrierung so lange? Wir begriffen erst, als nach zehn Minuten zwei Männer in Zivil eintraten: der Fiesling und sein Mann fürs Grobe. Jetzt wurde es ernst. Der Wortführer blickte uns an, sprach aber nicht mit uns, sondern ließ sich von den Polizisten über unsere Identitäten aufklären. Schließlich trat er auf uns zu und sprach unsere Producerin an. »Sie übersetzen?« – »Ja.«

»Wir haben gehört, dass Sie Filmaufnahmen gemacht haben. Wir würden sie gerne sehen.«

»Ruf die Botschaft an«, sagte Pia zu mir. Ich schaute auf mein Handy. Zum Glück gab es hier in der Wache kein Problem mit der Netzverbindung. Ich wählte die Nummer von Frau Gosse.

»Ich telefoniere mit den Kollegen vom chinesischen Außenministerium«, sagte sie, nachdem ich ihr beschrieben hatte, wo und weshalb wir uns dort befanden. Man bot uns indes eine Zigarette an, die wir dankend ablehnten. Dann setzte er an zu einer Rede über die Region und ihre Probleme, in ihrer Entwicklung gegen die wirtschaftlich starken Küstenprovinzen anzukommen. Wieder lächelte er. Als er nach einer Weile spürte, dass wir nicht bereit waren, widerstandslos seine Forderung zu erfüllen und ihm das Filmmaterial zu präsentieren, blickte er seinen Begleiter an. Sie tauschten Blicke aus, als fragten sie sich: »Was wollen wir jetzt mit denen machen?« Schließlich knurrte der Jüngere etwas in Richtung unserer Übersetzerin. Yu blickte ihn an und drehte dann den Kopf ungläubig in unsere Richtung. Sie musste sich erst einmal sammeln, so schien es. »Was?«, sagten wir ungeduldig und drängten sie dazu, endlich zu reden.

»Er hat gesagt, wenn ihr nicht das Material hergebt, dann ist das Schicksal des Fahrers besiegelt«, antwortete Yu. Ihre Stimme überschlug sich dabei. Sie war sichtlich geschockt von dem, was sie da hörte. Auch Pia und ich schauten uns entsetzt an. »Sag das nochmal«, meinte Pia mit bangem Ausdruck zu ihr. Yu riss sich einen Augenblick zusammen, holte noch einmal Luft und wiederholte langsam die Drohung dieses Mannes gegen das Leben unseres Fahrers. Wir bekamen Angst, dass die Dinge hier außer Kontrolle geraten würden.

Was würde passieren, wenn wir ihnen die Bänder nicht übergaben? Würden sie wirklich unseren Fahrer töten? Wir hatten keinen blassen Schimmer, ob sie so weit gehen würden. Aber konnten wir das ausschließen? In einem Land, in dem persönliche Interessen mächtiger Leute immer vor Moral und Recht gingen. In einem Land, in dem Menschen auf Nimmerwiedersehen in schwarze Gefängnisse gesteckt wurden oder im Schlaf von der Abrissbirne eines Baggers geweckt wurden. In dem Tausende politische Gefangene in Erziehungslagern einsaßen und unter massivem Einsatz von Gewalt zu besseren Menschen gemacht werden sollten. Nichts war ausgeschlossen, nicht einmal der Mord an unserem Fahrer.

Doch was würde geschehen, wenn wir das Filmmaterial

aushändigten? Unsere Gesprächspartner hätten möglicherweise büßen müssen für ihre Offenheit. Die alte Frau, der junge Mann mit seinem Sohn. Wir waren in einer Zwickmühle und hofften darauf, dass uns der Anruf in Peking aus der misslichen Lage befreien würde. Ich versuchte, Zeit zu schinden. Also begann ich damit, lang und ausgiebig über die Gefahren des Rauchens zu philosophieren, nachdem wir die Zigaretten abgelehnt hatten. Yu schaute mich völlig verständnislos an, doch ich drängte sie dazu, meine Rede Wort für Wort zu übersetzen. Auch der Fiesling schien nicht sicher zu sein, ob wir vielleicht nicht verstanden hatten, was er von uns wollte. Er blickte abwechselnd Yu und mich an und runzelte die Stirn. Dann endlich klingelte mein Mobiltelefon.

Es meldete sich ein Herr Wang aus Peking, der beim chinesischen Außenministerium angestellt war. Ich nickte Yu zu, die neuen Mut schöpfte und gleich eifrig in Richtung des Mannes betonte, dass ein Beamter des Ministeriums am anderen Ende sei. Herr Wang wollte wissen, weshalb man uns festhielt. Ich sagte ihm, das wüssten wir nicht. Wir hatten gemäß der chinesischen Regularien für ausländische Korrespondenten gehandelt und uns nichts zuschulden kommen lassen. Vielleicht gefiel jemandem nicht, was wir taten, aber deswegen war unser Tun noch lange nicht illegal.

Seit dem 1. Januar 2007 galten in China in der Theorie unbeschränkte Reise- und Recherchefreiheiten für Korrespondenten aus dem Ausland. Diese neuen Freiheiten waren ein erzwungenes Zugeständnis des Regimes an das Internationale Olympische Komitee wegen der Vergabe der Sommerspiele an Peking. Ausdrücklich war es uns seitdem erlaubt, ohne Genehmigung örtlicher Behörden jeden chinesischen Staatsbürger interviewen zu dürfen. Nur noch das Einverständnis des Interviewpartners war vonnöten. Das bedeutete im Klartext: Wir durften mit jedem Chinesen, der mit uns reden wollte, über jedes beliebige Thema sprechen.

In der Praxis wurde die Einflussnahme auf unsere Arbeit deshalb nicht weniger. Doch entscheidend war, dass unsere Arbeit damit rechtlich abgesichert wurde. Man konnte uns nicht wegen illegaler Berichterstattung an den Karren fahren, solange unsere Papiere sauber waren. Und das waren sie ja inzwischen. Nach den Olympischen Spielen wurden die auslaufenden Regularien tatsächlich auch auf unbestimmte Zeit verlängert, und es wehte ein Lüftchen des Wandels durchs Land. Es war eine Entwicklung, die Hoffnung machte, dass China den Medien langfristig mehr Spielraum einräumte. Doch als Anfang 2011 der Arabische Frühling seinen Duft nach China versprühte, wurden die Regeln dauerhaft ausgesetzt, inoffiziell zwar, aber effektiv.

»Die Männer bedrohen unseren Fahrer«, sagte ich Herrn Wang.

»Ich bin mir sicher, dass man Sie gehen lässt«, antwortete der mit unaufgeregter Stimme.

»Was sollen wir jetzt tun?«

»Haben Sie etwas Geduld. Ich telefoniere mit den Kollegen in Henan«, sagte er.

Die nächsten Minuten bestanden aus bangem Warten. Yu machte sich nur noch dann die Mühe zu übersetzen, wenn wir ausdrücklich darum baten oder der Beamte sie dazu anwies. Alle wesentlichen Informationen waren ausgetauscht. Der Begleiter mit den blutunterlaufenen Augen starrte währenddessen die ganze Zeit auf uns. Sein Unmut wuchs von Minute zu Minute. Wir waren nicht sicher, ob die Situation jederzeit eskalieren würde. Ich rief noch einmal Herrn Wang an. »Ich habe mit den Kollegen vor Ort gesprochen. Ich bin sicher, dass man Sie gehen lässt«, sagte er.

Unterstützung aus Peking war in solchen Fällen keine Seltenheit. Die Mitarbeiter des Außenministeriums, die vornehmlich mit ausländischen Korrespondenten zu tun hatten, waren meistens wenig daran interessiert, die Spielchen der Provinzkader mitzuspielen oder ihre Machenschaften zu decken. Im Gegenteil schienen viele von ihnen aufrichtig darum bemüht zu sein, uns Journalisten ein weitgehend barrierefreies Arbeitsumfeld zu ermöglichen. Deutsche Diplomaten erklärten uns, dass bisweilen viele liberale Geister im Außenministerium arbeiteten, die selbst viel Zeit im Ausland verbracht hatten und wussten, welche guten Bedingungen den Mitarbeitern chinesischer Medien im Ausland gewährt wurden – all die Rechte auf freie Berichterstattung eben.

Der Einfluss des Ministeriums war dennoch begrenzt. Die Staatssicherheit und lokalen Kader ließen sich von Angestellten des Außenministeriums nur ungern vorschreiben, was sie zu tun hatten. In den Provinzen herrschten eigene Gesetze. Bei einer anderen Recherche, während der uns Zivilbeamte daran hinderten, einen Ort zu erreichen, um dort zu drehen, riefen wir das Ministerium an und baten um Hilfe. Wir reichten das Telefon weiter, doch der Mann leugnete einfach seine Identität. Er sei ein normaler Bürger, und er wisse überhaupt nicht, was wir von ihm wollten. Ende der Durchsage. Wir mussten auf den Dreh verzichten.

Hier in Zhumadian mussten wir jedoch dringend darauf hoffen, dass Pekings Arm an diesem Tag bis in diese Polizeiwache reichte. Eine andere Möglichkeit gab es nicht, um hier wegzukommen. Doch nichts geschah. Pia und ich berieten uns. Seit fast einer Stunde saßen wir nun hier. Die beiden Herren erweckten nicht den Anschein, dass sie uns freies Geleit anbieten würden. Doch Herr Wang hatte gesagt, seine Kollegen kümmerten sich darum. Also musste die Ansage aus Peking doch hier eingetroffen sein. Warum ließ man uns also nicht gehen?

Es dauerte noch ein paar Minuten, bis wir begriffen, dass uns hier niemand freiwillig die Tür aufhalten würde. Aber wir vermuteten, dass es ebenso gut sein könnte, dass uns niemand daran hindern würde, einfach abzuhauen.

Wir versuchten es.

Wir nahmen unseren Mut zusammen und erhoben uns: »Wir haben Ihre Sorgen verstanden. Wir fahren jetzt weiter«, sagte ich. Daraufhin verlangten wir unsere Presseausweise zurück, die uns tatsächlich auch sofort ausgehändigt wurden. Dabei taten wir entschlossen und selbstsicher, obwohl wir in Wahrheit extrem angespannt waren. Schließlich packten wir unsere Ausrüstung und verabschiedeten uns kurz. Der Fiesling kaute auf seiner Unterlippe. Sein Begleiter bebte vor Wut. Machtlos schauten sie uns hinterher, ohne dabei ein Wort zu sagen. Irgendwer aus der Hauptstadt hatte tatsächlich ein Machtwort gesprochen. Die Beamten waren angewiesen, uns gehen zu lassen mitsamt unserem Material. So kurz vor den Olympischen Spielen überzeugte das Außenministerium in Peking die lokalen Behörden davon, dass uns niemand ein Haar krümmen durfte. Für einen möglichen Gesichtsverlust eines ranghohen Mitarbeiters des Organisationskomitees wegen eines Verstoßes gegen die olympischen Zugeständnisse wollte hier in Zhumadian wohl niemand verantwortlich gemacht werden. Hätte man in Peking gewusst, welch heikles Material wir ahnungslos im Gepäck trugen, vermutlich wäre der Gesichtsverlust durch einen Bruch der olympischen Pressefreiheit das geringere Übel gewesen. Aber das war uns in diesem Augenblick selbst noch nicht klar.

Mit erhöhtem Puls öffneten wir die Tür und bahnten uns einen Weg durch die Menschenmenge, die vor der Wache ausgeharrt hatte. Hunderte Augen glotzten uns amüsiert und neugierig an. Der Fahrer lehnte bequem an seinem Auto und rauchte. Er machte nicht den Eindruck, als habe er Blut und Wasser geschwitzt. Als er uns sah, nickte er uns nur kurz zu und ging zur Fahrertür. 20 Sekunden später saßen wir auf der Rückbank und fuhren davon. Niemand folgte uns. Während der Fahrt erzählte der Fahrer, dass die Polizeibeamten mit seiner Schilderung der Dinge offenbar zufrieden gewesen waren. Sie nahmen ihm ab, dass er keine Ahnung hatte, was unser Plan war, als wir am Morgen sein Auto bestiegen hatten. Natürlich hatte er nicht seine Freundin in Peking erwähnt, die ihn eigens beauftragt hatte, diesen Spezialauftrag zu erfüllen.

Als wir die Grenze des Verwaltungsbezirks erreicht hatten, entspannten wir uns. Eine Weile später trafen wir am Flughafen ein. Wir schüttelten dem Fahrer die Hand und verabschiedeten uns. Er lächelte freundlich, ohne eine besondere Miene zu verziehen.

Vier Wochen später trafen wir im Künstlerviertel 798

wieder auf die Galeristin. Sie versicherte uns, dass es dem Fahrer gut ergangen war. Obwohl unsere Berichterstattung einen Riesenwirbel verursacht hatte, von dem auch sie über chinesische Medien erfuhr. Ausschlaggebend war eine Geschichte, die ich für den deutschsprachigen Dienst der französischen Nachrichtenagentur *AFP* geschrieben hatte. Weil Pias Beiträge damals nur im deutschen Fernsehen liefen und trotz Internet für die breite Masse in China verborgen blieben, gab es darauf von Seiten der Chinesen nur selten eine direkte Reaktion. Die Geschichte für die *AFP* allerdings wurde von der Onlineredaktion der *Deutschen Welle* in China aufgegriffen, ins Chinesische übersetzt und auf die chinesischsprachige Webseite des Senders gestellt. Damit bekam sie eine ganze andere Relevanz.

Vier Tage nachdem sie veröffentlicht wurde, blätterte ich an einem Samstagmorgen durch die englischsprachige staatliche Tageszeitung *China Daily*. Mir fiel ein Bericht auf über einen Besuch von Premierminister Wen Jiabao genau in der Region, in der wir recherchiert hatten. Wens Reise lag allerdings schon mehrere Monate zurück, und mir erschloss sich kein aktueller Aufhänger für die Geschichte zu diesem Zeitpunkt. Ihr Inhalt lautete in etwa, dass der Besuch des Regierungschefs vor einiger Zeit viel Hoffnung nach Henan gebracht hätte und dass es daran keinen Zweifel gäbe. Wieso würde die *China Daily* Monate später mit diesem Inhalt ihre Leser langweilen? Langweilige Propaganda-Geschichten enthielt die Zeitung zwar alle naselang. Aber immerhin aktueller Natur.

Instinktiv spürte ich, dass unsere Berichterstattung damit zu tun hatte. Denn es gab einen heiklen Fakt, den uns die

Bewohner geschildert und über den wir berichtet hatten. Unsere Interviewpartner hatten uns unabhängig voneinander erzählt, dass sie bei dem besagten Besuch des Premierministers gar nicht in ihrem Dorf waren. Eigentlich hätten sie Wen treffen sollen. Doch dazu kam es nicht. Die lokale Regierung sperrte zahlreiche Bewohner des Dorfes in eine Scheune außerhalb der Ortschaft und ersetzte sie durch ihre eigenen Mitarbeiterinnen und Mitarbeiter. Als der Premier kam, um medienwirksam die Hände von Aids-Kranken zu schütteln, traf er nicht auf betroffene Bauern, wie er annahm. Stattdessen schüttelte er kerngesunden Angestellten des chinesischen Verwaltungsapparats die Hände, die an diesem Tag die Rolle der Infizierten übernahmen. Wenn der Premierminister jemanden fragte, wie es ihr oder ihm ginge, bekam er zur Antwort, dass sich die Behörden sehr gut um die Erkrankten kümmerten.

Es war 23.00 Uhr am Montagabend danach, als der Geschäftsführer der *AFP* Deutschland mich zu Hause anrief. Es gäbe ein Problem mit einer Geschichte von mir. Mir ging dieser Augenblick unter die Haut. Ein dicker Kloß steckte in meinem Hals. So etwas möchte man als Journalist natürlich nicht hören. Zumal ich erst seit wenigen Monaten über andere Dinge jenseits des Sport-Ressorts geschrieben hatte. Das chinesische Außenministerium hatte sich bei der *AFP* beschwert, nachdem die Aids-Geschichte über die Internetseite der *Deutschen Welle* auch den chinesischen Sprachraum erreicht hatte. Es verlangte eine Erklärung von den Franzosen. Es sei sehr unsensibel gewesen zu schreiben, dass der Regierungschef an der Nase herumgeführt worden wäre, hieß es seitens der Chinesen. Kein Wunder angesichts der Tatsache, dass die Scharade für den Premierminister ausgerechnet in jener Region aufgeführt wurde, in der sein designierter Nachfolger die Verantwortung trug, als das Virus staatlich abgesegnet in die Venen der Leute gepumpt wurde.

Die Aufregung nahm eine Runde um den halben Erdball. Peking beschwerte sich bei der *AFP* in Paris, die wiederum von den Kollegen in Berlin eine Stellungnahme verlangten, ehe mir von dort aus mitgeteilt wurde, dass es ein ernstes Problem gebe. Der *AFP*-Bürochef in Peking wurde vom Außenministerium vorgeladen, um sich zu erklären. Er erhielt eine strenge Verwarnung. In der Folge zweifelten Leute, die nie in China waren und schon gar nicht in einem der Aids-Dörfer in Henan, den Wahrheitsgehalt meiner Geschichte an. Man verlangte von mir, diverse Aussagen meines Textes zu belegen. Das tat ich nicht nur mit Primärquellen, sondern auch noch mit den entsprechenden *AFP*-Meldungen, die korrespondierende Informationen beinhalteten. Zu den Aussagen der Dorfbewohner fand ich zunächst keine Quellen außer unseren eigenen. Aber ich entdeckte zu meiner Freude einen aktuellen Text zum gleichen Thema im britischen *Guardian*. Der Korrespondent der englischen Tageszeitung hatte ebenfalls mit Dorfbewohnern der Region gesprochen. Und auch er hatte von ausgetauschten Bewohnern gehört und deren Geschichte aufgeschrieben. Doch weil es keine chinesische Version dieser Geschichte gab, gab es keine Meldung aus Peking.

Unsere Geschichte war so wasserdicht wie ein Marine-U-Boot. Dennoch musste ich Konsequenzen für ihre Veröffentlichung tragen. Die *AFP* Deutschland bestellte fortan keine Geschichten mehr bei mir. Es hieß, die Chinesen hätten der

Agentur mit dem Entzug von Olympia-Akkreditierungen gedroht. Das alles wäre nicht so dramatisch gewesen, wenn mein Engagement für den *SID* nicht auch davon betroffen gewesen wäre. Der *SID* ist eine Tochtergesellschaft der *AFP*-Gruppe, was entsprechende Auswirkungen auf meine Zusammenarbeit mit meinem langjährigen Arbeitgeber hatte.

Die AIDS-Geschichte wirkte nach. Der *SID* teilte in vorauseilendem Gehorsam der chinesischen Botschaft in Berlin mit, dass ich nur noch gelegentlich für ihn arbeiten würde. Ich vermutete, dass die Angst vor dem Verlust einer Olympia-Akkreditierung auch eine Rolle spielte. Der Geschäftsführer empfahl mir jedenfalls, ich solle mich um eine andere Akkreditierung bemühen. Die Chinesen verstanden das als Auflösung meines Arbeitsverhältnisses und forderten binnen kurzer Zeit einen neuen Medienpartner. Würde ich keinen finden, würde die Grundlage meiner Arbeitserlaubnis und damit meiner Aufenthaltsgenehmigung verlorengehen. »Sie können ja ihre Freundin heiraten«, sagte eine Mitarbeiterin des chinesischen Außenministeriums. Als Ehegatte einer Journalistin hätte ich bleiben, wenn auch nicht arbeiten dürfen. Doch tatsächlich heirateten wir erst einige Jahre später.

Stattdessen begab ich mich auf die Suche nach einer Zeitung, die kurzfristig bereit war, mich zu ihrem offiziellen Repräsentanten in China zu machen und die nötigen Unterlagen für die Akkreditierung auszustellen. Fünf Zeitungen, für die ich regelmäßig geschrieben hatte, bat ich um Hilfe. Zwei erklärten ihre Bereitschaft zur Unterstützung, aber nur eine hielt den gesamten Prozess lang durch. Die *Aachener*

Zeitung machte mich zu ihrem offiziellen Korrespondenten und vertraute dabei meiner Einschätzung, dass es dem Verlag keinen Schaden bringen würde, selbst wenn ich weiter über Aids in China schreiben sollte.

Wir lernten in diesen Wochen und Monaten eine interessante Lektion. Das ganze Gerede von der Bedeutung der Pressefreiheit entpuppte sich bei manchen Verlagen als hohle Phrasendrescherei, wenn es darum ging, deren wirtschaftliche Interessen zu wahren. Gerne schmückten sich manche mit investigativem Journalismus in ihren Häusern und machten dann einen Rückzieher, wenn Konsequenzen drohten. In meinem Fall distanzierte man sich lieber von einer investigativen Geschichte und ihrem Autor. Es ging hier nicht um Wahrheit. Ich war in die Mühlen von Politik und ökonomischen Interessen geraten. Niemand wagte es, mich weiterhin offiziell zu unterstützen.

Eine Zeit lang hatte ich die Befürchtung, dass mir auch die chinesischen Behörden einen Strick aus der Aids-Geschichte drehen würden. Sie mussten doch wissen, wer ihr Autor war, und sie hätten mir aus fadenscheinigen Gründen problemlos eine neue Akkreditierung verweigern können. Doch dazu kam es nicht. Wir fragten uns, weshalb. War das Thema doch nicht ausreichend brisant, um mich zu bestrafen? Genügte es den Behörden, dass die *AFP* nachgegeben hatte? Es war einer solcher Vorgänge in China, die für Außenstehende kaum nachzuvollziehen waren. Hatte der größte Überwachungsstaat der Welt vielleicht gar nicht mitbekommen, wer die Geschichte geschrieben hatte? Wohl kaum. Schließlich stand mein Name darüber. Oder war es ihm egal, und es ging den Behörden einfach nur darum, die internationalen Agenturen als potenzielle Multiplikatoren solcher Geschichten innerhalb der Volksrepublik auszuschalten? Ganz gleich, wer sie schrieb. Eine andere Möglichkeit, die mir am wahrscheinlichsten erschien, war die ausufernde Bürokratie im Land, in der die linke Hand oft nicht wusste, was die rechte tat. Vermutlich hatten diejenigen, die sich um den Antrag der *Aachener Zeitung* kümmerten, keinen blassen Schimmer, dass meine Berichterstattung für den Wirbel verantwortlich war. Aber wie auch immer der Grund lautete, ich bekam eine neue Arbeitserlaubnis und eröffnete das erste Büro in China in der Geschichte der *Aachener Zeitung*.

7

Freund und Helfer?

Eine besondere Beziehung entwickelten wir im Laufe der Jahre zu chinesischen Polizisten. Das lag vornehmlich an einigen außergewöhnlichen Erlebnissen, die wir mit ihnen teilten. Die Angelegenheit im Verhörkeller in Peking hatte damit aber nichts zu tun. Die war Teil normaler Polizeiarbeit, wie sie so oder ähnlich in jedem Land durchgeführt worden wäre und an der vom rechtlichen Standpunkt aus wohl nichts zu beanstanden war. Vielmehr ging es um Erfahrungen, die uns aufzeigten, wie machtlos wir in einem Land ohne Rechtsstaatlichkeit letzten Endes waren.

Eine Taxifahrt in Shanghai und ihre Konsequenzen ließ uns frühzeitig die Entscheidung treffen, der Polizei in China nicht vertrauen zu wollen. Der Fahrer hatte uns damals zu einem Hotel gebracht, wo wir Pias Eltern trafen. Die hatten gerade eine Rundreise durch das Land beendet. Jetzt vereinten wir uns in Shanghai, um später die Reise nach Peking gemeinsam fortzusetzen.

Wir steckten dem Fahrer von der Rückbank aus das Fahrgeld zu und stiegen aus. Aus dem Kofferraum nahmen wir zwei kleine Koffer und einen Rucksack. Auf dem Vordersitz hatten wir außerdem noch unsere Kameratasche abgestellt. Doch kaum hatten wir die Kofferraumhaube geschlossen, rauschte der Fahrer davon. Pia klopfte ihm aufs Dach, und wir brüllten ihm hinterher, er solle warten. Doch der Fahrer hatte andere Pläne. Er witterte fette Beute und machte sich aus dem Staub. Er hoffte wohl darauf, dass wir als Ausländer möglicherweise völlig hilflos den Diebstahl ungesühnt ließen.

Das taten wir nicht. Wir erstatteten Anzeige bei der Polizei. Glücklicherweise hatten wir eine Quittung der Fahrt, sodass Fahrer und Taxi schnell ermittelt wurden.

Um an dieser Stelle eine Lanze zu brechen für die vielen ehrlichen chinesischen Taxifahrer, die uns in all den Jahren chauffiert haben: Solche Betrügereien waren die absolute Ausnahme. Es kam zwar durchaus vor, dass Taxifahrer mit Ortsunkundigen auf der Rückbank eine kleine oder auch mal große Extrarunde drehten, um ein paar Yuan mehr einzunehmen. Oder sie schmissen Fahrgäste auf halbem Weg aus dem Auto, weil sie feststellten, dass ihnen das eigentliche Ziel der Reise so kurz vor der Mittagspause dann doch zu weit entfernt lag. Oder sie moserten herum und weigerten sich, uns mitzunehmen, weil wir zu viel Gepäck hatten (am Flughafen wohlgemerkt). Aber in den allermeisten Fällen trafen wir auf ehrliche Kerle, die uns nicht selten daran erinnerten, dass wir dieses oder jenes nicht im Taxi vergessen sollten. Außerdem waren auch chinesische Fahrgäste vor den kleinen Tricksereien der Branche nicht gefeit.

Die Polizei nahm sich der Sache an. Schnell wurde den Beamten klar, dass sie die Kamera eines ausländischen Fernsehteams suchten. Und das weckte offenbar Begehrlichkeiten. Der Delinquent wurde jedenfalls schnell gefunden. Als wir mit Pias Eltern in der Polizeiwache saßen, lief er plötzlich in Begleitung eines Beamten an uns vorbei und schaute uns verächtlich an.

»Da ist ja der Fahrer«, sagte Pia erstaunt. »Aber wo ist unsere Tasche?«

Zwei junge Polizisten, die Englisch sprachen, hatten sich unserer angenommen und baten uns samt Pias Eltern in den zweiten Stock der Wache. »Wo ist die Kamera?«, fragte Pia.

»Wir suchen danach. Aber wir wissen nicht, wo sie ist. Unser Kollege hat vielleicht eine Idee«, antwortete der junge Mann.

»Ja, aber das war doch gerade der Fahrer, den wir da gesehen haben. Da kann doch unsere Tasche nicht weit sein.«

»Der Fall ist ein bisschen kompliziert. Aber gedulden Sie sich bitte. Mein Kollege hat vielleicht eine Idee.«

Gut, wir warteten, auch wenn uns die Antwort seltsam vorkam. Aber was sollten wir tun? Wir nahmen also an einem Konferenztisch Platz und begannen, uns die Zeit zu vertreiben. Nach einer Weile begannen die beiden Nachwuchsbeamten damit, uns erneut Fragen zum Ablauf des Diebstahls zu stellen. Wir waren verwirrt. Was sollte dieses Theater? Nachdem abermals alle Umstände besprochen waren, ohne dass Erbauliches dabei herausgekommen wäre, ließen uns die Polizisten mit unseren Pappbechern allein. Wir schlürften die x-te Tasse Tee an diesem Nachmittag.

Stunde um Stunde verging. »Wo ist denn jetzt unsere Tasche?«.

»Das wissen wir noch nicht. Aber vielleicht hat der Kollege eine Idee«, meinte der Polizist schon wieder. Es klang wie die schlechte Parodie eines Sherlock-Holmes-Klassikers, wenn er das sagte. »Aber es ist kompliziert«, sagte seine junge Kollegin. Dabei zogen sie ernste Gesichter, als ob nicht klar sei, dass die Welt den nächsten Tag erleben würde.

Wir tappten im Dunkeln, was vor sich ging. Geschlagene sechs Stunden waren inzwischen vergangen. Es dämmerte. Irgendwann folgte die Erlösung. Im Entenmarsch wurden wir aus dem Raum geführt, und als wir den Treppenabsatz erreichten, lief ein Zivilbeamter mit unserer Kameratasche an uns vorbei. Den Chefermittler hatte sein grandioses Spürnäschen offenbar nicht getäuscht. Die Beamten feierten ihren Erfolg denn auch als kriminalistisches Meisterstück und entließen uns schließlich aus dem mehr oder minder freiwilligen Gewahrsam. Die beiden Beamten, die uns den Tag über zur Seite gestanden hatten, begleiteten uns bis vor die Tür der Wache und winkten uns mit erhobenen Armen aus kurzer Distanz hinterher. Es war ein oscarreifes Schauspiel, das sie aufführten. Das sollten wir kurz darauf bemerken.

Draußen untersuchten wir unsere Tasche und den Inhalt etwas genauer. Äußerlich schien alles einwandfrei zu sein. Es war kein Schaden erkennbar. Auch die zahlreichen Bänder und das übrige Zubehör, das Pia in der Tasche verstaut hatte, waren komplett. Es fehlte nichts. Im Gegenteil, wir fanden mehr in der Tasche, als vorher drin war.

Pia kramte einen Kameradeckel heraus, der definitiv nicht aus unserem Besitz stammte. Nicht nur, dass wir nie eine zweite Schutzklappe für die Objektlinse besessen hatten. Sie stammte auch von einem anderen Hersteller. »Wie kommt die jetzt hier rein?«

Wir wunderten uns auch, dass der Akku der Kamera völlig leer war. Offensichtlich hatte jemand die Kamera angestellt und vergessen, sie wieder auszuschalten. Vielleicht der Fahrer?

Es dauerte noch einen Augenblick, ehe uns klar wurde, dass die Polizei selbst die Gelegenheit beim Schopfe gepackt und heimlich unser Material durchstöbert haben musste. Sie ließ uns glauben, dass sie unsere Kamera in den Abgründen der Shanghaier Unterwelt suchte, während wir im zweiten Stock ihrer Wache gelangweilt und zermürbt herumsaßen. Stundenlang hatten die Beamten sich die Bänder über das Display unserer Kamera angeschaut, um zu prüfen, ob wir heikle Filmaufnahmen verbargen, die für die Sicherheitsbehörden vielleicht von Interesse hätten sein können. Sechs Stunden waren nötig, um erst den Fahrer zu finden, dann die Technik zu verstehen und schließlich die stundenlangen Aufnahmen durchzuschauen. Im Eifer des Gefechts hatte irgendwer versehentlich noch den zweiten Deckel der Linse in unsere Tasche gestopft, die wohl irgendwo im Technikraum der Dienststelle herumlag.

Um unsere Theorie zu prüfen, nahm Pia auch die anderen beiden Akkus und kontrollierte deren Energielevel. Auch diese beiden Batterien waren wie von Zauberhand völlig leer.

Wir fühlten uns wie Idioten, dass wir das Geschwätz der Polizisten für bare Münze genommen hatten. Unser Bauchgefühl hatte uns doch bescheinigt, dass irgendetwas Seltsames vor sich ging. Andererseits war uns auch nichts anderes übriggeblieben, als die Ammenmärchen der Polizei hinzunehmen. Was hätten wir tun sollen? Unter Gewaltandrohung gegen die Polizisten die Wache durchsuchen sollen?

Eine Geisel nehmen, um die Wahrheit herauszupressen? Wir fühlten uns wie der Spielball der Staatsmacht.

Zu unserer Genugtuung waren auf den Bändern ausschließlich Aufnahmen vom Frauenfußball. Wir hatten zur damaligen Frauen-WM in China die deutsche Mannschaft durch das Land begleitet und völlig unverfängliche Interviews mit Spielerinnen und Trainerin und mit Fans vor den Stadien geführt. Oder wir hatten stundenlang das öffentliche Training der deutschen Mannschaft gefilmt, wenn die sich auf ein Spiel vorbereitete. So oder so war es wohl ein ziemlich enttäuschender Nachmittag für die Ermittler.

In einem Polizeistaat zu leben, bedeutet, den Interessen der Sicherheitskräfte im Land uneingeschränkt ausgeliefert zu sein. Die Polizei war praktisch keinen rechtlichen Vorgaben unterlegen. Sie handelte so, wie sie es für richtig hielt, weil es keine Institution gab, die sie mäßigen konnte, außer den Vorgaben aus dem Politbüro der Kommunistischen Partei. Auch korrupte Beamte störten die ranghöchsten Kader des Landes nicht, solange die Interessen der Partei gewahrt wurden. Die Polizei saß immer am längeren Hebel, und das nutzte sie aus, selbst wenn es nicht um die innere Sicherheit ging, sondern vielleicht nur um Kleinkriminalität.

Für eine Geschichte waren wir Mitte 2011 kurzzeitig in Shenzhen, von wo wir weiter über die Grenze nach Hongkong reisten. Zwei Nächte hatten wir in der Stadt verbracht und für den Transfer zum Busbahnhof am Morgen ein Auto an der Rezeption bestellt. Weil unsere Tochter Lily bereits geboren war, erschien es uns wesentlich bequemer, in einen Siebensitzer einsteigen zu können, der ausreichend Platz für all unser Gepäck bot.

Der Fahrservice kam im seriösen Gewand daher. Ein schwarz gekleideter Mann um die 40 bat uns in sein Fahrzeug. Schnell wollte ich noch etwas Geld am Automaten holen. Die Zeit drängte. In der Eile verzichtete ich deshalb darauf, die Banknoten zu verstauen, ehe ich einstieg. Meine Computertasche baumelte mir um den Hals, das Handy trug ich in der einen und ein Geldbündel in der anderen Hand. Das Bündel war auffallend dick, weil die größte chinesische Banknote einem Gegenwert von damals nur etwa zehn Euro entsprach. Dem Fahrer entging nicht, dass ich eine ordentliche Geldmenge in der Hand hielt, als wir losfuhren.

Ich stopfte das Geld in die Computertasche, die ich vor mir zwischen die Beine stellte. Als wir nach 40 Minuten den Busbahnhof erreicht hatten, stieg der Fahrer aus und öffnete uns die Seitentür. Pia wartete mit unserer schlafenden Tochter im Babysitz auf dem Bürgersteig. Ich kümmerte mich um das Gepäck im Kofferraum, statt zunächst meine Computertasche wieder an mich zu nehmen. Der Fahrer verbreitete Hektik. »Schnell, schnell, schnell«, sagte er mehrfach. Als ich den Wagen entlud, schob er unbemerkt meine Tasche mit dem Geld und einem neuen Tablet unter den Sitz der mittleren Bank.

»Ihr habt alles, ihr habt alles«, blaffte er mich schließlich an. Er schob die Tür zu, hastete um sein Auto, stieg ein und sauste los.

Jetzt hatten wir einen Augenblick, um uns zu sammeln. Keine 30 Sekunden nachdem der Fahrer davongerauscht war, vermisste ich die Computertasche. Nervös schauten wir unter dem Berg Gepäck nach. Nichts. Sie war verschwunden. Pia hatte die ganze Zeit das Gepäck beaufsichtigt. Niemand war ihr nahe gekommen. Ein Diebstahl am Busbahnhof war ausgeschlossen.

War es Zufall, dass die Tasche ausgerechnet an diesem Tag verschwand, nachdem ich vor den Augen des Fahrers so viel Bares darin verstaut hatte? Ich rief beim Hotel an und bat darum, es möge den Fahrer kontaktieren und ihm mitteilen, dass ich eine Tasche im Auto vergessen hatte. Zwei Minuten vergingen bis zum Rückruf. »Er sagt, da ist keine Tasche«, teilte mir die Stimme mit.

»Doch. Da ist ganz sicher eine Tasche«, sagte ich.

»Aber er sagt, er hat sie nicht.«

»Sagen Sie dem Fahrer, dass er bitte sofort hierher zurückkommen soll«, antwortete ich. Die Frau am anderen Ende versprach, mich kurz darauf noch einmal anrufen zu wollen. Das tat sie.

»Der Fahrer hat keine Zeit mehr«, erklärte sie dann. »Er muss heute noch in sein Heimatdorf zu seiner Familie, um wichtige Dinge zu klären. Er kommt erst in ein paar Tagen nach Shenzhen zurück.«

Mir fiel fast das Telefon aus der Hand. Der Typ verschwand erst mit unserer Tasche und musste dann dringende Familienangelegenheiten klären? Ich glaubte ihm kein Wort.

»Bleiben Sie bitte, wo Sie sind«, bat sie mich und versprach, jemanden zu schicken, der uns half.

Aber wer sollte uns jetzt noch helfen außer der Polizei? Also ging ich zur Polizeistation, die nur wenige Meter entfernt war von der Stelle, an der wir ausgestiegen waren, und berichtete von unserem Verdacht. Ein Beamter begleitete mich nach draußen. Gemeinsam erklärten wir ihm, was geschehen war, und dass wir glaubten, der Fahrer hätte die Tasche bewusst versteckt.

Der Polizist rief das Hotel an und wurde an das Büro des Fahrservices verwiesen. Dort gab man ihm die Nummer des Mannes. Wir glaubten, die Autorität des Beamten würde den Fahrer schon dazu bewegen, noch einmal ganz genau nachzuschauen, ob er die Tasche nicht vielleicht doch noch fand. Doch er blieb bei seiner Behauptung.

»Er sagt, er habe sie nicht«, sagte der Beamte zu uns. »Sind Sie sicher, dass Sie die Tasche nicht doch aus dem Auto mitgenommen haben?«

»Ja, bin ich.«

»Er sagt, wahrscheinlich sind Sie schon ohne Tasche ins Auto eingestiegen.«

»Nein.«

Solange wir nicht beweisen konnten, dass wir tatsächlich ohne Tasche aus dem Auto gestiegen waren, konnten wir keine Hilfe erwarten. Doch China ist nicht umsonst der größte Überwachungsstaat der Welt. Gerade Shenzhen galt damals als Vorreiter der totalen Überwachung des öffentlichen Raumes. Der Busbahnhof war regelrecht zugepflastert mit Kameras. Jeder Winkel wurde observiert. Nur 20 Meter von uns entfernt war eine Kamera unter einer Dachkonstruktion befestigt, die genau auf uns gerichtet war, also auf den Ort, an dem wir noch immer unser Gepäck gelagert hatten. Wir drängten die Polizisten dazu, dass sie bitte das Filmmaterial auswerten sollten, sodass einwandfrei bewiesen werden konnte, dass wir ohne Tasche aus dem Auto gestiegen waren. Gleichzeitig baten wir das Hotel darum,

Aufnahmen aus der Rezeption zu prüfen, ob die besagte Tasche um meinen Hals baumelte oder nicht.

Zwei Mitarbeiter des Hotels waren inzwischen eingetroffen und äußerten ihre große Betroffenheit. Sie überreichten uns Lunchpakete mit Broten, Obst und Saft. Rein rechtlich hatte das Hotel mit der ganzen Angelegenheit nichts zu tun, aber irgendwie plagte die Mitarbeiter wohl ein schlechtes Gewissen.

Schließlich folgten wir der Polizei in die Wache und warteten jetzt auf den endgültigen Beweis, dass der Fahrer log. Das Hotel bestätigte uns derweil, dass ich den Gurt einer schwarzen Umhängetasche über den Kopf gezogen hatte – das Objekt der Begierde –, als ich das Hotel Richtung Auto verließ. Wir einigten uns mit der Polizei darauf, dass sich diese Tasche nicht mehr in unserem Besitz befand. Aber es fehlte der Beweis, dass sie es nie aus dem Auto geschafft hatte. Es vergingen zwei Stunden.

Nach einer gefühlten Ewigkeit bat uns einer der Beamten in den Raum mit den Monitoren. Mindestens ein Dutzend Bildschirme flimmerten über einer Tischreihe, an der drei andere Beamte ihren Dienst taten. »Hier sehen Sie«, sagte er zu uns und zeigte auf den Bildschirm. »Das sind Sie, wie Sie aus dem Auto steigen. Aber leider kann man aus dieser Perspektive nicht erkennen, ob Sie die Tasche dabeihaben oder nicht.«

Er hatte recht. Aus dieser Perspektive war nichts zu erkennen. Aber es war auch nicht das Material der Kamera, die exakt in unsere Richtung filmte. Also sagte ich: »Ja, aber Sie haben ja auch die andere Kamera. Da kann man es sicherlich gut sehen.«

»Nein, leider nicht«, antwortete der Polizist.

»Wieso?«

»Die Kamera ist kaputt.«

»Äh, was?«

»Ja, diese Kamera ist leider kaputt. Wir können nicht nachvollziehen, was passiert ist.«

Ich schüttelte langsam und ungläubig den Kopf, höchst misstrauisch darüber, was ich hörte. »Ihr erzählt mir doch einen vom Pferd«, brummelte ich auf Deutsch in meinen Dreitagebart. Der Mann verstand nicht, aber er nickte bestätigend mit zusammengekniffenen Lippen.

Ich ging hinaus zu Pia, die fleißig bemüht war, Lily bei Laune zu halten. Sie lachte zynisch, als ich ihr von dem vermeintlich technischen Problem erzählte. Natürlich gab es eine prozentuale Wahrscheinlichkeit, dass genau an diesem Tag, die Kamera, die zentral vor dem Terminal angebracht war, nicht funktionierte. Man kann nie wissen. Wir aber glaubten an eine Verschwörung zwischen Dieb und Polizei auf unsere Kosten. Dauerte es zwei Stunden, bis man festgestellt hatte, dass die Kamera kaputt war? Wohl kaum. Vielleicht war es vielmehr so, dass die Polizei den Fahrer kontaktiert und ihm gedroht hatte, dass er in Schwierigkeiten gerate, wenn er die Tasche nicht herausrückte. Die Beamten warteten auf die Rückkehr des Mannes zum Busbahnhof, der im dichten Vormittagsverkehr reichlich Zeit benötigte. Dann kassierten sie schließlich ein paar Tausend Yuan Schweigegeld und ließen den Betrüger wieder laufen. Erst als das Geschäft abgewickelt war, konnte man uns mitteilen, dass man uns nicht helfen konnte, weil ausgerechnet die Kamera, die den Fall hätte klären können, an diesem Tag ausgefallen wäre.

Für uns klang das sehr plausibel. Oder hatten wir einfach zu viel Fantasie entwickelt, nachdem wir in Shanghai so von der Polizei an der Nase herumgeführt worden waren? Aber es passte alles ins Muster. Und nicht ein einziger Chinese, dem wir von unserer Vermutung erzählten, zweifelte an unser Variante. »Natürlich hat die Polizei das Geld eingesteckt«, hieß es dann. Korrupte Beamte, die lieber die Hand aufhielten, als ihrer Pflicht nachzukommen, waren in China schließlich an der Tagesordnung. Das hatten zu viele Chinesen vor uns bereits am eigenen Leib erfahren. Weshalb sollte man uns anders behandeln?

Es sind zwei verschiedene Paar Schuhe, über korrupte Polizisten zu berichten oder selber unter korrupten Polizisten zu leiden. Der Verlust des Geldes war für uns zu verkraften, auch wenn es uns ärgerte. Amüsanter waren die Scharaden von Polizei und Staatssicherheit, mit denen wir uns im Laufe der Jahre immer wieder konfrontiert sahen. Ich erinnere mich an eine konspirative Verfolgungsfahrt in der Provinz Yunnan in Südchina. Wir machten damals einen Bericht zum Thema Dürre, die die Region schon seit Jahren fest im Griff hatte und in den Sommermonaten regelmäßig wiederkehrte

Es gab Vorwürfe, dass die Wasserknappheit in ihrem dramatischen Ausmaß hätte verhindert werden können, wenn zur Verfügung stehende Budgets entsprechend investiert worden wären. So wie Experten es geraten hatten. Stattdessen offenbarte sich eine bürokratische Fehlplanung, die Mensch und Tier in der Region teuer zu stehen kam. Es wurde der Verdacht genährt, dass Beamte bestochen wurden, um Gelder von einem Projekt in ein anderes umzuleiten.

Hinzu kam, dass sich viele Betroffene von ihrer Provinzregierung alleingelassen fühlten, wenn eine neue Dürreperiode über das Land zog. Ihre Versorgung war zum Teil katastrophal. Viele Menschen waren sich komplett selbst überlassen, wenn das Wasser sich dem Ende neigte. Wir besuchten damals eine Familie in den Bergen, die uns demonstrierte, wie sie mit den knappen Vorräten haushielt. Neben den kleinen Wasserrationen zum Trinken nutzten sie wenige Liter pro Tag, um damit zu kochen, sich dann damit mehrere Tage lang zu waschen und schließlich damit noch die Hühner zu versorgen oder das letzte verbliebene Gemüsebeet zu gießen.

Am Morgen dieses Tages hatten wir dem stellvertretenden Provinzchef Cao Jianfang aufgelauert und ihn vor der Kamera mit kritischen Fragen konfrontiert. Das war ein echter Glücksfall für uns, weil es nahezu unmöglich war, hohe chinesische Parteikader bei ihrer Arbeit spontan vor die Linse zu bekommen. Ihre Auftritte sind normalerweise so abgeschirmt, dass ausländische Journalisten nur dann die Möglichkeit bekommen, eigene Bilder zu drehen, wenn die Partei es will.

Cao aber war mit einem Tross staatlicher Medien in einem Dorf angemeldet, um dort Bilder für die Propaganda zu drehen. Niemand hatte hier an diesem Tag mit Ausländern gerechnet. Auch wir hatten nur durch reinen Zufall davon Wind bekommen, als wir am gleichen Morgen in der Region unterwegs waren. Also legten wir uns auf die Lauer und warteten auf Cao. Man ließ uns im kleinen Kreis der chinesischen Journalisten zunächst gewähren. Cao schüttelte alten Menschen die Hände und überreichte ein paar Säcke Reis, weil die Ernte in diesem Jahr so schlecht ausfiel.

Wir drängten uns unbemerkt mit Kamera und Mikro nah an den Kader heran. Als der sich von den Alten abwendete, nutzte unser Mitarbeiter Yongbin die Gelegenheit, höflich, aber sehr direkt ein oder zwei Fragen aus dem Hintergrund einzuwerfen, während ich dem Mann das Mikrofon unter die Nase hielt. Erwartungsgemäß bekamen wir keine Antworten von dem ranghohen Vertreter der Kommunistischen Partei. Aber er wirkte sichtlich irritiert, dass wir ihm so nahe gekommen waren und Fragen stellten, ohne dass jemand unsere Anwesenheit angekündigt hatte. Seine Mitarbeiter benötigten einen Augenblick, um zu reagieren, ehe einer von ihnen schließlich die Hand vor die Linse unserer Kamera hielt. Yongbin kassierte von der Entourage des Politikers noch ein paar Ellenbogen in die Rippen. Dann zog der Tross weiter.

Fortan wussten die Organisatoren der PR-Tour, dass ausländische Journalisten in der Region waren. Man entschied sich dafür, uns im Auge zu behalten. Als wir auf einer Landstraße, die uns durch karges Gelände führte, anhielten, machten wir eine verdächtige Beobachtung. Das einzige Fahrzeug, das weit und breit zu sehen und ein paar Hundert Meter hinter uns hergefahren war, stoppte ebenfalls. Nach kurzer Zeit fuhren wir weiter. Das Auto folgte. Kurz danach hielten wir wieder an. Und unsere Verfolger taten es ebenso. Uns war schnell klar, dass wir nicht mehr ohne Schatten durch die Provinz rollten. Um uns zu vergewissern, drehten wir um und fuhren jetzt dem Auto entgegen. Der Fahrer des Wagens musste jetzt handeln und wurde kreativ. Er stieg aus, öffnete seine Motorhaube und starrte angestrengt hinein, als wir an ihm vorbeifuhren. Es war der Versuch, einen Defekt vorzutäuschen, um uns nicht misstrauisch werden zu lassen. Kaum waren wir 50 Meter hinter dem Auto, ließ er die Motorhaube wieder zufallen, setzte sich ans Steuer und wendete. Für den Rest des Tages blieb er uns auf den Fersen. Tatsächlich wurde Cao Jianfang im Jahr 2016 wegen Disziplinarvergehen seines Amtes enthoben und aus der Partei ausgeschlossen. Disziplinarische Vergehen galten in der Regel als Code für Korruption. Ob Cao im Zuge der Dürre korruptes Verhalten vorgeworfen wurde, blieb uns verborgen. In der Regel waren hochrangige Kader aber selten in nur einen Korruptionsfall verstrickt, eher in eine endlose Kette.

Zu unseren Lieblingserinnerungen kreativer Polizeiarbeit zählte allerdings eine Begegnung mit einem Beamten, der sich uns während eines Drehs mit nacktem Oberkörper näherte. Wir entdeckten in dem Zivilfahrzeug, in dem er gekommen war, sein hellblaues Polizeihemd, das zusammengeknüllt auf der Rückbank lag. Er wollte offenbar nicht, dass wir seine berufliche Tätigkeit entlarvten.

Solche Erfahrungen machten uns deutlich, dass wir in China mit allem rechnen mussten. Es gab offenbar nichts, was unmöglich erschien in diesem Land. Eine Kollegin der *Süddeutschen Zeitung*, die einmal einen Text von mir redigierte, schrieb mir einmal eine E-Mail, in der sie mir mitteilte, dass sie eine Aussage für absurd hielte, die ich dort geschrieben hatte. Mit dieser Wahrnehmung in Deutschland mussten wir zwangsläufig von Zeit zu Zeit zu leben. Ich schrieb ihr zurück, dass wir in unseren Jahren in China eine völlig neue Dimension an Absurdität kennengelernt hatten. Sie könne die Aussage gern streichen.

8

Spion, Spion

Mit Polizei, Staatssicherheit oder sonstigen Beamten, die uns das Leben schwer machen wollten, mussten wir während der Arbeit immer rechnen. Wenn wir auf dem Platz des Himmlischen Friedens ein paar Bilder drehten, lag das nah. Und wenn wir irgendwo in der Provinz aufschlugen und entdeckt wurden, weckten wir ausreichend Misstrauen, dass man uns zumindest vor Ort im Auge behielt. Inwieweit Polizei und Behörden jedoch im Detail über uns Bescheid wussten, konnten wir immer nur vermuten. Es gab eine Menge Gerüchte und noch mehr Geschichten über Schnüffeleien des chinesischen Staats, die in der internationalen Gemeinschaft kursierten. Wir waren uns sicher, dass einige Geschichten davon stimmten.

Zweifelsfrei besaß das Land die Technologie, aber vor allem auch die Menge an Personal, das Geld und den politischen Willen, um umfangreiche Bespitzelungen langfristig durchzuführen. Betroffen davon waren sicher nicht nur Journalisten, sondern auch eine Vielzahl von Ausländern, die anderweitig im Land beschäftigt waren. Dazu zählten die Mitarbeiter der Botschaften genauso wie zahlreiche Angestellte ausländischer Unternehmen. Zudem mussten auch all jene, die für eine Nichtregierungsorganisation arbeiteten, sich darüber im Klaren sein, dass der Staat sich für ihren Hintergrund und ihre Tätigkeiten im Detail interessierte.

Bespitzelung bedeutete in den allermeisten Fällen natürlich keine persönliche Beschattung rund um die Uhr. Dafür waren die meisten Zielpersonen dann doch zu unwichtig, und der Aufwand wäre unverhältnismäßig groß gewesen. Ich erinnere mich allerdings an ein Fußballspiel in Hangzhou, zu dem wir mit einer Gruppe deutscher Journalisten angereist waren und eigens für unsere Überwachung ein Aufwand betrieben wurde, der dem Thema der Veranstaltung (Fußball!!) allenfalls gerecht geworden wäre, hätten wir uns als gewaltorientierte Hooligans entpuppt.

Im Hotel hatten Angestellte auf beiden Fluren, auf denen Journalisten untergebracht waren, für die Dauer unseres Aufenthaltes die Fahrstühle 24 Stunden lang im Blick. Jedes Mal, wenn wir oder eine Kollegin oder ein Kollege die Zimmer verließen oder dorthin zurückkehrten, wurde das schriftlich vermerkt. Die Angestellten auf den Fluren gaben sich dabei nicht einmal die Mühe, ihre Tätigkeit zu verschleiern. Als mir zum wiederholten Male auffiel, dass jemand eine Notiz machte, wenn wir aus dem Fahrstuhl traten, ging ich zu der jungen Frau und fragte sie, was sie Spannendes zu schreiben hätte. Ich beugte mich über ihre Aufzeichnungen. Arglos gewährte sie mir Einblick.

Auch die Polizei in Hangzhou zeigte Interesse an uns Reportern. Sie postierte sich in der Eingangshalle und zeigte unregelmäßig sogar auf den Fluren Präsenz, ohne dass es einen erkennbaren Grund dafür gab. Am Abend nach dem Spiel im örtlichen Stadion, zu dem wir gemeinsam im Bus an- und abreisten, erwarteten uns Sicherheitsbeamte in Zivil in der Hotellobby. Unsere Gruppe entschied, am späten Abend noch einmal zum Essen loszuziehen. Die Beamten in der Lobby gerieten förmlich in Aufruhr, als der Tross sich zu später Stunde noch einmal anschickte, das Hotel zu verlassen. Wir waren vielleicht 15 Leute, die gegen 23 Uhr das Hotel verließen. Zeitgleich erhob sich ein halbes Dutzend Männer, die nicht zu verheimlichen versuchten, dass sie uns im Auge behielten. Sie besprachen sich kurz, folgten uns nach draußen und stiegen schließlich vor der Tür in zwei Autos mit getönten Scheiben. Im Schritttempo folgten sie uns.

Der Abend endete langweilig für die Beamten. Wir fanden eine Garküche in Fußgehweite, aßen Dutzende gebratene Spießchen und genossen die laue Wärme der Nacht. Nach zwei Stunden brachen wir auf und kehrten ins Hotel zurück.

Dort stritt man die Bespitzelung zunächst ab. Doch nachdem ich, ein Jahr vor den Olympischen Spielen, eine Geschichte über die seltsamen Vorkommnisse auf den Hotelfluren und in der Lobby geschrieben hatte, hakte der Fußball-Weltverband bei den Betreibern nach. Und schließlich bestätigte das Management die Überwachung. Alles sei zu unserer Sicherheit geschehen, lautete die Begründung.

Diese direkte Observierung war albern, weil es keinen Anlass gab, daran zu glauben, dass ein Haufen deutscher Sportjournalisten am Rande eines Fußballspiels mit investigativer Berichterstattung die Grundfesten des Machtmonopols der Kommunistischen Partei erschüttern würde. Aber die Sorge, dass einer aus unserer Gruppe eine unliebsame Geschichte aufdecken könnte, muss bei den Verantwortlichen offenbar so groß gewesen sein, dass sie es lieber in Kauf nahmen, als Gegner der Pressefreiheit dazustehen – die sie auch faktisch waren.

Den Sicherheitsbehörden ging es bei den meisten Zielpersonen im Allgemeinen jedoch nicht um ein flächendeckendes Tätigkeitsprotokoll. Vielmehr war es von Bedeutung, große Teile unserer Kommunikation und der von anderen vermeintlichen Gefahrenherden anzapfen zu können. Las die Stasi unsere E-Mails mit? Vermutlich. Schnitt sie unsere Telefongespräche mit? Vermutlich. Waren unsere Büros oder Privatwohnungen verwanzt? Vielleicht. Doch echte Beweise dafür fanden wir nicht. Es waren immer nur Indizien, zum Teil sehr deutliche, die darauf hinwiesen, dass es so war.

Mal hörten wir eine dritte Stimme in einem Telefonat, die dort nicht hingehörte, mal wurde die Leitung abrupt unterbrochen, wenn es um delikate Themen ging. Zweifellos merkwürdig war es, wenn Gesprächspartner, die wir per Telefon kontaktiert hatten, kurzfristig absagten, weil sie von Sicherheitsbehörden gewarnt worden waren, ausländische Medien zu treffen. Das bedeutete noch nicht zwangsläufig, dass wir es waren, die abgehört wurden. Vielleicht waren es nur unsere Kontaktpersonen, bei denen die Behörden sich einklinkten. Das genügte uns jedoch, um stets aufmerksam zu bleiben und am Telefon nicht alles auszuplaudern. Wir verhielten uns aus reiner Vorsicht immer so, als würden wir rund um die Uhr belauscht werden.

Wir eigneten uns deshalb im Laufe der Jahre Rituale

an, um möglichen Schnüffeleien der Behörden zu entgehen. Wenn es etwas Heikles zwischen Pia und mir oder mit Yongbin zu besprechen gab, drehten wir entweder die Musik so laut auf, dass sie unsere Stimmen in der Wohnung oder dem Büro übertönte, oder wir schoben uns Notizzettel mit Nachrichten zu. Am besten redete es sich allerdings im Freien oder in einem Restaurant. Aber auch hier hielten wir vorsorglich die Augen auf, wer sich an die Nachbartische gesellte.

Eines Tages traf ich einen norwegischen Studenten der Politikwissenschaft zu einem Interview, das er mit mir führen wollte. Er forschte zu den Arbeitsbedingungen ausländischer Reporter im Land und hatte sich die Mühe gemacht, eigens für seine Abschlussarbeit aus Oslo anzureisen und die Gespräche zu führen. Wir waren zuvor ausschließlich über E-Mail in Kontakt und verabredeten uns in einem Gästehaus in den Pekinger Hutongs, dem ein Restaurant mit westlicher Mainstream-Küche angeschlossen war. Es gab Spaghetti, Sandwiches und Salate. Wir hatten im vorderen Teil des Restaurants Platz genommen und waren dort die einzigen Gäste. Unmittelbar nachdem wir unser Gespräch begonnen hatten, setzte sich ein Mann an einen Tisch gegenüber, keine zwei Meter von uns entfernt und drehte seinen Stuhl in unsere Richtung. Er legte einen Arm auf dem Tisch ab und schaute uns an. Ich betrachtete ihn einen kurzen Augenblick und war verunsichert. »Was soll das jetzt«, schoss es mir durch den Kopf.

Der Mann fiel mir nicht nur wegen seines seltsamen Verhaltens auf. Seine Kleidung entsprach nicht dem Stil jener Chinesen, die normalerweise in diesem Restaurant aßen.

Meist saßen dort junge Studenten oder Familien, die es cool fanden, Burger, Pizza oder Pasta zu essen statt Teigtaschen oder gebratenen Chinakohl. Dieser Mann aber mit dem tadellos rasierten Bürstenschnitt und seiner schwarzen Lederjacke, deren Stil an den klassischen Mao-Anzug erinnerte, sah für dieses Restaurant einfach ungewöhnlich traditionell chinesisch aus. Sein Verhalten und sein Äußeres waren mir auf Anhieb suspekt.

Ich schaute ihn an, und er hielt meinem Blick stand. Er wollte, dass wir ihn wahrnahmen. Und ich verstand sein provokatives Glotzen als Warnung. Aber wovor? Und an wen? An mich? Oder an den jungen Studenten? Aber eigentlich spielte es keine Rolle. Er hatte Präsenz gezeigt und damit signalisiert, dass der Staat Bescheid wusste. Ich schlug meinem Gesprächspartner vor, in den Innenhof zu wechseln. Er hatte bis zu diesem Augenblick das auffällige Verhalten des Fremden noch gar nicht wahrgenommen. Wir standen auf und gingen auf die Veranda. Der Mann folgte uns nicht nach draußen und war wenige Augenblicke später aus dem Restaurant verschwunden.

Was blieb, war die Vermutung, dass die Staatssicherheit sehr genau über den Terminkalender des Norwegers Bescheid wusste. Hatten sie unseren E-Mail-Verkehr nachvollzogen, Telefonate abgehört? Allein das Interesse des Studenten an unseren Arbeitsbedingungen genügte dem Sicherheitsapparat, um einen Mann dafür abzustellen, an diesem Tag bei uns aufzutauchen. Meiner Ansicht nach verdeutlichte das nur die Paranoia eines autoritären Regimes, das hinter jeder Ecke Gefahr für sein Machtmonopol witterte. Aber vielleicht unterschätzte ich die Anfälligkeit einer Autokratie. Vielleicht war gerade diese Paranoia der Grund dafür, weshalb die Kommunistische Partei in China sich schon so lange an der Macht halten konnte. Vielleicht brauchen Diktaturen eine Spur Paranoia, um sich selbst am Leben erhalten zu können. Den Preis zahlt am Ende die Gemeinschaft. Die innere Sicherheit verschlingt Abermilliarden Yuan pro Jahr.

Und nicht nur das. Die jüngste Entwicklung unter Präsident Xi Jinping war extrem alarmierend. Die digitale Totalüberwachung aller Menschen im Land war keine Vision der Zukunft mehr. Sie hatte längst begonnen. Beliebige Gesichter auf der Straße werden heutzutage über Computerprogramme identifiziert, öffentliches Fehlverhalten in Form von Minuspunkten auf einem persönlichen Konto umgehend sanktioniert. Wer zu oft über Rot geht, bekommt schon bald keinen Kredit mehr bei einer Bank gewährt. Jeder Kommentar wird im Internet gespeichert und auf seine Konformität mit der Linie der Partei überprüft. Wer sich über die Partei, das System, die Diktatur beschwert, verliert auch Punkte. Je weniger Punkte auf dem Konto bleiben, desto größer wird die gesellschaftliche Isolation und umso kleiner die Fähigkeit zur Adaption. Unser Kollege Kai Strittmatter, langjähriger *SZ*-Korrespondent in Peking, schrieb über diese Entwicklung und seine Gefahren ein großartiges Buch.

Ein beliebtes Thema unter Korrespondenten war im Laufe der Jahre immer mal wieder die Frage nach der Privatsphäre in den eigenen vier Wänden. Der Gedanke, auch in den intimen Winkeln seines Familienlebens abgehört zu werden, gehörte zum Alltag. Aber er sorgte eher zu Beginn unserer Zeit in China für ein Unbehagen. Später blieb zwar das Bewusstsein dafür vorhanden, aber wir lernten zwangsläufig, damit zu leben. Sogar gut damit zu leben.

In unserer Anfangszeit in Peking sprachen wir einmal mit Andreas Landwehr von der *dpa* darüber. Er lebte schon so lange in China, als wir ihn zum ersten Mal trafen, dass er damals schon zu den dienstältesten Kollegen im Land gehörte. Über einem Sichuan-Feuertopf, in dem in höllenscharfer Brühe Fleisch und Gemüse garten, unterhielten wir uns über die Wahrscheinlichkeit, dass Wanzen in unseren Wohnungen angebracht waren. Andreas sagte, er müsse davon ausgehen, dass seine Wohnung abgehört werde. Zumal sie sich im Diplomatenwohnblock befand, in dem seit Jahrzehnten vornehmlich Ausländer lebten. Wir fragten ihn, ob dieses Gefühl der Gewissheit sein Verhalten beeinflussen würde, ob er zu Hause im Kreis der Familie manchmal Vorsicht walten ließ bei den Dingen, die er sagte.

»Nö«, antwortete er.

Andreas war frei vom Verdacht jeglicher Koketterie. Wenn er das so sagte, dann meinte er das so. Er lebte damals schon seit rund 15 Jahren in der Volksrepublik und hatte sich irgendwann dazu entschieden, über Bespitzelungen in der eigenen Wohnung, die gleichzeitig sein Büro war, einfach nicht mehr nachzudenken. Allein schon, um sich selbst zu schützen. Er macht nur eine Ausnahme. Und zwar, wenn es um heikle Dinge ging, die andere in Schwierigkeiten bringen könnten – etwa Pläne für Treffen mit Bürgerrechtlern. Als Vorsichtsmaßnahme. Aber sonst konnte er die Angst vor der Bespitzelung ausblenden. Wenn man sich stattdessen von morgens bis abends Gedanken darüber machte, was man sagte, nur weil vielleicht jemand mithören könnte, würde man nach einer Weile vermutlich völlig entkräftet und verbittert das Land verlassen. Außerdem war nicht sicher, wann jemand tatsächlich auch zuhörte. Meistens ging es wohl eher darum, Material zu sammeln für den Tag X. »Datenschrott«, wie Andreas meinte.

Ob auch unsere Wohnung abgehört wurde, wussten wir nicht. Wir lebten nicht im Diplomatenwohnblock, in dem übrigens schon seit einigen Jahren nicht mehr nur Diplomaten lebten. Als wir 2007 nach Peking kamen, war es ausländischen Journalisten schon lange möglich, nach Belieben eine Bleibe zu suchen. Wir schauten uns einfach dort um, wo es uns gefiel. Früher war das nicht möglich. Da waren Ausländer in ihrer Bewegungsfreiheit deutlich eingeschränkter. Das machte das Eindringen in ihre Privatsphäre viel leichter. Die Staatssicherheit wusste, welche Immobilien überhaupt infrage kamen. Viele Korrespondenten zogen dann auch noch dorthin, wo bereits ihre Vorgänger gewohnt hatten.

Aber gaben sich die Sicherheitsbehörden ebenfalls die Mühe, all die neu bezogenen Wohnungen ausländischer Korrespondenten zu verwanzen? Allein für unsere Überwachung hätte dies bedeutet, dass man uns alle paar Jahre neu verwanzen musste, weil wir in unserer China-Zeit dreimal umgezogen waren. Und was war mit all den anderen Korrespondenten aus aller Herren Länder, die auch wohnten, wie sie lustig waren? Es wurden ja immer mehr, weil China im Laufe der Jahre immer mehr Einfluss und Bedeutung für die Welt gewann. Wurden die auch überall abgehört? Wir hatten sowieso Zweifel daran, dass es jeden Journalisten betraf, der in China arbeitete. Aber natürlich hatten wir diverse Anlässe geliefert, uns genauer im Auge zu behalten, angefangen mit dem monatelang überzogenen Visum über die Aids-Geschichte in Henan bis zu zahlreichen Interviews mit chinesischen Dissidenten. Korrespondenten, die solche Begegnungen ausließen oder schlicht nicht den Bedarf hatten, mit Regimekritikern zu sprechen, weil sie andere Themen bearbeiteten oder aus einem Land stammten, in dem kritische Berichterstattung genauso wenig Tradition genoss wie in China, gerieten möglicherweise nie in den Fokus der Spitzel.

In sechs Jahren in Peking fanden wir nie konkrete Beweise dafür, dass in unserer Wohnung jemand mithörte. Wir hatten uns aber auch nie auf die Suche danach begeben. Nur vor unserer allerersten Urlaubsreise glaubten wir, einen sicheren Trick angewandt zu haben, um Eindringlinge zu entlarven. Wir stellten ein halbvolles Glas Wasser direkt hinter die Haustür, ehe wir sie hinter uns zuzogen, um drei Wochen außer Landes zu urlauben. Wie hielten das für eine clevere Idee. Wir hofften, an Veränderungen des winzig markierten Wasserpegels erkennen zu können, ob jemand während unserer Abwesenheit die Wohnung betreten hatte.

Bei unserer Rückkehr hatten wir das Glas längst vergessen. Wir stießen es um, als wir eintraten. Dass es dort noch stand, musste sowieso nichts zu bedeuten haben. Jeder Eindringling hätte es wieder so platzieren können, wie wir das getan hatten. Der Wasserpegel aber war natürlich auch kein Hinweis für Schnüffeleien. Nach mehreren Wochen musste es schon lange verdunstet gewesen sein.

Erst nachdem wir nach Shanghai gezogen waren, fielen uns die Indizien förmlich vor die Füße. Eines Tages kehrten wir von einer Reise in unsere Wohnung in der ehemaligen französischen Konzession der Stadt zurück. Wir hatten ein

Apartment in einem Gebäude der Yongjia Lu gemietet, das direkt an eine alte Shanghaier Nachbarschaft grenzte. Alles schien wie immer, als wir eintraten. In unserem Schlafzimmer bemerkten wir jedoch, dass die Tür zum Balkon nicht richtig verschlossen war. Es war immer etwas mühsam, sie dicht abzuriegeln, aber wir waren uns sicher, dass wir genau deshalb sehr genau darauf geachtet hatten, dass sie zu war, als wir in den Urlaub aufbrachen. Gegenseitig vergewisserten wir uns, dass die Tür geschlossen war. Aber zunächst blieb ein Restzweifel, ob wir uns vielleicht geirrt hatten.

Kurz darauf rief mich Pia ins Badezimmer. »Hast du hier gerade die Toilette benutzt?«

»Nein, wieso?«, sagte ich.

»Schau dir mal den Toilettensitz an.«

Es sah zweifellos danach aus, als hätte sich jemand im Stehen erleichtert und dabei nicht einmal den Sitz hochgeklappt. Unverkennbar waren dort die gelbgoldenen Überreste eines unbedarften Toilettengangs zu sehen. Mats war damals noch nicht in der Lage, allein auf die Toilette zu gehen. Wir hatten zudem eine Putzfrau, die zweimal in der Woche dafür sorgte, dass die Bäder gereinigt wurden. Sie war sehr ordentlich und hätte ein Badezimmer in diesem Zustand niemals zurückgelassen. Schnell kamen wir zu dem Schluss, dass irgendwer in der Wohnung gewesen sein und unsere Toilette benutzt haben musste. Einzudringen wäre kein Problem gewesen für Leute, die sich mit Schlössern auskannten. Doch was tatsächlich während unserer Abwesenheit in unserer Wohnung geschah, blieb uns verborgen. Vielleicht hatten die Eindringlinge Wanzen installiert, oder sie hatten unsere Archive durchstöbert.

So oder so ließen wir ab diesem Tag in unseren eigenen vier Wänden noch mehr Vorsicht walten, wenn es ums Berufliche ging. Wir sprachen nur noch oberflächlich über heikle Drehs, gaben dazu keinerlei Details preis. Ging es um die Polizei oder die Stasi sprachen wir mit Yongbin nur noch von ›dogs‹, um keine Stichworte zu liefern. Hunde deshalb, weil die auch überall herumschnüffelten. Sprachen wir über harmlose Geschichten, machten wir uns dagegen nicht die Mühe, irgendetwas zu verheimlichen.

Und, ja, die Frage ist berechtigt: Was war mit Sex? Verzichteten wir darauf, weil irgendwer vielleicht sein Ohr am Bett hatte? Um es klar zu sagen: Nein! So wenig wir Vorsicht walten ließen bei privaten Gesprächen, so wenig kümmerte es uns, während des Koitus auf Sendung zu sein. Zum einen mussten wir unser Leben, auch den intimen Teil, herkömmlich weiterführen, um nicht verrückt zu werden.

Ungereimtheiten wie die Urinflecken auf unserem Toilettensitz zählten zu einer Art von Spuren, bei denen wir uns fragten, ob sie absichtlich gelegt oder einfach versehentlich hinterlassen wurden. Tatsache war, dass eine Behörde, die so groß war wie das *gòng ánbù*, das Ministerium für Staatssicherheit, nicht nur Topspione und -kriminalisten an Land zog. Auch staatliche Arbeitgeber mussten in China längst um die besten Talente kämpfen und zogen dabei nicht selten den Kürzeren, weil die Verdienstmöglichkeiten in der freien Wirtschaft einfach größer waren. Es schien also nur logisch, dass nicht jeder Mitarbeiter der Staatssicherheit einen ausgesprochenen Instinkt für Vorsichtsmaßnahmen entwickelte, die bei einem heimlichen Eindringen in ein Apartment ausländischer Journalisten gefragt waren. Oder es war pure Absicht, um uns zu warnen, zu verunsichern oder Angst zu machen? Wir wussten es nicht.

Manchmal bediente sich die Stasi, wie einst in der DDR, der Hilfe einfacher Leute, die nicht gefragt wurden, sondern denen nahelegt wurde zu kooperieren. Eine Mitarbeiterin der deutschen Botschaft erzählte uns bei einem gemeinsamen Abendessen von einer seltsamen Episode mit ihrer Putzfrau. Die hatte sich eines Tages, als sie sich allein wähnte, im Büro der Wohnung aufgehalten. Plötzlich kam der Mann der Botschaftsmitarbeiterin nach Hause und meldete sich mit einem lauten »Ni hao« an. Als er keine Antwort bekam, ging er durch alle Zimmer, um die Frau zu suchen, von der er annahm, dass sie an diesem Tag saubermachte. Als er ins Büro eintreten wollte, war die Tür von innen abgeschlossen. »Warten Sie, warten Sie«, sagte die Putzfrau ganz aufgeregt.

Der Mann zögerte verdutzt und klopfte dann erneut. »Warten Sie«, bekam er wieder zur Antwort. Es vergingen zwei Minuten, bis die Frau schließlich die Tür öffnete. Was genau sie im Büro getan hatte, blieb ihr Geheimnis. Aber natürlich drängte sich der Verdacht auf, dass sie herumgeschnüffelt hatte, weshalb auch immer, und nun die Spuren schnell beseitigen musste. Die Sprachbarriere hinderte den Mann daran, energisch nachzuhaken. Aber weil sich im Büro keine Geheimnisse oder Wertsachen verbargen, die es erforderten, versteckt zu bleiben, ließ er die Angelegenheit auf sich beruhen. Ob die Stasi ihre Finger im Spiel hatte, blieb reine Vermutung, wenn auch eine, die sich aufdrängte.

Der stärkste Handlungsimpuls eines autoritären Systems ist sein Selbsterhalt. Es entwickelt ein Grundinteresse daran, auf möglichst vielen Ebenen Informationen zu gewinnen, die es eigentlich nichts angehen. Mit diesen Informationen will es seine eigenen Schwachstellen stärken, indem es Strömungen gegen den Machtapparat frühzeitig aufspürt und mit allen Mitteln unterbindet. Demokratischen Systemen sind Schnüffeleien auch nicht fremd. Aber der Rechtsstaat und die deutlich höhere Transparenz in Demokratien minimieren diese Impulse. In China dagegen äußert sich die unlautere bis illegale Informationsbeschaffung in einer Hysterie, von der alle Mitarbeiter in Staat und Partei erfasst sind. In der Wirtschaft fordern die Chinesen sogar ganz unverblümt Zugriff auf Informationen, die ihnen nicht zustehen, indem sie ausländische Unternehmen dazu zwingen, ihr geistiges Eigentum offenzulegen, wenn sie vermeiden wollen, vom Wettbewerb ausgeschlossen zu werden. Das ist faktisch Erpressung. Aber die Unternehmen lassen es sich gefallen, weil sie um jeden Preis Geschäfte im Land machen wollen. Den Chinesen erspart das eine Menge Spionagearbeit.

Seit wir nach China gekommen waren, spukte das Gespenst der Überwachung in unseren Köpfen. Wir waren davon ausgegangen, dass die meisten Ausländer diese Idee mit uns teilten. Zumindest jene, die sich mehr politisch als touristisch mit dem Land auseinandersetzten. Umso überraschter war ich, als ich 2007 ein Mitglied des Deutschen Bundestags in Peking traf. Der Mann war im Vorfeld der Olympischen Spiele in die Volksrepublik gekommen, und wir saßen in der Lobby seines Hotels und sprachen über seine sportpolitischen Erwartungen. Ich erzählte ihm im Gegenzug von unseren Erfahrungen in Hangzhou, als wir von Hotelmitarbeitern bespitzelt wurden. Ich hatte erwartet, dass bei dem Parlamentarier bei dieser Geschichte die Alarmglocken läuteten. Stattdessen schaute er mich an, schüttelte mit dem Kopf und sagte aus voller Überzeugung: »Na ja, das werden die ja bei mir bestimmt nicht wagen.«

Ich schaute den Mann ratlos an. Ich hatte mit allem gerechnet, aber nicht mit einem so naiven Einwand. Er war Mitglied einer Bundestagsfraktion. Olympia in Peking war eine aufgeladene Veranstaltung, deren Ausrichtung und Gelingen einen so hohen symbolischen Wert für China hatte, dass der Gewinn aller Goldmedaillen zusammen diese politische Dimension nicht aufwiegen konnte. Glaubte der Mann allen Ernstes, dass die Chinesen die Gelegenheit verstreichen ließen, mindestens seine Telefonate in seinem Hotelzimmer mitzuhören? Er schien im Gespräch mit mir zum ersten Mal über eine solche Möglichkeit nachzudenken. Es war auch ein Beispiel dafür, wie naiv viele ausländische Politiker oder Unternehmer das Land betrachteten. Die intensiven Beziehungen der vorangegangenen Jahre, in denen die entwickelten Volkswirtschaften glänzend in China verdienten, hatten den Blick auf die Natur der Diktatur verklärt. Es schien so, als ob der unbedingte Wunsch, in China einen vertrauensvollen Partner zu finden, um langfristigen Profiten gewiss zu sein, das gesunde Misstrauen gegenüber einem Ein-Parteien-System, das mit allen Mitteln seine Existenz verteidigte, in einem See aus Endorphinen ertränkte.

Das waren für uns interessante Erkenntnisse. Denn sie gaben uns die Gewissheit, dass politische Ämter oder wirtschaftliche Führungspositionen nicht zwingend bedeuten mussten, dass diese Menschen aufgrund hoher analytischer Schärfe ihre Position erreicht hatten. Viele Entscheidungsträger mussten andere Qualitäten mitgebracht haben, um dort hinzugelangen, wo sie waren. Allerdings lernten wir genauso viele Menschen in China kennen, die uns gerade wegen ihrer analytischen Schärfe sehr beeindruckten. Dazu zählten Menschen aus der Politik genauso wie aus der Wirtschaft und aus dem einfachen Leben. Nicht alle waren deshalb in Führungspositionen. Uns halfen die Erfahrungen jedenfalls dabei, im Laufe der Zeit die eigene Rolle als Auslandskorrespondenten zunehmend selbstbewusster auszufüllen.

9

Unter die Haut

Eines Tages begann in Shanghai eine besondere Form der psychologischen Kriegsführung gegen uns. Als wir nach Hause kamen, stand auf der Fußmatte vor unserer Wohnungstür eine kleine weibliche Spielzeugpuppe. Sie war gerade einmal so groß wie ein Zeigefinger, hatte lange blonde Haare und lange Beine, die in zwei pinkfarbenen Absatzschuhen steckten. Das Püppchen war mit einem T-Shirt und einem Rock bekleidet. Wir schenkten dem Vorfall keine weitere Bedeutung, sondern glaubten, dass vielleicht ein Nachbar unseren Kindern eine kleine Freude bereiten wollte.

Ein paar Tage vergingen, ehe wir zum zweiten Mal eine solche Spielzeugpuppe vorfanden. Wieder das gleiche Modell.

Doch diesmal war das Figürchen nur noch mit Schuhen und einem Hemd bekleidet. Der Rock fehlte.

Wir begannen, uns Gedanken zu machen. Nicht nur darüber, wer das Püppchen dort abgestellt hatte, sondern vor allem auch darüber, welche Botschaft es übermitteln sollte. Sollte die Spielzeug-Blondine Pia symbolisieren? Oder schlimmer noch: unsere Tochter Lily? Oder war es wirklich nur ein dummer Scherz?

Spätestens als wenige Tage später zum dritten Mal eine Puppe vor der Tür stand, verging uns das Lachen. Diesmal war sie gänzlich entkleidet. Pia lief ein eiskalter Schauer über den Rücken. Das war kein Spaß mehr, und sicherlich war es auch kein Nachbar, der unseren Kindern eine Freude machen wollte. Hier trieb jemand ein übles Spiel mit uns. Das war uns jetzt klar. Dennoch versuchten wir, die Sache rational zu beurteilen.

In all den Jahren in China war es nie zu Situationen gekommen, in denen Pia Angst hatte, Opfer eines sexuellen Übergriffs zu werden. Wir hatten jahrelang in den Pekinger Hutongs gelebt, und selbst wenn Pia dort in der Nacht allein durch die dunklen Gassen streifte, fühlte sie sich immer sicher. Fälle von sexueller Nötigung oder gar Vergewaltigungen an europäischen Frauen waren uns so gut wie nicht bekannt. In einschlägigen Diskotheken mochte das anders gewesen sein, aber dort, wo wir verkehrten, wahrten chinesische Männer immer einen Sicherheitsabstand zu Pia, und niemals wurde sie angemacht oder belästigt. Auch von Gewaltverbrechen an ausländischen Kindern war uns nie etwas zu Ohren gekommen.

Die einzige schlechte Erinnerung, die uns, speziell aber Pia plagte, war ein Vorfall in Chengdu, der Hauptstadt von Sichuan. Es war das Frühjahr 2009, als wir dort Station machten, um weiter in die tibetischen Siedlungsgebiete zu reisen. Wir wollten versuchen, zu einem der tibetischen Klöster vorzudringen, was sich als völlig aussichtsloses Unterfangen entpuppte. Die Polizei hatte halb Sichuan und ganz

Tibet für Journalisten unzugänglich gemacht. Der 50. Jahrestag der Flucht des Dalai Lamas ins Exil stand kurz bevor. Peking wollte nicht nur jede Form des Aufstandes mit allen Mitteln unterbinden, sondern auch verhindern, dass Ausländer Augenzeuge ihrer Methoden wurden. Ein Jahr zuvor hatten Proteste und Selbstverbrennungen örtlicher Mönche gegen die jahrzehntelange Besetzung Tibets durch China die Pekinger Spiele in die Krise gestürzt und Angriffe auf den olympischen Fackellauf unter anderem in Paris provoziert.

Es waren also sensible Zeiten, zu denen wir in Sichuan auftauchten. Und ausgerechnet bei diesem Trip wurde Pia Opfer eines seltsamen Angriffs in der Innenstadt von Chengdu.

Wir kamen aus einem Viertel, in dem Tibeter lebten. Wir hatten uns als Touristen ausgegeben, um die vielen Polizisten nicht auf uns aufmerksam zu machen. In einem Souvenirladen interviewten wir einen Tibeter, der für die Zuschauer anonym blieb und über die Behandlung durch die Chinesen klagte. Es war ein sonniger Tag. Wir liefen auf eine Fußgängerbrücke zu, die uns über eine mehrspurige Straße führen sollte. Auf den Bürgersteigen war gerade Rushhour. Hunderte, Tausende Menschen wuselten durch die Stadt. Ich ging vor, Pia einige Schritte hinter mir, an dritter Stelle folgte Yongbin.

Plötzlich ein Schrei. Pia! Sie kreischte vor Panik. Ich drehte mich erschrocken um und sah noch, wie ein verwahrloster junger Mann versuchte, einen Sack über ihren Kopf zu stülpen. Sie duckte sich reflexartig zur Seite und konnte so dem Sack ausweichen. Nun stand er ihr mit vorgebeugtem Oberkörper gegenüber, blitzte sie aus seinen Augen an und brummelte etwas Unverständliches. Dabei tappte er von einem nackten Fuß auf den anderen wie ein Boxer in Lauerstellung, der den nächsten Vorstoß plante.

Doch dazu kam es nicht. Zahllose Passanten waren stehen geblieben und schauten ebenso ungläubig wie wir. Der Mann war vielleicht 25 Jahre alt, er trug ein zerfetztes Oberhemd und eine kurze schmuddelige Hose. Sein Gesicht war verdreckt, seine Haare zerzaust. Er machte einen höchst verwirrten Eindruck. Alles kam so überraschend und ging so schnell, dass es weder mir noch Yongbin möglich war, Pia vor dem Angriff zu bewahren.

»Soll ich ihn schlagen?«, schnaufte Yongbin daraufhin. Er war genauso erschrocken und völlig aufgeregt.

»Nein, nein«, sagte Pia sichtlich bemüht, in der Kürze des Augenblicks zu verstehen, was da gerade passiert war. »Nicht schlagen!« Sonst machte niemand der vielen Menschen um uns herum Anstalten, den vielleicht Geistesgestörten festzuhalten oder ihn zur Rede zu stellen. Alle gafften und wunderten sich über das, was da vor sich ging. Die Aufmerksamkeit der vielen Menschen um uns herum hielt den Mann offenbar davon ab, weitere Versuche zu starten. Yongbin und ich standen jetzt neben Pia und wiesen den Mann an zu verschwinden. Mit finsterem Gesichtsausdruck schritt er allmählich zurück. Langsam setzten wir unseren Weg über die Brücke fort und blickten uns dabei immer wieder nach hinten um, um uns zu vergewissern, dass der Mann uns nicht folgte.

Die Hintergründe dieses Vorfalls erfuhren wir nie. Angesichts unserer heiklen Mission, auf der wir uns befanden, spekulierten wir, ob die Staatssicherheit dahintersteckte.

Aber die Idee hielten wir nach kurzer Zeit für zweifelhaft. Vielleicht war der Angreifer ein Verwirrter, der möglicherweise unter Drogeneinfluss in aller Öffentlichkeit eine ausländische Frau angreifen wollte. Es gab im Laufe der Jahre immer wieder vereinzelte Meldungen von tödlichen Messerattentaten geistig Verwirrter auf Ausländer. Dieser Mann war zum Glück nicht bewaffnet. Die Attacke endete ohne äußere Verletzungen. Ganz ohne Folgen blieb der Angriff dennoch nicht. Pia brannte sich der Moment lange ins Gedächtnis ein. Jedes Mal, wenn sie daran dachte, lief ihr ein Schauer über den Rücken.

Die Erinnerung an diese Geschichte kam auch wieder hoch, als wir die dritte Spielzeugpuppe vor unserer Wohnungstür in Shanghai fanden. Und weil wir nicht freiwillig die Opferrolle in diesem Theater übernehmen wollten, nahm ich die Puppe und marschierte zu unserem Hausmeisterpaar, das in einem kleinen Pförtnerhäuschen lebte. Es war an die Garagen des Gebäudes angebaut. Jeder der ins Haus wollte, musste zwangsläufig bei ihnen vorbei. Mit uns lebten in dem Haus sonst nur Chinesen, zwei andere Familien mit Kindern und zwei Paare. Mindestens zwei Männer, darunter ein pensionierter Nachbar von gegenüber, waren hochrangige Funktionäre der staatlichen Finanzindustrie. Das machte sich immer dann bemerkbar, wenn kurz vorm Frühlingsfest alle naselang Besucher Schlange standen, um üppige Geschenke zu hinterlassen, die dann meistens auf dem Hausflur gestapelt wurden, weil es so viele Kisten waren. Beziehungspflege eben.

Ich zeigte der Hausmeisterin die Figur und sagte, dass wir nun zum wiederholten Male eine solche Puppe vor unserer Haustür gefunden hätten. Wir wollten wissen, wer sie dort abgelegt hatte. Die Frau schaute mich verwundert an. »Keine Ahnung«, sagte sie.

Ich glaubte es ihr, hatte aber auch keine andere Antwort erwartet. Sie versprach, die Augen offen zu halten.

Eine Weile hatte ich auch ihren Mann in Verdacht. Aber wenn er es war, wieso jetzt erst, nach fast zwei Jahren, die wir in der Wohnung bereits gelebt hatten? Hinzu kam der Zeitpunkt, zu dem das Psychospielchen begonnen hatte.

Es war kurz nach einer Drehreise, bei der es um Kirche und Religion gegangen war. Damals war Pia in die Provinz Zhejiang gereist, wo sie katholische Untergrundgemeinden besucht hatte. Die Regierung hatte die Kreuze von Dutzenden Kirchen entfernen lassen und sich dabei oft auch gewaltsam Zutritt in die Gebäude verschafft. Der Bericht gab Einblicke in den Umgang der Regierung mit der Religion, wenn sie nicht von staatlich besetzter Kanzel gepredigt wurde. Dass es Pia gelungen war, in einer der besetzten Kirchen mit einem Priester und Gläubigen zu sprechen, war sicherlich jemandem ein Dorn im Auge.

Es waren nur ein paar Tage vergangen zwischen Pias Rückkehr aus Zhejiang und der ersten Puppe vor unserer Haustür. Wir zogen in Erwägung, dass irgendwer Ärger von seinem Chef oder einer übergeordneten Behörde bekommen hatte, dass Bilder und Interviews in westlichen Medien aufgetaucht waren. Wer auch immer sein Gesicht dabei verloren hatte, es war durchaus realistisch, dass derjenige Pia aus Rache etwas Angst einjagen wollte, um selbst etwas besser zu schlafen. Die Geschichte war zu diesem Zeitpunkt bei *RTL* und *n-tv* längst gelaufen. Pia davon abzuhalten, sie zu veröffentlichen, wäre vergebens gewesen. Und selbst wenn die Geschichte noch nicht gelaufen wäre, hätte Pia das nicht abgeschreckt. Einer unserer Grundsätze während unserer Zeit in China war es, dass wir nicht bereit waren, unsere Arbeit zu zensieren, wenn wir unter Druck gerieten. Wir sagten uns stets, dass wir damit klarkommen müssten, wollten wir als Korrespondenten in China arbeiten. In letzter Konsequenz hätte das für uns bedeutet, das Land zu verlassen.

Wieder vergingen einige Tage. Und der Psychoterror nagte mal mehr und mal weniger an unseren Nerven. Doch die schlimmste Warnung stand uns noch bevor. Drei Wochen nach der ersten Spielzeugpuppe lag wieder etwas vor unserer Haustür. Diesmal waren es drei Walnüsse. Ein seltsames Zeichen, dachten wir zunächst. Unter normalen Umständen wäre das auch völlig an uns abgeperlt, aber natürlich mussten wir einen Zusammenhang zu den Puppen herstellen. Wir fragten uns zudem, was Walnüsse für eine Bedeutung hatten und erschraken, als uns jemand aufklärte. Die Walnuss soll als Talisman für die Gesundheit gelten, sagte man uns. Die Tatsache, dass lediglich drei Walnüsse vor unserer Tür lagen, wir aber eine vierköpfige Familie waren, konnte also bedeuten, dass die Gesundheit von einem von uns in Gefahr war.

Das war eine neue Qualität der psychologischen Kriegsführung gegen uns. Einige Monate zuvor hatte Pia regelmäßig Anrufe erhalten, die uns als Drohung vorkamen. Am anderen Ende krächzte eine Männerstimme mehrfach nur »*Péi yǎ*« in den Apparat, Pias chinesischen Namen. Wir erfuhren nie, wer für diese Anrufe verantwortlich war. Aber wir hatten eine Vermutung, dass sie aus Sanming kamen, einer Stadt in der Provinz Fujian im Süden.

Damals berichteten wir von dort über einen schrecklichen Fall von Organraub. Der mittellose, alleinerziehende Vater eines 15-Jährigen hatte über das Internet üble Machenschaften von örtlichen Medizinern und Behörden angeprangert. Sein Sohn war geistig behindert und kam unter mysteriösen Umständen ums Leben. Weil der Mann nicht ausreichend Geld besaß, hatte er sich genötigt gefühlt, den Sohn tagsüber in der Baracke, in der sie lebten, festzuketten. Eines Tages war der Junge verschwunden, und der Vater in großer Sorge zur Polizei gegangen. Kurz darauf wurde ihm mitgeteilt, dass sein Junge verstorben war. Woran, das wurde nie offiziell geklärt. Ein letztes Mal durfte der Vater den Leichnam sehen und entdeckte auf dessen Oberkörper eine riesige Narbe entlang des Brustkorbs. Zweifelsohne war dieser Körper mit einem Skalpell geöffnet und danach fachmännisch zugenäht worden. Er schoss ein Foto von der Leiche samt riesiger Narbe, das er später in Postergröße ausdrucken ließ und an verschiedenen Stellen in der Nachbarschaft aufhängte, um Hinweise auf die Entführung seines Sohnes zu sammeln. Vergebens.

Der verzweifelte Mann empfing uns in seiner Baracke zum Interview. Nach 20 Minuten hämmerte es an der Tür. Beamte der lokalen Behörden waren auf unsere Gegenwart aufmerksam gemacht worden und verlangten Einlass.

»Wir beenden erst dieses Interview. Dann machen wir die Tür auf«, sagte der Vater. Er fürchtete keine Repressalien mehr. Monatelang hatte man ihn eingeschüchtert, geschlagen, bedroht. Aber er machte immer weiter. Sein Kampf für

Gerechtigkeit sei das Einzige, das ihn am Leben hielte, sagte er. Gerechtigkeit konnten wir ihm nicht bieten, aber immerhin ein Ventil für seine Wut und Trauer.

Als wir das Gespräch beendet hatten, öffnete der Mann das Schloss seiner Tür und ließ mehrere Zivilbeamte in den kleinen Raum hineintreten. Die Herren kannten sich nur zu gut. Die Männer stellten uns zur Rede, wollten unsere Dokumente sehen und prüften unsere Identität. Sie hatten nichts in der Hand und auch nicht die Absicht, uns zur Herausgabe unseres Materials zu bewegen. Wir machten auch sehr deutlich, dass wir uns im Rahmen unserer Rechte als Korrespondenten nichts zuschulden hatten kommen lassen.

Wie immer nach solchen Geschichten blieben wir eine Weile mit den Protagonisten in Kontakt, um sicherzugehen, dass mit ihnen alles in Ordnung war. Ein paar Tage nach unserer Rückkehr begannen besagte Anrufe auf Pias Mobiltelefon. Es waren fünf, sechs vielleicht sieben Anrufe dieser Art. »*Péi yǎ.*« Immer wieder: »*Péi yǎ.*« Rund drei Wochen ging das so, und natürlich machten wir uns Gedanken darüber. Aber als die Anrufe aufhörten, war das mulmige Gefühl schnell verschwunden. Zumal wir glaubten, sie zuordnen zu können.

Die Herkunft der Püppchen und Walnüsse vor der Wohnungstür blieb für uns unbekannt. Mit den Nüssen in der Hand war ich die Treppen zu unserer Hausmeisterin hinuntermarschiert und hatte erbost gefordert: »Wir möchten, dass das aufhört. Das ist nicht sehr angenehm.« Die Frau schaute mich völlig ratlos an. Ich glaube, wir taten ihr sogar ein bisschen leid.

Die Psychospiele entfalteten ihre Wirkung. Es gab Mo-

1. Unsere erste Story:
Wir dokumentierten 2007 die Auswirkungen verheerender Fluten in der südchinesischen Provinz Kanton.

2. Die Fluten schwemmten Unmengen an Schlamm, Schilf und Bambus an und verwüsteten ganze Dörfer.

3. Pia im »RTL-Office Peking« beim Einsprechen ihres Textes.

4. Um die Kameratechnik optimal einsetzen zu können, schob Pia schon in ihrer Ausbildung viele Extraschichten.

5. Peter Kloeppel und Ulrike von der Groeben vertonen einen Beitrag für die Vorberichterstattung zu den Olympischen Spielen in unserem Hutong-Büro.

6. Aufsager für *N24* vor dem Olympiapark in Peking, wenige Wochen vor Beginn der Spiele 2008.

7. Der fröhliche Jinhua mit seinen Eltern. Nach einer von einem Spender ermöglichten Herzoperation wurde er wieder gesund.

8. 2008 reisten wir ins Katastrophengebiet von Sichuan. Nach einem schweren Erdbeben wurden dort im Mai Zehntausende Menschen getötet. Die Erschütterungen waren so gewaltig, dass hausgroße Felsen die Hänge der Bergregion herunterstürzten.

9. Auch nach der Katastrophe musste der Alltag weitergehen: eine Frau bei der Zubereitung des Mittagessens in den Trümmern ihrer Küche.

10. Yongbin, unser Producer und unsere Allzweckwaffe. Im Gebirge in Sichuan reparierte er in einer Stunde den Kupplungszug unseres VW-Santana. Er hatte Jahre zuvor als Automechaniker in Peking gearbeitet.

11. Im Schlaf kam die Abrissbirne: Eine Bewohnerin einer alten Nachbarschaft in Fuli Cheng (Peking) zeigt uns ihre zertrümmerte Wohnung.

12. Gläubige vor dem Messeraum einer katholischen Untergrundkirche.

13. Mein erstes TV-Interview für einen chinesischen Sender am Rande einer Reise mit dem Organisationskomitee der Olympischen Spiele in die Innere Mongolei.

14. Während unserer Arbeit wurden wir als ausländische Reporter oft selbst zur Nachricht für chinesische Medien.

15. Chinesische Zollbeamte beim Versuch, den Restwert unserer gebrauchten Fernsehausrüstung zu ermitteln.

16. Unsere Tochter Lily war bei Drehreisen oft an unserer Seite. Yongbin Shushu (Onkel Yongbin) musste auch als Babysitter aushelfen.

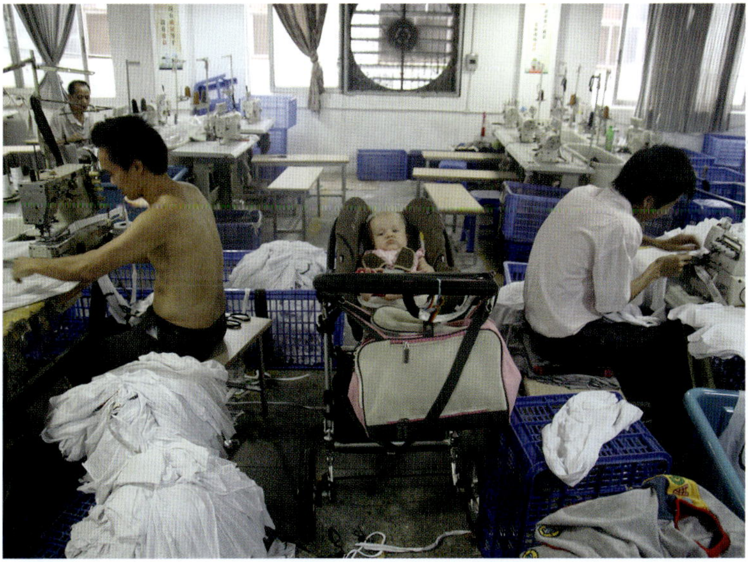

17. Lily zwischen Nähern in Dongguan im Juli 2011. Wir berichteten über die Auswirkungen der Weltwirtschaftskrise auf die sogenannte Werkstatt der Welt in Südchina.

18. Besuch von Yongbins Elternhaus in der Provinz Anhui im Sommer 2010. Pia litt noch unter den Folgen eines Mittelfußbruchs.

19. Für eine Geschichte waren wir 2013 in Yongbins Heimatprovinz Anhui gereist, um die kulinarische Liebe der Chinesen zu Flusskrebsen zu dokumentieren. Später stellte sich heraus, dass das Gewässer von giftigen Wasserschlangen besiedelt ist.

mente, in denen Pia wirklich verwundbar war. Die Sorge um ihre Kinder und um sich selbst drückten ihr aufs Gemüt. Die Geschichten, die sie produzierte, waren sowieso begleitet von ständigen Adrenalinschüben. Und weil wir inzwischen zwei Kinder hatten, war es kaum noch möglich, mit der gesamten Familie zu reisen. Sie konnte diese Anspannung während der Drehreise also nicht mehr mit mir teilen. Sie trug die gesamte Verantwortung für ihr Team allein und musste alle wichtigen Entscheidungen vor Ort selbst treffen. Das kostete Pia zwar große Mengen Energie, aber sie wusste auch, dass sie wahnsinnig davon profitieren würde. Sie lernte, unter großem Druck wohl überlegt zu handeln und dabei gänzlich auf ihr eigenes Urteilsvermögen zu vertrauen. Sie konnte daran weiter reifen. Ein Privileg, um das ich sie bisweilen beneidete.

Eines Abends während dieser Zeit saßen wir zusammen und besprachen unsere Situation. Pia zweifelte daran, ob sie sich das alles noch antun wollte. Sie spürte eine Angst in sich, die sie in all den Jahren zuvor nicht erfahren hatte.

»Pia, sie haben dich«, sagte ich zu ihr. Nach so vielen Jahren hatte auch ich das erste Mal das Gefühl, dass uns die Kontrolle entglitt.

Pia schaute mich eine Weile an. »Ja«, sagte sie dann, »sie haben mich.«

Diese Erkenntnis schmerzte. Nicht, weil Pia eine Niederlage einstecken musste. Sie stand mit dem chinesischen Staat nicht im Wettbewerb. Ihr ging es nicht darum, Härte zu demonstrieren. Es ging um unseren Job. Die Arbeit in China empfanden wir beide als Privileg. Mit Höhen und Tiefen natürlich, aber immer als Privileg. Momenten des Frusts folgten schnell wieder jene Augenblicke, die uns deutlich machten, welches Glück wir hatten, dass wir uns unseren Traum von einem Leben als Auslandskorrespondenten erfüllt hatten. Noch dazu in einem Land wie China, das trotz seiner Herausforderungen eine unglaubliche Anziehungskraft auf uns ausübte.

Wir hatten immer gesagt, dass wir China verlassen würden, wenn wir uns nicht mehr in der Lage sahen, objektiv und furchtlos aus diesem Land zu berichten. Den Respekt durften wir nie verlieren. Wir mussten uns je nach Geschichte immer im Klaren darüber sein, mit wem wir es zu tun hatten. Aber uns aus Angst bei der Berichterstattung zurückzuhalten, kam für uns nicht infrage. Um der Wahrheit, die in diesem Land durch Staats- und Parteiorgane bis zur Unkenntlichkeit verzerrt wurde, so nahe zu kommen, wie es eben möglich war, gehörte unverzichtbar eine große Portion Furchtlosigkeit. Wenn wir diese Angst nicht loswerden würden, dann war eben unsere Zeit gekommen, China den Rücken zu kehren. Ohne Wenn und Aber.

Immer wieder hatte sich Pias erhöhte emotionale Belastung in den vergangenen Wochen Bahn gebrochen. Dann flossen ihr Tränen über die Wangen, und mir wurde klar, welcher Druck seit der Geburt unserer Kinder auf ihr lastete. Die Wirkung des Psychoterrors potenzierte sich, weil in seinem Sog auch andere Aspekte großen Frust bei uns auslösten. Der Ärger über die Umweltverschmutzung, die Rücksichtslosigkeit, mit der viele Chinesen untereinander und natürlich auch mit uns umgingen, die mangelnden moralischen Werte, die Chinas Gesellschaft charakterisierten, und der Mangel an einem Gespür für das Gemeinwohl.

Wir entschieden uns, ein paar Tage in die Mandschurei

zu fahren, nach Harbin zum Eisskulpturen-Festival. Pia wollte Abstand von Shanghai, um herauszufinden, ob dieses beklemmende Gefühl von Dauer sein würde oder nicht. Jahrelang war sie in China unbeschwert durch die Straßen gelaufen, auch nachts allein durch Pekings Hutongs oder Shanghais kleine Gassen in den alten Nachbarschaften. Nie hatte sie eine Bedrohung empfunden. Jetzt stellte sie fest, dass sie anfing, sich umzuschauen, ob ihr vielleicht jemand auf den Fersen war.

Also packten wir die Taschen und reisten in den Norden. Die Wirkung des Trips war famos. Wir kehrten nach wenigen Tagen zurück, und Pia stellte fest, dass ihre Angst verflogen war. Man hatte sie eingeschüchtert, aber nicht kleinbekommen. Sie spürte die Kraft zurückkehren, die sie benötigte, um ihre Arbeit auf dem Niveau fortzusetzen, das sie für erforderlich hielt, um ihren eigenen Ansprüchen gerecht zu werden.

Eine Kollegin von der *Zeit* war damals zum etwa gleichen Zeitpunkt regelrecht aus China geflohen. Ihr wurde nach diversen Interviews vorgeworfen, sie würde als Aktivistin an der Spaltung Chinas arbeiten. Tagelang wurde die Kollegin verhört, und täglich sei der Ton schärfer geworden, berichtete sie. Schließlich verließ sie Hals über Kopf das Land und kehrte nicht mehr in die Volksrepublik zurück.

So weit kam es bei uns zwar nicht. Aber insgeheim wurde uns beiden in diesen Wochen klar, dass das Ende unserer Zeit in diesem Land eingeläutet wurde. Wir hatten noch keinen konkreten Termin, wann wir gehen wollten. Aber wir wussten, dass wir den Kindern die Umweltbelastung und das Recht des Stärkeren innerhalb der Gesellschaft als Maßstab nicht langfristig antun wollten. Lily war vier Jahre alt, und wir mussten zudem langsam, aber sicher überlegen, wo und wie wir sie einschulen wollten.

Zum Glück waren die Walnüsse die letzte Nachricht, die wir vor unserer Haustür fanden. Wir spekulierten wochenlang, was wohl dahintersteckte, ehe langsam, aber sicher die Gedanken daran hinter einem Schleier neuer Ereignisse verschwanden. War der Hausmeister vielleicht doch verstrickt in die Angelegenheit? Vielleicht als Handlanger der Staatssicherheit, die ihn aufgefordert hatte, die Puppen und Nüsse vor unserer Tür abzulegen. Wer hätte ihm etwas vorwerfen können, wenn er der Stasi hätte helfen müssen. Man benötigte wenig Fantasie, um sich vorzustellen, welchen Druck die Beamten auf die Bürger ausüben konnten. Dabei hätte die Stasi dem Hausmeister in unserem Fall nicht einmal drohen müssen. Wir waren Ausländer, und zu den beliebten Taktiken der chinesischen Regierung zählte es, ein Feindbild zu kreieren: *wir* gegen *die*. Die Zuspitzung seitens der Behörden ging so weit, dass es im Jahr 2017 eine Kampagne in der Volksrepublik gab, die jeden Ausländer unter Generalverdacht stellte.[8] Schon Kinder wurden mithilfe von Comics eindringlich ermahnt, dass ein lächelnder Mann aus dem Westen möglicherweise dem Vaterland schaden wollte. Noch dazu waren wir Journalisten und genossen bei manchen Chinesen einen eher zweifelhaften Ruf.

Oft genug hatten wir erlebt, dass Polizei und Stasi auch unsere Mitarbeiter bei ihrer patriotischen Ehre packen wollten. Bei den regelmäßigen Versammlungen mit anderen chinesischen Producern oder Fixern ausländischer Medien wurde ihnen eingeimpft, wie wichtig es war, dass sie ihre staatsbürgerliche Pflicht zu erfüllen hatten. Mit dem gleichen Totschlagargument konnten sie auch einen Hausmeister dazu bewegen, uns ein paar Püppchen vor die Tür zu stellen.

Bei unserer besagten Reise nach Sichuan, als wir versucht hatten, in tibetische Siedlungsgebiete vorzudringen, gerieten wir vor einem Tunnel auf einer Autobahn in eine Polizeikontrolle. Man nahm uns unsere Ausweise ab und rief die örtlichen Vertreter der KP, die in höchster Alarmbereitschaft eine Stunde später in zwei Fahrzeugen auf den Parkplatz gerauscht kamen. Schon das Filmen war uns verboten worden, weil die Behörden nicht wollten, dass wir dokumentierten, mit welcher Präsenz ihre Sicherheitskräfte die Region abriegelten. Als wir nach einer Weile weiterfahren durften, trat ein Polizist in Kampfausrüstung und mit Maschinengewehr in der Hand zu Yongbin, legte seinen linken Arm um dessen Hals, drückte sichtbar zu, als wolle er ihn in den Schwitzkasten nehmen, und flüsterte ihm dann einige Sekunden lang etwas ins Ohr. Er mahnte ihn, dass Yongbin nun dafür verantwortlich wäre, dass wir Ausländer umgehend aus der Region verschwinden sollten.

Solche oder ähnliche Situationen erlebten wir häufig. Immer wieder wollten Polizei oder Behördenvertreter bei heiklen Geschichten allein mit unseren Mitarbeitern sprechen. Jedes Mal machten wir dann lautstark deutlich, dass wir diejenigen waren, die Verantwortung trugen und die Entscheidungen trafen, und es deshalb keinerlei Sinn ergäbe, sich mit dem chinesischen Teil des Teams auszutauschen. Wir wollten nicht zulassen, dass die Polizei unsere Mitarbeiter isolierte. Zumindest in den allermeisten Fällen gelang uns das auch, weil wir vehement und forsch auftraten. Bisweilen wurde die Polizei aber auch handgreiflich, und in manchen Fällen waren wir machtlos, wenn wir es mit sehr entschlossenen Beamten zu tun hatten.

10

Katholikenjagd

In der Regel war es uns möglich, Eskalationen zu verhindern. Es gab rote Linien, die wir nicht überschreiten durften. Besonders heikle Themen: Taiwan, Korruption auf höchster Ebene der Partei und natürlich Religion. Dazu gehörte der gesamte Tibet-Komplex genauso wie die Spannungen in der von Millionen Muslimen bewohnten autonomen Region Xinjiang, aber auch die Falun-Gong-Bewegung.

Gefährlich konnte es zudem immer dann werden, wenn man örtlichen Kadern auf die Pelle rückte, die etwas zu verheimlichen hatten. Rote Linien waren dort nicht immer klar zu erkennen. Deshalb konnte es passieren, dass man sie überschritt, ohne zu wissen, dass es sie gab. Beispielsweise dort, wo man eine Geschichte über Umweltverschmutzung drehte und die lokalen Behörden über die Ursachen Bescheid wussten, aber nichts dagegen taten, weil sie ordentlich geschmiert waren. Das passierte auch Kollegen von uns. Die damalige *ARD*-Korrespondentin Christine Adelhardt geriet mit ihrem Kamerateam einmal in eine sehr bedrohliche Lage, als sie von Unbekannten gestoppt und die Frontscheibe ihres Wagens mit Baseballschlägern zertrümmert wurde.[9]

Zu Weihnachten 2012 hatte Pia eine Geschichte über Christen und deren Situation im Land angeboten. Unter anderem trafen wir einen katholischen Priester, der von den Behörden geächtet wurde, weil er für die freie Ausübung des christlichen Glaubens kämpfte. Er vertrat die unabhängige katholische Kirche, die im Sinne des Vatikans ihre Lehre verbreitete. Das war der Partei ein Dorn im Auge. Mit der Religion hielten sie es wie Karl Marx: Opium fürs Volk und deshalb besser vom selbigen fernzuhalten oder allenfalls unter staatlicher Aufsicht zu verabreichen. Denn es gab auch eine offizielle katholische Kirche im Land, deren Mitgliedsgemeinden unter dem Dach der Patriotischen Katholischen Vereinigung standen. Die war an Schlüsselstellen durchsetzt mit Parteikadern und sorgte dafür, dass die Schäfchen der Gemeinden bei Gottesdiensten die KP an erster Stelle ins Gebet einschlossen und erst danach ihren Gott. Die echte katholische Kirche war bis ins Jahr 2018 wegen ihrer vermeintlichen Bedrohung für das Regime nur im Untergrund aktiv. Dann näherten sich beide Seiten unter Papst Franziskus etwas an. Doch Autorität und Kontrolle über die Katholiken gab die Partei nicht preis. Im November 2019 wurde in einer Kirche in der Provinz Jiangxi ein Bild der Jungfrau Maria mit dem Jesuskind von den Behörden durch ein Porträt von Staatspräsident Xi Jinping ersetzt. Der Name der Kirche wurde übermalt mit einem Schriftzug: »Folge der Partei, gehorche der Partei, und sei der Partei dankbar.« Neben dem Gebäude wurde ein Fahnenmast errichtet, an dem die chinesische Nationalflagge gehisst wurde.[10] Ende

2019 verurteilte dann ein chinesisches Gericht den katholischen Pastor Wang Yi wegen seiner kritischen Haltung gegenüber der Staatsmacht zu neun Jahren Haft.[11]

Um unsere Geschichte über die Christen zu drehen, reisten wir nach Wuhan in der zentralchinesischen Provinz Hubei, wo der Han-Fluss in den Yangtse fließt. Wir hatten es bewerkstelligt, unseren Besuch vor der Polizei geheim zu halten. Den Kontakt zum Gottesmann hatten wir über wechselnde Telefonnummern hergestellt. Die Vereinbarung lautete, dass der Priester uns ein Zeitfenster von mehreren Tagen einräumte, in dem wir spontan zum Interview vorbeikommen konnten. Erst als wir schon vor Ort waren, riefen wir ihn an und sagten, wir seien jetzt in der Stadt und wollten ihn treffen. Es funktionierte. Er schickte einen Freund, der uns an einer Kreuzung abholte, wo wir in einem Taxi auf ihn warteten. Er stieg zu uns ins Auto, und wir fuhren gemeinsam los, hinaus aus dem Randbezirk der Metropole in einen Vorort.

Nach gut 30 Minuten erreichten wir das Ziel. Der Wohnblock, in dem der Priester lebte, bestand aus alten Reihenhäusern, die allesamt einen schmalen Innenhof besaßen, von dem aus Treppen und Fahrstühle in die oberen Stockwerke führten. Der Priester befand sich einmal mehr mitten in einem Umzug in eine neue Bleibe. Das war nötig geworden, weil die Staatssicherheit den Vermieter des Geistlichen angewiesen hatte, den Mietvertrag aufzukündigen. Es war reine Schikane der Behörden und ein Druckmittel, um ihn dazu zu bewegen, seinen christlichen Glauben nicht mehr zu predigen. So ging das seit einer kleinen Ewigkeit.

Der Priester hatte binnen weniger Jahre mehrere Dutzend Male seinen Wohnsitz wechseln müssen. Solche perfiden Methoden der chinesischen Sicherheitsorgane sollten unliebsame Personen zermürben. Die Leute sollten zur Aufgabe ihres Engagements für eine Sache gedrängt werden, indem man ihnen den Alltag weitgehend erschwerte. Doch der Priester machte weiter.

Pia und Yongbin bereiteten das Interview in der Noch-Wohnung des Mannes vor, während ich mit Lily auf dem Arm etwas Abstand hielt. Das Mädchen war damals ein halbes Jahr alt. Ich stand mit ihr im Hausflur und unterhielt mich mit den Nachbarn über Kinder und Deutschland. Lily als blondes Baby war natürlich eine echte Attraktion und sie wurde mir förmlich aus der Hand gerissen, um als Fotomodell herzuhalten.

Nach dem Interview mit dem Priester führte uns ein Vertrauter in ein Dorf im Umland von Wuhan. Wir würden dort bei einer katholischen Messe der Untergrundkirche drehen dürfen, sagte man uns. Es war früher Nachmittag, als wir das Dorf erreichten. Nach deutschen Maßstäben hätten wir den Ort wohl eher als Kleinstadt bezeichnet. Niemand konnte uns genau sagen, wie viele Leute dort eigentlich wohnten, aber die Schätzungen beliefen sich auf 20.000 bis 40.000 Einwohner. Das war nach chinesischen Maßstäben sowieso ein Dorf, aber es wurde auch nach verwaltungstechnischen Ebenen als ein solches bezeichnet.

Wir parkten unseren Wagen und liefen ein paar Meter in eine Seitenstraße, in der nur noch einstöckige Häuser standen. Die Straße war schmal, es passte kaum ein Auto durch. Vor dem Haus standen ein paar Leute herum, die auf uns aufmerksam wurden, als wir um die Ecke bogen, aber niemand war sonderlich überrascht, uns zu sehen. Offenbar waren ausländische Journalisten angekündigt worden.

Wir betraten das Haus. Unser Begleiter sprach ein paar Sätze mit dem Prediger, der uns kurz zunickte. Dann wandte er sich wieder seiner Gemeinde zu. Der große Wohnraum war voll mit Menschen, die auf dem Boden Platz genommen hatten. Mindestens 40 Männer und Frauen lauschten den Worten. Wir fühlten uns ein bisschen wie Eindringlinge, wenn sich jemand von uns wegdrehte. Die meisten Anwesenden ließen uns jedoch gewähren.

Uns wunderte, dass es scheinbar so gut wie keine Vorsichtsmaßnahmen zu geben schien. Die Haustür stand offen, es wurde laut geredet. Wir hatten einen versteckten Ort erwartet, vielleicht mit geheimen Fluchtwegen, der nur für Insider zugänglich war. Hier wurde aber nichts verheimlicht. Der überwiegende Teil dieser Ortschaft war sowieso Anhänger der römisch-katholischen Kirche. Die Masse war sich einig darin, dass der christliche Glaube die Kommunistische Partei als moralische Institution nicht integrieren durfte. Im Gegenteil verdammten sie die Partei für ihre Einmischung.

Tatsächlich aber gab es auch Vorsichtsmaßnahmen. Die Gemeinde hatte Spähposten platziert, die sofort Alarm schlagen sollten, wenn sich Polizei oder sonstige Beamte über neuralgische Punkte näherten. Dann blieb immer noch genug Zeit, um den Gottesdienst aufzulösen. Das aber erfuhren wir erst gegen Ende des Treffens. Bis dahin schwitzte ich Blut und Wasser, dass wir nicht erwischt würden.

Um in dem Raum nicht mehr Unruhe zu provozieren, blieb ich mit Lily vor der Tür. Pia konzentrierte sich aufs

Drehen. Sie wusste, dass es darauf ankam, das Geschehen um sie herum auszuschalten, solange sie filmte. Nur so war schnelles und präzises Arbeiten möglich. Alles andere hätte Zeit gekostet und zudem die Qualität der Bilder und deren Aussagen vermindert. Ich hatte in solchen kitzeligen Momenten oft zu viel Zeit zum Nachdenken und musste mir auf die Zunge beißen, Pia nicht daran zu erinnern, dass die Minuten tickten. Das war ihr schließlich bewusst, und mein Drängen wäre alles andere als hilfreich gewesen.

Es gab immer wieder Geschichten, für die Pia lieber selbst die Kamera in die Hand nahm, als einen Kameramann zu buchen. Sie war dafür eigens in Köln ausgebildet worden und hatte sich im Laufe der Jahre viel Erfahrung angeeignet. Wenn sie drehte, war sie meist sehr effektiv, was ihre Bildauswahl anging. Sie wusste bereits während des Drehs, welche Bilder sie später verwenden konnte und welche vermutlich nicht. Es fiel ihr häufig leichter, Geschichten zu texten und zu schneiden, wenn sie die Bilder selbst gedreht hatte. Dabei ging es weniger um technische Details als vielmehr um die Bildaussage. Pia hatte eine sehr konkrete Vorstellung, wie sie ihre Geschichten erzählen wollte und welche Stilmittel sie einsetzte, um dem Zuschauer außer Fakten auch Kultur und Besonderheiten des Landes zu vermitteln. Ein Kameramann hatte möglicherweise einen anderen Zugang zu einem Thema, oder er legte den Fokus auf andere Details. Um diese Differenzen zu überbrücken, bedurfte es viel Kommunikation. Das konnte gerade bei heiklen Drehs wertvolle Zeit kosten, und manchmal extrem viel Energie.

Kehrseite war eine höhere Belastung für Pia. Sie musste nicht nur jeden Schritt durchdenken, sondern auch die

Technik kontrollieren. Die Kombination beider Aufgaben gelang ihr außergewöhnlich gut. Es half ihr sogar dabei, das Wesentliche einer Geschichte schneller herauszufiltern, weil sie die Dinge immer aus zwei Perspektiven bewertete. Zudem ergänzten wir uns fantastisch, weil ich meine Expertise in die Reportagen einfließen lassen konnte. Durch unseren tagtäglichen Austausch über unseren Beruf und den Anspruch an unsere Arbeit wusste ich sehr genau, auf was es Pia ankam. Ohnehin teilten wir eine ähnliche Wahrnehmung von bestimmten Dingen, weswegen wir uns ja auch entschieden hatten, Kinder in die Welt zu setzen. Wir lachten über die gleichen Seltsamkeiten, wurden in bestimmten Situationen unabhängig voneinander misstrauisch und empfanden die gleiche Begeisterung für bestimmte Themen. Weil wir als Team so gut funktionierten, nahmen wir zu einer solchen Geschichte, die wegen des religiösen Hintergrunds nicht ungefährlich war, dennoch lieber unsere damals sechs Monate alte Tochter mit als einen Kameramann. Im Laufe der Jahre verzichtete Pia aber mehr und mehr darauf, selber zu drehen. Die körperliche Belastung setzte ihr permanent zu, nachdem sie zwei Kinder bekommen hatte, von denen sie in den ersten Jahren gefühlt immer eines auf dem Arm trug. Deswegen wälzte sie die Kameraarbeit zunehmend gern auf die Schultern eines Dritten ab. Auch wenn das manchmal viel zusätzliche Energie kostete, weil nicht jeder Kameramann so tickte wie sie. Nur noch in Ausnahmefällen, wenn sie ein paar Bilder als Ergänzung für eine Geschichte benötigte, kümmerte sie sich selbst darum.

An diesem Tag in Hubei hatten wir Glück: Die Polizei war uns nicht auf die Schliche gekommen, und auch der

Gottesdienst ging ohne Razzia über die Bühne. Wir waren froh, als der Dreh überstanden war und wir zurück nach Peking flogen. Die Geschichte war jedoch noch nicht abgedreht, und leider nahm sie einen sehr unschönen Verlauf.

Zurück in der Hauptstadt planten Pia und Yongbin den Besuch einer anderen Christengruppe. Die Mitglieder trafen sich damals jeden Sonntag im Pekinger Stadtbezirk Zhongguancun, wo viele Studenten und Jungunternehmer aus der Gründerszene lebten. Ihre Versammlung war weniger Gottesdienst als vielmehr ein Protest gegen die restriktive Verweigerung des Staates, den Katholiken neben der staatlich organisierten Christenheit nur einen Zentimeter Raum zu gewähren. Die Plattform zwischen einem Karree aus Hochhäusern, auf dem sie normalerweise zusammenkamen, war an diesem Vormittag weiträumig von der Polizei abgesperrt. Pia und Yongbin hielten sich zunächst etwas in Deckung und schlichen um das Gelände herum, nachdem sie die Polizisten aus der Ferne entdeckt hatten.

Durch Zufall liefen sie einem jungen Mann in die Arme, den sie ansprachen. »Weißt du, wo sich hier die Christen treffen?« Er schaute einen kurzen Augenblick etwas überrascht und musterte die beiden.

»Wir sind Journalisten vom deutschen Fernsehen«, sagte Yongbin.

»Kommt mit«, sagte er und führte die beiden über eine Treppe hinauf auf die Plattform.

Dort angekommen wurden sogleich mehrere Polizisten auf die drei aufmerksam. Die Stimmung war gleich aggressiv. »Was wollt ihr hier«, riefen sie. Dann erkannten sie den Begleiter und nahmen ihn umgehend in Gewahrsam. Einer ging auf Yongbin und Pia zu. Beide hatten vorsorglich ihre Mobiltelefone gezückt, um die Szenerie unauffällig zu drehen. »Wir sind Journalisten«, sagte Pia zu dem Beamten.

»Könnt ihr euch ausweisen?«, knurrte er.

»Wieso? Haben wir etwas Verbotenes getan«, fragte Yongbin den Uniformierten zurück. Es war schließlich öffentliches Gelände, und bis zu diesem Augenblick hatte kein Polizist die beiden vorm Betreten der Plattform gewarnt, oder es gar verboten. Die beiden hätten sich theoretisch auch verlaufen haben oder die Plattform als Abkürzung durch das Karree nutzen können.

Der Polizist wollte sich auf keine Diskussion einlassen. Stattdessen packte er den Arm von Yongbin und drehte ihn auf den Rücken. Yongbin beugte sich nach vorn, um den Schmerz zu verringern. Dann bekam er einen Schlag ins Gesicht, so heftig, dass ihm die Brille von der Nase flog.

»Hey«, protestierte Pia mit einem lauten Schrei und ging zwei Schritte auf die beiden zu. Der Beamte sah keinen Anlass, von Yongbin abzulassen und rief nach Verstärkung.

»Gib mir dein Handy«, flüsterte Pia leicht panisch. Wenn die Polizei mitbekommen hätte, dass Yongbin die ganze Szene gedreht hatte, drohten ihm Schwierigkeiten. Der Polizist verstand kein Englisch und schenkte Pia auch keine Aufmerksamkeit, als er ihren Mitarbeiter drangsalierte. Unbemerkt steckte Yongbin ihr das Telefon mit der Hand zu, die der Beamte nicht im Haltegriff hatte. Schnell ließ es Pia in ihrer Tasche verschwinden.

Dann kamen zwei weitere Polizisten. Einer griff Yongbin am anderen Arm, und es hagelte weitere Schläge auf Arme und den Oberkörper. Yongbin stieß ein paar dumpfe

Schmerzschreie aus und verzog seine Gesichtsmuskeln zu einer angestrengten Fratze.

»Stopp! Das ist mein Kollege«, schrie Pia, die jetzt selber von dem dritten Mann in Uniform festgehalten wurde. Hilflos musste sie dabei zuschauen, wie Yongbin abgeführt wurde. Sie wiederholte noch einmal, dass ihr Kollege völlig gesetzeskonform gehandelt hätte. »Er hat seine Pressekarte trotz Aufforderung nicht gezeigt«, sagte der Polizist.

Völlig aufgelöst rief Pia bei mir an. Sie war verzweifelt und den Tränen nah. Es war das erste Mal, dass einer ihrer Mitarbeiter von der Polizei abgeführt wurde. Das war kein freundliches Bitten, das war eine physische Machtdemonstration.

Yongbin war nicht nur unser Mitarbeiter, er war längst unser Freund geworden, für den wir, und in erster Linie Pia, die Verantwortung trugen. Wir hatten in den vielen Jahren, die wir zusammenarbeiteten, endlos viele Stunden miteinander verbracht, entweder im Büro oder bei Dienstreisen oder nach der Arbeit beim Essen. Als wir 2013 nach Shanghai zogen, zog er mit, obwohl er kurz zuvor seine heutige Frau in Peking kennengelernt hatte. Jahrelang liebten die beiden sich auf Distanz. Wir hatten in all den Jahren so viel mit Yongbin gelacht, aber auch mit ihm gestritten, ihn zweioder dreimal sogar fast schon vor die Tür gesetzt, mehrfach seine halbherzige Kündigung entgegengenommen, aber immer wieder hatten wir einen Weg zueinander gefunden. Er war nach beiden Geburten unserer Kinder der erste Besucher, der Lily und Mats auf dem Arm hatte. Am Ende unserer siebenjährigen gemeinsamen Zeit verbrachten wir unser letztes Frühlingsfest in China mit seiner Familie in seinem

Elternhaus auf dem Land in der Nähe von Hefei in der Provinz Anhui. Es herrschten Minusgrade im Haus. Die Eltern hatten eigens für uns ihr Schlafzimmer geräumt, Yongbin neues Bettzeug gekauft und entgegen aller Gewohnheiten die Klimaanlage in dem Zimmer angestellt.

Dieser Mann saß nun in einem Polizeibus gemeinsam mit einem Haufen Untergrundchristen, und wir wussten nicht, was mit ihm geschah. Wir malten uns ein Horrorszenario aus, nachdem die Polizei nicht zimperlich mit ihm umgegangen war. Pia musste ihre Pressekarte abgeben, damit ihre Identität und ihre Legitimität festgestellt werden konnten. Es verging eine Stunde. Schließlich suchte Pia wieder Hilfe bei den Mitarbeitern der deutschen Botschaft. Sie telefonierte mit dem neuen Leiter der Presseabteilung, Thomas Wimmer, der ebenso wie seine Vorgängerin einen großartigen Job machte. Der Diplomat setzte sich umgehend und nachdrücklich dafür ein, dass man Yongbin angesichts seiner gültigen Akkreditierung gehen lassen sollte.

Zwei Stunden vergingen, ehe die Beamten ihn schließlich laufen ließen. Er hatte neben der kaputten Brille zahlreiche Hämatome an den Armen und auf dem Rücken davongetragen. Aber er wirkte gefasst. Im Bus, in dem er festgehalten wurde, saß er mit zwei Dutzend Christen zusammen, ohne dass die Polizei sich näher mit ihm beschäftigt hätte. Andere in Gewahrsam Genommene erzählten, dass sie nicht zum ersten Mal in einem solchen Bus saßen. Sie hatten sich bereits eine gewisse Routine angeeignet. Die kurzfristigen Konsequenzen aus ihren Festnahmen blieben stets überschaubar. Aber niemand sollte glauben, dass seine Anwesenheit an diesem verbotenen Ort nicht auf alle Zeit gespeichert und im Bedarfsfall herausgekramt und gegen ihn verwendet würde.

Am späten Abend klingelte mehrfach Pias Telefon. Es war eine Pekinger Nummer, aber sie beantwortete die Anrufe nicht. Sie hatte an diesem Tag keine Lust auf weitere Diskussionen. Wir saßen beim Essen und mussten die Vorfälle erst einmal verdauen. Als wir heimkehrten, klebte eine Nachricht an der Tür zu unserem Hofhaus in den Hutongs: »Wir sind von der Pekinger Polizei. Rufen Sie diese Nummer an«, stand darauf. Wir taten es zunächst nicht.

Am nächsten Tag meldete sich früh das Außenministerium bei Pia. Eine Dame lud sie und Yongbin zum Teetrinken ein. Das Teetrinken hatte eine gewisse Tradition unter der Journalistenschar. Es war die verklausulierte Form, Journalisten eine Rüge zu erteilen. Die Floskel nutzten auch wir Journalisten untereinander, um zu erfragen, ob jemand zu einem Krisengespräch eingeladen wurde.

Pia und Yongbin standen pünktlich im Eingangsbereich des Ministeriums. Sie meldeten sich an der Rezeption und teilten mit, wer sie waren, und dass man sie sprechen wollte. Es dauerte eine kurze Weile, bis eine Mitarbeiterin aus der Abteilung, die sich um ausländische Medien kümmerte, Pia und Yongbin an einen Schreibtisch in einem Großraumbüro bat. Die Dame kam gleich zur Sache und verlangte von Pia eine Entschuldigung für den Vorfall.

»Für was?«, fragte Pia etwas naiv.

»Sie haben sich nicht als Journalisten ausgewiesen«, sagte die Frau.

»Wenn es unser Vergehen war, dass mein Kollege nicht binnen fünf Sekunden seine Pressekarte zur Hand hatte, dann haben wir tatsächlich etwas falsch gemacht«, sagte Pia. »Aber Sie dürfen nicht vergessen, dass die plötzliche Aggression der Polizei es meinem Kollegen unmöglich machte, seine Pressekarte zu zeigen.«

Es war sinnlos, der chinesischen Seite das Zugeständnis abringen zu wollen, dass ihr Einsatz möglicherweise überzogen war. Die Dame verwies darauf, dass Pressekarten stets nach außen sichtbar an der Kleidung befestigt sein mussten, um umgehend die Identifikation des Journalisten offenzulegen. Tatsächlich war dieser Passus Teil der Statuten. Er stand sogar auf der Pressekarte. Doch in der Praxis tat das niemand, schon deshalb nicht, um bei heiklen Recherchen keine Aufmerksamkeit zu erregen. Und die Polizei verlangte es auch nicht, wenn ihr ein Journalist über den Weg lief, der nicht als solcher gekennzeichnet war. Aber das Außenministerium hatte damit natürlich einen Trumpf in der Hand, den es in Situationen wie diesen ausspielte.

»Hätten Sie Ihre Pressekarten sichtbar getragen, wäre das alles nicht passiert«, meinte die Beamtin.

Für die weitere Aufarbeitung spielte es für das Außenministerium keine Rolle, dass Yongbin auch dann noch immer verprügelt worden war, als längst festgestanden hatte, dass er ein akkreditierter Mitarbeiter eines westlichen Mediums war.

Die *RTL*-Zentrale in Köln indes reagierte auf den Vorfall mit einer öffentlichen Beschwerde bei der Botschaft samt Pressemitteilung. Der Sender protestierte damit gegen die Behandlung von Yongbin. Und das war gut so. Die chinesische Botschaft lud daraufhin die Chefredakteure des Senders nach Berlin ein, um ihnen das vermeintliche Fehlverhalten der beiden in ihren dortigen Räumlichkeiten zu erläutern. Köln lehnte dankend ab. Und auch das war die richtige Entscheidung.

Das Außenministerium blieb jedoch bei seiner Forderung nach einer Entschuldigung von Pia. Ihr blieb nichts anderes übrig, als fürs Protokoll anzugeben, dass es ihr leidtäte, dass man sie nicht umgehend als Journalisten identifizieren konnte. Sie übernahm damit die volle Verantwortung für den Vorfall, der formell damit abgeschlossen war. Yongbins blaue Flecken blieben noch ein paar Wochen sichtbar. *RTL* zahlte ihm eine neue Brille.

Die Handhabe seitens des Außenministeriums mit diesem Fall entsprach einem Muster, das uns in all den Jahren stets wieder begegnete. Chinas Regierung und ihre Organe verbissen sich in ihren Standpunkt und ließen die Argumentation der Gegenseite an sich abprallen. Das galt für die Diplomatie auf großer Weltbühne ebenso wie in Angelegenheiten wie diesen.

Sie reflektierte auch die Machtlosigkeit des Außenministeriums in bestimmten Fällen, wenn Polizei oder Staatssicherheit ihre Interessen verfolgten. Der Einfluss auf Provinzbeamte durch Herrn Wang und Kollegen, wie wir ihn in der HIV-Provinz Henan erlebten, verlor in der Hauptstadt an Gewicht. Hier regierte die innere Sicherheit, und es war ausgeschlossen, dass das Außenministerium ein gutes Wort für Pia und Yongbin einlegte und nach einem Kompromiss für beide Seiten suchte. Selbst dann nicht, wenn einer der Beamten Sympathien für die beiden und deren Sicht der Dinge empfunden hätte.

11

Kritisch beäugt

Wir sahen uns häufig mit dem Vorwurf konfrontiert, wir würden vorwiegend schlecht über China berichten. Wir seien voreingenommen und zielten darauf ab, ein ausschließlich düsteres Bild der Volksrepublik zu vermitteln. Das wurde uns einerseits von der chinesischen Regierung vorgehalten, die sich ohnehin in einem ständigen Zwist mit ausländischen Medien befand. Westliche Journalisten würden China weder verstehen noch dem Land seinen Aufstieg gönnen. Unsere Berichte würden einzig darauf abzielen, die Reputation des Landes zu torpedieren, hieß es. Es kam aber auch vor, dass wir von Vertretern der deutschen Industrie oder von Politikern, die große Deals für die deutsche Wirtschaft einfädeln wollten, kritisiert wurden. Ich erinnere mich auch an einen deutschen Diplomaten, der glaubte, wir gingen zu hart mit China ins Gericht. Seine chinesischen Kollegen hatten ihm regelmäßig ihr Leid geklagt, dass die »positive Entwicklung« Chinas kaum Erwähnung in unserer Berichterstattung finden würde. Er empfand das offenbar genauso.

Als deutsche Journalisten mussten wir damit leben, als

Projektionsfläche für den Ärger über die gesamte China-Berichterstattung in Deutschland herzuhalten und manchmal auch für die Unzufriedenheit mit dem Journalismus im Allgemeinen. Das äußerte sich derart, dass die Kritik selten konkret an einem unserer Beiträge oder Texte geübt wurde. Das kam zwar hin und wieder auch vor, aber meistens blieb sie doch pauschal und schien uns eher allgemein motiviert.

Wir erlebten, dass Leute sich über ein falsches China-Bild in den Medien beschwerten, die nur wenige Tage im Land gewesen, dabei von A nach B getingelt waren, ein paar beeindruckende Tempel und auch moderne Architektur bestaunt, beim Abendessen einem Nudeldreher bei seinem kunstvollen Handwerk zugesehen und abends vorm Einschlafen noch kurz im Fernsehen die Nachrichten über die *Deutsche Welle* geschaut hatten. Manche waren völlig überrascht, einen Chinesen in Shanghai zu sehen, der einen Latte macchiato in einem Straßencafé trank oder im Pekinger Szeneviertel Sanlitun einen Cocktail schlürfte. Das Staunen über einen solchen Lebensstil war ja durchaus gestattet, aber es unserer Berichterstattung anzulasten, wenn man davon nichts wusste, war schlichtweg grotesk. Ich weiß nicht, wie häufig die wachsende Mittelklasse in unseren Berichten thematisiert wurde. Ihre wachsende Liebe für Luxusgüter, für Auslandsreisen, für Rotweine oder französischen Käse, kurz: die Annäherung Chinas an die westliche Konsumkultur und das wachsende Bedürfnis der Menschen nach Individualität. Unzählige Male spielten diese Aspekte eine Rolle in unseren Beiträgen.

Dennoch setzten wir uns intensiv mit aller Form der Kritik auseinander, auch wenn wir oft das Gefühl hatten, entweder in Sippenhaft genommen zu werden, oder dass die Kritik auf Perspektiven basierte, die sich fundamental von unserer Sicht auf das Land unterschieden. Die Vorwürfe veranlassten uns dennoch dazu, uns immer wieder selbst die Frage zu stellen, ob unsere Berichterstattung fair und ausgewogen war. Es folgten langwierige Prozesse, in denen Pia und ich viele Abende, manchmal stundenlang, darüber sprachen, wie objektiv wir waren oder überhaupt sein konnten. Wir gingen hart mit uns ins Gericht, hinterfragten kritisch unsere Wahrnehmung und unsere Schlussfolgerungen. Wir wiegelten die Einwände ab, die man uns entgegenbrachte, machten uns immer wieder die kulturellen und historischen Besonderheiten in China bewusst. Wurden wir all dem gerecht?

Die Beantwortung dieser Frage erreichte schon philosophische Dimensionen. Und die ehrliche Antwort aus entsprechend philosophischer Perspektive lautete: Nein, dem konnten wir gar nicht gerecht werden. Denn einem solch umfangreichen Anspruch konnte eine subjektive Schilderung eines objektiven Sachverhalts nie gerecht werden. Von niemandem, zu keiner Zeit. Wir konnten allenfalls versuchen, aus unserer subjektiven Perspektive so viel Objektivität zu schaffen wie eben möglich. Doch das war keine Erkenntnis, die dem westlichen Journalismus in China exklusiv vorenthalten war. Sondern sie galt universell für jede Form medialer Darstellung über alle möglichen Themen irgendwo in der Welt.

Darüber hinaus war es auch wichtig, kulturelle und historische Zusammenhänge nicht überzubewerten. Man musste sie sicherlich berücksichtigen, und sie halfen dabei, Sachverhalte besser einzuordnen. Aber sie durften keineswegs als billige Rechtfertigung von Journalisten akzeptiert werden.

Wenn die Frage lautete, ob das Bild, das wir aus China unseren Zuschauern und Lesern vermittelten, voreingenommen und überzeichnet war, um damit vermeintliche ideologische Vorurteile zu bedienen, dann kamen wir immer wieder zur gleichen Schlussfolgerung: Nein, das war es nicht. Im Gegenteil erlebten wir die Realität viel extremer, als wir sie darstellten. Die Härte und Herzlosigkeit, das Ausmaß von Egoismus und Ignoranz im Land waren teilweise so gewaltig, dass es unmöglich war, die ganze Wucht und Tragik dieser Charakteristik in kurzen TV-Beiträgen oder Zeitungsartikeln widerzuspiegeln, ohne in den Verdacht zu geraten, sich auf einem Kreuzzug gegen die KP zu befinden.

Dass es auch andere Seiten im Land gab, die lieblichen, liebenswerten, erfreulichen, die Erfolgsgeschichten, das blieb ja keineswegs unser Geheimnis, sondern war im angemessenen Rahmen Teil unserer Berichterstattung. Ihr Anteil entsprach ihrer Relevanz. Aber die vielen herzlichen Begegnungen und die uns amüsant erscheinenden Eigenheiten einer fremden Kultur waren nicht das, was den Alltag der Chinesen prägte. Sie waren Randerscheinungen in einer Gesellschaft, der in sieben Jahrzehnten Diktatur durch die Machthaber wenig Sinn für Gemeinwohl und Moral gelehrt wurde.

Die Relevanz negativer Themen wurde vornehmlich von den Chinesen selbst bestimmt. Wenn es schon wieder einen Bericht über die Luftverschmutzung in Peking gab, dann nicht aus dem Grund, um den Ruf des Landes absichtlich anzugreifen. Sondern deshalb, weil der Gedanke an verdreckten Sauerstoff den Menschen im Land wegen der zunehmenden gesundheitlichen Gefährdung ständig präsent war. Die Zeitungen griffen das Problem immer wieder auf, die Partei thematisierte es, weil sie spürte, dass der Unmut der Menschen wuchs. Eine wiederholte Berichterstattung in deutschen Medien war deshalb nur konsequent, auch wenn es Kritiker gab, die den Umfang der Umweltproblematik in unseren Berichten als reines China-Bashing bezeichneten.

Eine umfangreiche Studie[12] der Bonner Akademie für Forschung und Lehre Praktischer Politik (BAPP) stellte im Jahr 2013 unter anderem fest: »Die hier untersuchten Medien vermitteln ein facettenreiches China-Bild, das aktuelle wirtschaftliche und politische Themen in den Fokus rückt, andererseits aber auch den nötigen Raum für eine durchaus kritische, teils negative Berichterstattung zu Themenkomplexen erlaubt, die von hoher gesellschaftlicher und kultureller Relevanz sind und die vor allem auf einen längeren Zeitraum gesehen die Rolle und Bedeutung Chinas als einem bedeutsamen Akteur am Weltgeschehen kritisch analysieren können.« Allerdings stellte die Studie auch fest, dass die Aussage: »Die deutschen Medien berichten vielseitig, sodass man sich seine eigene Meinung [in Bezug auf China] bilden kann« von den Befragten nur teilweise bzw. überhaupt keine Zustimmung erhielt. Am wenigsten Zustimmung kam hier übrigens aus der Gruppe der Politiker.[13] Meines Erachtens war das kein Zufall, sondern Beleg dafür, wie groß das Bedürfnis deutscher Politiker war, der chinesischen Regierung vertrauen zu wollen.

Denn natürlich legten wir immer und überall die Finger in die Wunden. Das war die Definition unserer Aufgabe als Journalisten, die aus einer liberalen Demokratie stammen. In Deutschland oder anderswo in der Welt verrichten wir unseren Job nicht anders. Allerdings mussten wir uns selbst hinterfragen, ob wir angemessene Maßstäbe anlegten. Oder orientierten wir uns zu sehr an deutschen oder westlichen Standards, wenn wir Perspektiven auf chinesische Themen entwickelten? Das konnten wir selbstverständlich nicht ausschließen. Aber gerade, weil wir das nicht konnten, waren wir umso vorsichtiger bei der Darstellung und sorgfältiger bei der Recherche. Wir ließen vornehmlich die Chinesen selbst beurteilen, wie sie gewisse Sachverhalte einordneten, und wir erlebten dabei ein gewaltiges Maß an Misstrauen vieler Menschen gegenüber Partei und Staat.

Unsere Kritiker unterschätzten häufig, dass unsere Berichterstattung im Wesentlichen die Perspektiven jener Chinesen abbildete, die wir trafen und sprachen, und eben nicht das Produkt unseres eigenen Weltbildes war. Wer China aus anderen Perspektiven kennengelernt hatte als wir durch unsere Arbeit, der zog auch andere Schlüsse als wir. Natürlich spielte es eine wichtige Rolle dabei, in welchem Umfeld sich Ausländer in China bewegten. Wer seinen chinesischen Nachbarn, der in einer neuen Eigentumswohnung im Zentrum von Shanghai lebte und einen BMW fuhr, oder seinen chinesischen Arbeitskollegen, der in den USA studiert hatte und regelmäßig zu Konferenzen in die Firmenzentrale nach Deutschland reiste, als vornehmlichen Referenzpunkt für seine Kritik an ausländischen Medien heranzog, der musste sich den Vorwurf gefallen lassen, nur kleine Ausschnitte der sozialen und gesellschaftlichen Realität im Land zu kennen.

Unser Job brachte es mit sich, dass wir sehr intensiv eine Vielzahl von Perspektiven kennenlernten. Unsere Berichte waren die Essenz aus diesen Erfahrungen. Die chinesische Regierung machte uns deshalb gerne zum Vorwurf, wir würden nur mit Dissidenten und Trotzköpfen sprechen, die nicht repräsentativ für die Bevölkerung standen. Das stimmte aber nicht. Wir sprachen mit ebenso vielen Menschen, die gemeinhin zu den sogenannten Gewinnern im neuen China zählten, und auch deren Ansichten bekamen ihren Platz in unserer Arbeit. Doch das blieb bei den Kritikern kaum hängen. Warum das so war, ließ sich nur erahnen.

Viele Ausländer, die in China lebten, waren ebenso umgeben von der Propaganda der Regierung wie die Chinesen selbst. Täglich bekamen sie vorgebetet, dass westliche Journalisten falsch berichteten oder China hassten. Wenn sie es nicht selbst lasen, dann hörten sie es vielleicht von chinesischen Arbeitskollegen, die es in der Volkszeitung gelesen hatten. Fragte man Ausländer, ob sie Effekte dieser Propaganda an sich wahrnahmen, folgten oftmals tiefe Beteuerungen, dass dies nicht der Fall war. Doch wir bezweifelten das. Diese andauernde Beschallung hinterließ Spuren. Das war vergleichbar mit der »Lügenpresse«-Rhetorik von Rechtspopulisten in Deutschland oder das »Feinde des Volkes«-Narrativ von Donald Trump in den USA. All das biss sich in den Köpfen der Menschen fest und veranlasste viele intelligente Menschen dazu, die Glaubwürdigkeit von traditionellen Medien in Zweifel zu ziehen. Es gab zwar niemanden, der ernsthaft behauptete, die *China Daily* böte einen unverblümten Blick auf die Realität des Landes. Doch in Wahrheit umgarnte und beeinflusste dieses Netz der subtilen Botschaften auch viele, die glaubten, nicht hinters Licht geführt werden zu können.

Soft power umschrieb all jene Mittel, die friedlich und insgeheim dafür sorgen sollten, dass das Bild in der Welt über die Volksrepublik China ein besseres werden sollte. Peking träumte vom Image der freundlichen Diktatur, der es gelang, Wohlstand zu generieren und seine Menschen glücklich zu machen; der es gelang, Menschen das Bedürfnis nach freier Meinungsäußerung als überflüssig empfinden zu lassen, solange sie sich nur in der Obhut einer starken Elite wähnen durften, die ihnen künftigen Wohlstand garantierte und bemüht war, ihnen Geborgenheit und Sicherheit zu gewähren. Dazu betrieb das Land einen riesigen Aufwand mit einem weltumspannenden Netz an Propagandamedien, die nur ein einziges Ziel verfolgten: »Die Verbreitung der Theorien, Richtungen, Prinzipien und Politiken der Partei« sowie »die China-Story gut erzählen«. Das Regime lud sogar Tausende ausländische Journalisten aus aller Welt zu sich ein, um denen exakt diese »Sprachelemente« zu vermitteln.[14]

Die Leitsätze, unter denen in China Journalismus gelehrt wurde, besagten unter anderem, dass die Aufgabe eines Journalisten der Schutz der Sicherheit einer Gesellschaft sei. Dagegen wäre fast nichts einzuwenden, wenn es denn bedeutet hätte, dass die Kritik des Journalisten an der Regierungsarbeit und das Aufdecken politischer Verfehlungen und Fehlentwicklungen ein zentraler Bestandteil seiner Arbeit sein würde. Doch so hatten es die Chinesen nicht gemeint. In ihrem Sinne bedeutete dieser Schutz nichts anderes als Loyalität zum autoritären Regime. Journalismus müsste positive Informationen über Reformen im eigenen Land aktiv bewerben.

Solche Leitsätze standen nicht nur diametral einem Journalismus gegenüber, der in Demokratien seine Kontrollfunktion übernahm. Sie waren einfach falsch. Bei dem, was in China weitgehend gelehrt wurde, handelte es sich schlicht nicht um Journalismus. Es war nichts anderes als Öffentlichkeitsarbeit zugunsten des Staates.

Im Januar 2020 kam heraus, dass Peking mithilfe von zwei deutschen Journalisten ein deutschsprachiges Informationsportal zu China-Themen aufbauen wollte. Die chinesische Botschaft in Berlin hatte Anfang des Jahres 2019 bei deutschen Stiftungen und Konzernen schriftlich um finanzielle Beteiligung gebeten.[15] Die Idee dahinter war, mit einem solchen Angebot das China-Bild in Deutschland zu verbessern. Es sei im Interesse beider Länder, schrieb der damalige Botschafter an die Konzerne. Monate später wurden die Aufforderungen dringender, bis sie an die Öffentlichkeit gelangten. Kurz vor Weihnachten wurde dann ein Verein namens »China-Brücke e.V.« in Deutschland eingetragen. Laut Satzung sollte der Club »das Verständnis für China in Deutschland und der Europäischen Union fördern«. Gründungsmitglied war einer der beiden deutschen Journalisten, der gegenüber der *Süddeutschen Zeitung* sagte, dass die beiden Projekte nichts miteinander zu tun hätten.

Chinas Regierungsform war schon zu Zeiten der Olympischen Spiele in Peking eine einzige PR-Kampagne, und die Machthaber lernten rasend schnell dazu. Ihre Erfolge waren atemberaubend. Einmal diskutierte ich mit einer ausländischen Studentin, die behauptete, das Land werde eine Demokratie mit chinesischer Charakteristik entwickeln. Es war der gleiche Ausdruck, der immer und immer wieder über die Staatsorgane in die Welt posaunt wurde. Ich argumentierte, dass es unter der Herrschaft der Kommunistischen Partei keine Form der Demokratie in China geben würde, sondern dass es sich dabei um eine reine Begriffserfindung handelte, die ausschließlich dazu dienen sollte, dem Image der Partei einen demokratischen Anstrich zu verleihen. Doch die Studentin war für meine Argumentation nicht zugänglich. Ein paar ihrer chinesischen Kommilitonen hatten sie davon überzeugt, dass Demokratie mit chinesischer Charakteristik existierte. Mir wurde klar, dass diese Kommilitonen seit ihrer Geburt der Propaganda des Staates ausgesetzt waren. Vermutlich glaubten viele von ihnen tatsächlich, dass es so etwas wie eine chinesische Demokratie unter exklusiver KP-Verwaltung geben würde. Aber waren diese Kommilitonen deswegen gute Ratgeber in Bezug auf die realen Verhältnisse, in denen Volkes Wille allenfalls insoweit berücksichtigt wurde, als er der Partei keine substanziellen Zugeständnisse bei der Ausgestaltung der Machtverhältnisse im Land abverlangte? In unseren Augen waren sie das nicht.

An diesem Punkt war es wichtig, dass wir als Journalisten die Definition von Demokratie auch nicht aufgaben oder begannen, flexibel zu formulieren, nur weil uns eine autokratische Regierung dafür hasste, dass wir ihre rhetorischen Manipulationen nicht in die Welt trugen. Denn die Gefahr, die damit einhergeht, wenn die Abgrenzung der Begriffe an Schärfe und Kontur verliert, liegt folglich darin, dass die

Grenzen zwischen Demokratie und Diktatur zu verschwimmen beginnen. Das würde nicht nur den Anfang vom Ende demokratischer Gesellschaften bedeuten. Es wäre Hochverrat an all den Menschen, die für Freiheit und Bürgerrechte gekämpft und sogar ihre Leben gelassen haben.

Unsere Aufgabe blieb es, die Dinge kritisch zu hinterfragen, auch wenn sie positiv erschienen. Diese Form von Journalismus hatte sich bei all seinen Fehltritten über Jahrhunderte hinweg in den Demokratien der Welt etabliert und bewährt. Kritisiert wurde er stets und viel, aber in seinen Grundprinzipien als Säule stabiler freiheitlicher Systeme infrage gestellt, wurde er immer nur von autoritär orientierten Strömungen. Chinas Kritik am liberalen Journalismus sollte deshalb demokratische Geister immer stutzig machten.

Doch viele Ausländer, die wir trafen, ließen sich verwirren von dem Bild der freundlichen Diktatur, das sie wahrnahmen, weil sie wenig Erfahrung in den brutalen Grenzbereichen dieses Regimes besaßen. Auch auf uns prasselte rund um die Uhr die Propaganda ein. Doch unser Beruf erlaubte es uns, die staatlichen Verlautbarungen auf allen Feldern tagtäglich auf ihre Substanz hin zu überprüfen. Das verstanden wir nicht nur als Privileg, sondern auch als Verpflichtung. Der Unterschied zwischen uns und vielen unserer Kritiker lag darin, dass wir meist auf eigene Faust, ohne Begleitung durch Vertreter staatlicher Institutionen im ganzen Land mit Leuten aus allen Gesellschaftsschichten sprachen, die China aus einer ganz anderen Perspektive schilderten, wie es die Kommunistische Partei sonst stellvertretend für sie tat. Wir schafften es sozusagen tagtäglich raus aus unserer analogen Filterblase. Dass sich daraus Widersprüche ergaben, zu dem, was andere Ausländer in China aufschnappten, lag auf der Hand.

Dennoch trafen wir immer wieder auf Menschen, die uns kategorisch die nötige Sensibilität absprachen und uns vorwarfen, es ginge uns um negative Geschichten, um größeres Interesse für unsere Arbeit zu wecken. Eines Abends saßen wir in Peking mit dem örtlichen Leiter der Stiftung einer deutschen Bundestagspartei zusammen. Wir erzählten von unseren Erlebnissen bei einer Reise ins Katastrophengebiet in Sichuan ein Jahr nach dem schweren Erdbeben im Mai 2008. Bei unserem erneuten Besuch der Region waren in jedem der fünf Dörfer, die wir besuchten, Menschen auf uns zugekommen, die sich darüber beklagten, wie die örtlichen Behörden mit ihnen seit der Katastrophe umgegangen waren. Sie klagten über vermeintliche Veruntreuung von Geldern, die für sie bestimmt gewesen wären, von fehlender Unterstützung oder von Ignoranz gegenüber Hilfsgesuchen und fehlendem Willen zur Aufklärung. Die Leute waren stocksauer. Und es waren nicht nur einige Ausnahmen. Es war der Großteil jener, mit denen wir in Kontakt kamen. Wütend sprudelte es aus ihnen heraus. Und sie konnten nur so offen mit uns sprechen, weil niemand von staatlicher Seite uns begleitet hatte, der die Menschen davon abgehalten hätte, sich zu beschweren.

Der Leiter griff das Beispiel auf und sagte, dass er ganz andere Informationen habe. Er selbst sei wenige Wochen zuvor in der Region gewesen und habe eine Schule besucht, die mit deutschen Spendengeldern aufgebaut worden sei. Er warf uns vor, die Realität zu verzerren. Daraufhin gerieten wir in eine Diskussion darüber, wer einen größeren Ausschnitt der Realität von uns in Sichuan zu Gesicht bekommen hatte. Er, der von zwei Beamten empfangen und an ausgewählte Orte begleitet worden war und dort nur mit Menschen sprach, die sich (wenig überraschend) sehr zufrieden über die Arbeit der Regierung äußerten? Oder waren wir es, die unverhofft irgendwo in der Region aufschlugen und ohne Aufsicht mit Betroffenen sprachen, die teilweise sogar auf uns zukamen, weil sie uns als Journalisten identifizierten? Das bedeutete nicht zwangsläufig, dass beim Wiederaufbau alles schlecht lief. Aber ganz sicher bedeutete es, dass vieles bei Weitem nicht so rosig war, wie von den Behörden dargestellt. In solchen Momenten konnten wir nur den Kopf schütteln über jene, die uns Voreingenommenheit vorwarfen, während sie selbst offenbar nicht in der Lage waren, die allgemeine Gültigkeit ihrer Informationen sachlich einzuordnen.

Auffällig war, dass Argumente, die Kritiker uns entgegenbrachten, oftmals direkt aus der Propagandaschmiede der Partei stammten und entsprechend unkritisch weiterverbreitet wurden. Beispielsweise dieses: Die KP hat 400 Millionen Menschen aus der absoluten Armut gerissen, und wir Journalisten würden diese Leistung nicht anerkennen. 400 Millionen waren schon bald nicht mehr genug, weil tatsächlich mehr Menschen im Laufe der Jahre nicht mehr als absolut arm in der Statistik geführt wurden.

Natürlich war der wachsende Wohlstand ein großes Thema für uns, und Statistiken halfen dabei, ihn plastisch für Leser und Zuschauer darzustellen. Aber wir stimmten aus guten Gründen nicht mit ein in die Jubelarien der Regierung über deren Leistung. Wir wollten verhindern, dass die traurigen Hintergründe für die Entstehung dieser gigantischen Zahl ignoriert wurden. Zog man nackte Zahlen zu Rate, gab es ja nicht einmal etwas gegen die 400 Millionen einzuwenden. Sogar der Sprecher der Bundesregierung, Steffen Seibert, nutzte sie einmal, um ein bisschen Werbung für die Kommunistische Partei zu machen, als die deutsche Öffentlichkeit mal wieder einen zu freundlichen Umgang ihrer Regierung mit den chinesischen Autokraten in Sachen Menschenrechte beklagte. Doch es war eben auch eine Statistik, die nur die halbe Wahrheit beinhaltete.

Bereits die Formulierung, dass die Regierung die Menschen aus der Armut gerissen hätte, schoss am Ziel vorbei. Das Reißen implizierte eine aktive Energieleistung, die sich die Partei nur zu gerne ans Revers heftete. Deshalb hatte sie den Terminus entwickelt. Tatsächlich aber riss die Partei niemanden aus der Armut. Sie hatte sich nach dem Tod von Staatsgründer und Diktator Mao Zedong 1976 für eine wirtschaftliche Öffnung des Landes entschieden. Sie ließ mehr ausländische Investoren ins Land, erlaubte Privatisierungen und gewährte ihren Bürgern mehr unternehmerische Freiheiten. Nach dem Tiananmen-Massaker an der studentischen Demokratiebewegung rund um den Platz des Himmlischen Friedens 1989 in Peking gewann diese Entwicklung noch weiter an Dynamik. Eine damals unausgesprochene Vereinbarung zwischen Partei und Bürgern sorgte für einen Burgfrieden. Solange das Land wirtschaftlich auf der Überholspur blieb und der breiten Masse ein Wohlstandsversprechen bieten konnte, war es leichter diese breite Masse zufriedenzustellen.

Die Menschen nutzten ihre Chance. Sie entschieden sich

dazu, ihre alten gesellschaftlichen und familiären Strukturen aufzubrechen und ihre Heimatprovinzen und Kinder zu verlassen, um in Fabriken zu arbeiten, vornehmlich im Perlflussdelta und später zunehmend auch anderswo im Land. Sie waren es, die plötzlich ihre unternehmerischen Fähigkeiten einsetzten, nachdem der Staat sie jahrzehntelang daran gehindert hatte. 400 Millionen Menschen gelang es, aus eigener Kraft aus der Armut zu springen, indem sie ihre neue Bewegungsfreiheit nutzten, nachdem die staatlichen Fesseln gelockert waren. Der Staat dagegen sorgte eher dafür, die Entwicklung abzubremsen, weil seine von Korruption und Filz zerfressenen staatlichen Unternehmen dafür verantwortlich waren, dass nicht schon viel früher viel mehr Menschen in die Mittelklasse aufgestiegen waren. Mit ihrer Gier, ihrer betriebswirtschaftlichen Unfähigkeit und ihrer Monopolpolitik behinderten die staatlichen Riesen das Wachstum von Millionen privatwirtschaftlicher Firmen im Land.

Doch die eigentlichen Gründe für unsere Zurückhaltung bei der Nennung der Zahl von 400 Millionen als Gütesiegel für chinesische Wirtschaftspolitik lag weniger an der Frage, wer hier wen aus der Armut befreit hatte. Es ging dabei vielmehr um andere Zahlen, die man kennen und dagegenhalten musste, um das Gesamtbild zu verstehen.

Der vermeintliche Glanz der 400 Millionen verblasste beispielsweise massiv, wenn man ihn durch den Schleier der trüben Luft in den Städten der Volksrepublik betrachtete. Chinas wirtschaftlicher Aufstieg ging auf Kosten einer gigantischen Umweltbelastung. Das Land verzeichnete jedes Jahr Millionen Tote und Kranke durch Umweltverschmutzung allein durch dreckige Luft.[16] Hinzu kamen Krebspatienten durch vergiftete Äcker oder verseuchtes Wasser. Das alles waren die massiven Kollateralschäden der Entwicklung, die viele Menschen das Leben oder die Gesundheit kosteten.

Auch in Deutschland, beispielsweise im Ruhrgebiet, starben in den ersten drei Jahrzehnten nach Ende des Zweiten Weltkrieges viele Menschen an den Folgen der Feinstaubbelastung oder an den gesundheitlichen Schäden durch die Arbeit in den Bergwerken. Doch in China lag die Sterberate in großen Städten allein durch schlechte Luft wesentlich höher. Die Universität Nanjing stellte 2016 in einer Studie fest, dass jeder dritte Tote in 74 untersuchten Städten auf die Feinstaubbelastung zurückzuführen war.[17]

Was das Land aber noch wesentlich langfristiger beschäftigte und veränderte, war der radikale Umbruch der gesellschaftlichen Strukturen, die das Wirtschaftsmodell des Landes ausgelöst hatte. Geschätzte 60 Millionen Kinder wuchsen desillusioniert ohne ihre Eltern auf, weil Mutter und Vater als Wanderarbeiter irgendwo in China dem vermeintlichen Glück hinterherhechelten. Familien wurden nicht nur entwurzelt, sie wurden zerstört. Wir trafen in den Dörfern und Kleinstädten des Landes unzählige Kinder, die bei den Großeltern aufwuchsen und Mutter und Vater nur wenige Wochen im Jahr zu Gesicht bekamen. Wir trafen sogar Geschwister im Alter von zehn und weniger Jahren, die ganz allein lebten und nur von den Nachbarn etwas unterstützt wurden. All das, weil Hunderte Millionen Menschen von der Euphorie um die Chancen auf Wohlstand erfasst wurden und bereit waren, ihr Leben komplett auf den Kopf zu stellen. Das war legitim. Jeder war seines Glückes Schmied. Und auch im Westen war Wohlstand zentraler Bestandteil vom Wirken und Handeln vieler Menschen. Aber Chinas staatliche Sozialpolitik verhinderte, dass die Menschen keine andere Wahl hatten, außer ihre Kinder zurückzulassen, weil sie denen den Zugang zu Bildung und Gesundheitswesen in den Städten versperrte.

Was für eine Generation wuchs da in China heran, der man die familiäre Basis geraubt hatte? Ausgerechnet in jenem Land, das durch den *Konfuzianismus* gelernt hat, dass die Familie die Wurzel aller Harmonie im gesamten Land und der ganzen Welt ist. Und wie fühlten sich die Eltern dieser Kinder, die nur noch einmal, vielleicht zweimal im Jahr für ein paar Wochen in ihre Heimatdörfer zurückkehrten und den Rest der Zeit den Großeltern die Erziehung des Nachwuchses überlassen mussten? Selbst gefangen in Umständen, die sie zu reinen Produktionsposten degradierten, in Firmen, die sie auspressten, unwürdig behausten und ihnen die Möglichkeit auf individuelle Entwicklung und Perspektiven entzogen. Sicher fühlten sie sich nicht mehr bettelarm, aber viele von ihnen waren krank, desillusioniert, depressiv, alleingelassen, weil sie das taten, was ihnen als Aufbruch in eine glückliche Zukunft verkauft wurde.

Was zusätzlich auf den Menschen lastet, ist der Mangel an Solidarität und Fürsorge für alle Enttäuschten und Ernüchterten. Im Gegenteil ernteten die Menschen vielerorts Ignoranz und Verachtung von Landsleuten, denen es besser ergangen war, statt Dankbarkeit dafür, dass sie sich aufopferten für Wachstum und Wohlstand des Landes. Ganz vorne auf der Liste jener, denen die Millionen Knechte des Wirtschaftswunders wenig am Herzen lagen, rangierten die Parteikader. Sie benutzten die Menschen wie Figuren in einem Brettspiel, bei dem jeder Teilnehmer so viel Geld scheffeln musste wie möglich. Standen sie im Weg, wurden sie zur Seite geräumt. Benötigte man ihre Arbeitskraft, wurden sie in Reih und Glied positioniert.

Symbolisch für diese Entwicklung standen die Fließbandarbeiter von *Foxconn*, einem taiwanesischen Dienstleister, der für *Apple*, *HP*, *Dell* oder andere globale Technikfirmen in etlichen Fabriken innerhalb der Volksrepublik Computer, Telefone oder Unterhaltungselektronik zusammenschrauben ließ. Diese Form der Produktion unter den gebotenen Bedingungen mit den mangelnden Perspektiven für die Arbeitnehmer nannte ein deutscher Arbeitsrechtsexperte in einem Interview, das wir führten, das »Wegwerfmodell der Arbeit«.[18] Selbstwertgefühle, Sinnhaftigkeit und Ambitionen landeten gleich mit auf dem Müll.

Die Bedingungen, unter denen wachsender materieller Wohlstand zustande kam, machte vielen Menschen extrem zu schaffen. Sie litten massiv unter dem Stress, der Vereinsamung oder den Depressionen. Der Staat trug daran seine Mitschuld, weil er über viele Jahre vorwiegend die Interessen der Arbeitgeber bediente, nicht die der Angestellten. Natürlich verdienten die Arbeiter mehr Geld pro Kopf, als sie mit ihren Feldern in den Provinzen erwirtschaften konnten. Aber die Menschen zahlten mit ihren seelischen Wunden, die ihnen das System zufügte, einen enorm hohen Preis.

Statistisch zählte jemand, der die absolute Armut verlassen hatte, zu den 400 Millionen Gewinnern. Ob er oder sie sich auch tatsächlich als Gewinner fühlten, ließ die monströse Zahl offen. Wir entschieden uns deshalb, sie mit größter Vorsicht unter die Leute zu bringen und das Wirtschaftswachstum Chinas entlang seiner Kehrseite einzuordnen. Denn welchen Sinn ergab ein Hyperwachstum, wenn die Zahl derer, die darunter zu leiden hatten, mindestens so groß war wie die Zahl derer, denen es vermeintlich besser ging. Es war so, als würde man einem Geisterfahrer zugutehalten, dass er immerhin schneller ans Ziel gekommen war, auch wenn er unterwegs zahlreiche Unfälle provoziert hatte. Die enormen zerstörerischen Kräfte von ungezügelten ökonomischen Urgewalten hinterließen solch großen Schäden in der Umwelt und der Gesellschaft, dass für die Berichterstattung über chinesische Wachstumszahlen mit euphorischen Lobhudeleien zwingend Zurückhaltung geboten war.

Der Kommunistischen Partei war es in all den Jahren ihrer wirtschaftlichen Reformen nie gelungen, ihrer Gesellschaft andere substanzielle Werte zu vermitteln als das Streben nach mehr Geld. Die Wurzel davon lag im Wesen der Diktatur verborgen. Autoritäre Systeme sind im Gegensatz zu Demokratien nicht in der Lage, sich im Fall von Fehlentwicklungen durch pluralistische Einflüsse selbst zu korrigieren. Vielfältige Meinungen sind nicht erwünscht. Korrekturen finden von oben nach unten statt und haben dabei im Wesentlichen eines im Auge: den Machterhalt des Regimes. Alles andere wird diesem Grundgedanken gnadenlos untergeordnet. Korrekturen gingen also allenfalls so weit, wie die Interessen der Elite nicht berührt wurden. Das hatte zur Folge, dass der Eigennutz zum zentralen Punkt aller Überlegungen wurde, weil die autoritären Machthaber keiner Kontrolle ausgesetzt waren. Die dabei entwickelte Mentalität übertrug sich folglich auf die Bevölkerung. Also taumelten die Menschen orientierungslos durch den Wertekosmos, auf der Suche nach etwas, das ihnen jenseits aller materiellen Dinge Halt gab. Aber wo sollten die Menschen suchen, wenn korrupte und ignorante Parteikader ihnen fast ausschließlich vorlebten, dass die Verfolgung von Eigeninteressen das höchste vermeintliche Gut war.

Wer glaubt, dass Chinesen keine Wertedebatten führen wollten, irrt sich. Wir haben Chinesen als äußerst meinungsstark und debattierfreudig kennengelernt. Anders als beispielsweise die Japaner, die bei der eigenen Meinungsäußerung befürchten, den Gegenüber mit einer peinlichen Konfrontation zu kränken. Nur besaßen und besitzen die Menschen in China schlichtweg keine Foren, um diese Debatten öffentlich auszutragen. Die Zensur von staatlichen und sozialen Medien oder auch den Kommentarspalten von Onlineportalen verhindert, dass vielfältige Meinungen und Positionen Einfluss auf das Bildungs- und Wertesystem nehmen können und damit auch auf die Erziehung von Kindern, die doch die Staatsbürger von morgen sind. Das autoritäre Regime fürchtet den Erfahrungsschatz seiner 1,3 Milliarden Menschen als eine Quelle für Unruhe und Umsturz und verzichtet bei ihrer Entscheidungsfindung deshalb lieber auf diese Einflüsse.

Die Partei wittert hinter jeder Nichtregierungsorganisation, hinter jeder Bürgerbewegung und in jedem privaten Verein eine Bedrohung für ihr Machtmonopol und schlägt entsprechend hart dazwischen, wenn zivile Debatten angestoßen werden. Ein Beispiel dafür war der Skandal um den Missbrauch von Kleinkindern in Kindergärten im Herbst 2017.[19] Der Aufschrei in der Bevölkerung war gewaltig, aber nur von kurzer Dauer. Denn ehe öffentlich darüber diskutiert werden konnte, stoppte die Zensur jede Form der Auseinandersetzung und weitere Empörung. Sie wollte verhindern, dass Vorwürfe aufkamen, die Partei habe ihre Pflicht nicht erfüllt. Denn wenn die KP schon alle Verantwortung an sich riss und keine Kompromisse zuließ, dann hatte sie zumindest dafür Sorge zu tragen, dass es allen Bürgern gut ging und deren Kinder sicher waren. Ehe es also möglich war, über Kindesmissbrauch im Land zu sprechen und damit vielleicht auch eine Debatte über sexuelle Aufklärung in Gang zu setzen, würgte der Apparat alle Aufschreie ab.

Auch der Ausbruch des neuen Coronavirus um die Jahreswende 2020 in Wuhan war ein Beispiel dafür, wie sehr die Regierung öffentliche Debatten fürchtet. Die Zensur war so streng, dass es nicht einmal Nachrichten von Privatpersonen zu vorbeugenden Maßnahmen gegen eine Infektion über die Firewall schafften. Zwangsläufig wäre in solchen Diskussionen wohl die Rolle der Partei auf den Prüfstand geraten. Welche Schuld trägt ihre Politik an dem Ausbruch? Ist das Gesundheitssystem nur für Wohlhabende ein echter Schutz gegen Erkrankungen? Sollten solche Fragen öffentlich gestellt werden, könnte die Wut frustrierter Bürger in Massenproteste münden, denen sich schnell auch all jene anschließen könnten, deren Häuser abgerissen, Trinkwasser und Äcker verseucht wurden und die vielleicht immer schon eine schlechte Meinung über ihren Staat hatten. Das Machtmonopol einer autoritären Partei wird während solcher Krisen zunehmend infrage gestellt, weil ihre Legitimation tiefe Risse erfährt.

Der Mangel an gesellschaftlichen Werten in China blieb nicht folgenlos. Er provozierte einen unmenschlichen Wettbewerb in der Gesellschaft, unter Schülern und Studenten, unter Arbeitnehmern und sogar unter Freunden, die als nahezu einziges Ziel im Leben einen Platz im Zug in Richtung Wohlstand verfolgten. Das setzte einen Prozess der Entwöhnung der Menschen untereinander in Gang, der sie dauerhaft prägte. Diese Fehlentwicklung werden kommende Generationen schmerzhaft ausbaden müssen, nämlich, wenn Solidarität gefragt sein wird. Auch China wird diesen Punkt volkswirtschaftlich bald schon erreichen, weil seine demographische Entwicklung zur Folge hat, dass immer weniger Arbeitskräfte immer mehr alte Menschen finanzieren müssen.

Als Journalisten hatten wir mehr Kehrseiten Chinas kennengelernt als viele andere Berufsgruppen. Darüber sprach ich einmal mit dem China-Chef eines deutschen Autobauers. Er gab zu, dass er vieles im Land weniger skeptisch betrachtete als ich, weil er es vor allem durch Zahlen, Statistiken und Prognosen beurteilte. Wir vermuteten, dass die immensen Verkaufszahlen und Aussichten auf noch mehr Umsätze in China ihn milde stimmten, und hielten seine Aussage für ein bemerkenswertes Eingeständnis, das wir uns von vielen anderen Köpfen aus der Wirtschaft gewünscht hätten. Leider war das selten der Fall.

Wir erlebten im Gegenteil viele Firmenvertreter in verantwortlichen Positionen, die von den Vorteilen eines autoritären Regierungssystems schwärmten. Sie mochten die Entschlossenheit, mit der die KP die Dinge umsetzte, die sie für richtig hielt. Häufig hörten wir, dass die politische Effizienz in einer Diktatur viel höher und dafür durchaus zu bewundern sei. Diese Annahme basierte allerdings auf einer Fehleinschätzung. Sicherlich gab es in China Entscheidungen, die politisch schnell umgesetzt wurden. Aber die dringend notwendigen Reformen, die das Land anpacken musste, um sein Wirtschaftsmodell nachhaltiger zu gestalten, also weg von staatlichen Investitionen auf Pump hin zu einer innovativen Wettbewerbsgesellschaft mit sozialem Gleichgewicht, wurden jahrelang, sogar jahrzehntelang verschleppt. Denn die vermeintliche politische Beweglichkeit der Diktatur war in Wahrheit so eingerostet im Stellungskrieg der mächtigen Interessengruppen des Landes, dass sich wirklich dringende Korrekturen lange verzögerten.

Die Idee von schnellen politischen Entscheidungsprozessen in einem autokratischen Regierungssystem gefiel besonders jenen, die von schleppenden Reformen und Gesetzesverabschiedungen in Demokratien genervt waren und dabei wohl ausreichend Gleichgültigkeit all jenen gegenüber empfanden, die nicht so selbstbestimmt leben konnten wie sie selbst. Dazu zählten viele Vertreter der Wirtschaft wie Manager oder Fachkräfte, die in China lebten oder nur ab und zu aus Europa herüberkamen. Alles Menschen, die wie selbstverständlich souverän gegenüber ihrem eigenen Staat handelten, die die Möglichkeiten besaßen, gegen ihre staatlichen Organe vor Gericht zu ziehen und dort sogar eine realistische Chance besaßen zu gewinnen.

Chinesen konnten von solch einem Handlungsspielraum nur träumen. Wir trafen viele Menschen, die aus verschiedensten Gründen in eine Konfrontation mit Staat oder Partei geraten waren und dabei unter schmerzhaften Bedingungen den Kürzeren gezogen hatten. Diese Leute waren wütend und verzweifelt nicht nur wegen des Unrechts, das sie empfanden. Sie waren wie gelähmt, weil ihnen gleichzeitig die Bürgerrechte verweigert wurden, um sich zumindest zu wehren. Sie bekamen keine Projektionsfläche, ihrem Ärger Luft zu machen, ohne dafür hart bestraft zu werden. Ihr Schrei nach Gerechtigkeit verstummte im Vakuum der Unfreiheit.

Wir fragten uns, was das mit den Menschen machte und welche Konsequenzen das langfristig für eine Gesellschaft hatte, für ihre Struktur und Stabilität. Wenn es ein paar Einzelfälle gewesen wären, die leidvolle Erfahrungen mit der Härte des Systems gemacht hätten, wären die Auswirkungen wohl überschaubar geblieben. Aber die Zahl war immens groß. Als noch alle arm waren in China, spielte das noch keine allzu große Rolle. Alle saßen im selben Boot. Jetzt aber ist ein Teil der Menschen sehr wohlhabend, was ein Gefühl von Unrecht potenziert.

Allein im Herbst 2017 kamen mehrere Hunderttausend Ernüchterte hinzu, als in Peking massenhaft Apartments und sonstige Behausungen zwangsgeräumt wurden.[20] Wer nicht als Bürger der Stadt registriert war und zu den einfachen Leuten zählte, die keine Lobby besaßen, wurde rücksichtslos und teilweise mit Gewalt aus den eigenen vier Wänden vertrieben. Menschen, die in Peking längst ihren Lebensmittelpunkt und ihre Existenz aufgebaut hatten, die den Umbau der Stadt zu einer modernen Metropole entscheidend vorangetrieben hatten, ihr den rauen Charme verpassten, der Peking so einzigartig machte. All die wurden in einer beispiellosen Vertreibungsaktion aus der Stadt verjagt.

Familien wurden binnen weniger Stunden auf die Straße gesetzt und sich selbst überlassen. Ihre Häuser wurden dem Erdboden gleichgemacht. Viele dieser Menschen hatten ihr Einkommen im Vergleich zu den Erträgen ihrer Feldarbeit in den Heimatdörfern verdoppelt, bisweilen verdrei- oder vervierfacht. Viele von ihnen zählten zu den 400 Millionen Gewinnern der chinesischen Statistik. Aber waren sie das nach ihrer Vertreibung immer noch?

Wenn es um die Modernisierung Chinas ging, gab es einen besonderen Aspekt, der uns stets beschäftigte: die hohe Zahl jener Chinesen, die die erstbeste Möglichkeit dazu nutzten, um ihrer Heimat für immer den Rücken zu kehren. Wer Geld besaß, begann in der Regel darüber nachzudenken, wo man sein Leben besser verbringen konnte. Mit unseren chinesischen Freunden sprachen wir gerne vom »chinesischen Traum« in Anlehnung an die Wortschöpfung von Staatspräsident Xi Jinping. Der hatte eigentlich damit gemeint, dass die chinesische Nation wieder eine bedeutende Weltmacht werden sollte. Wir dagegen scherzten, dass die Erfüllung dieses Traumes darin bestand, möglichst schnell viel Geld zu verdienen, um dann auswandern zu können und schließlich Staatsbürger eines anderen Landes zu werden.

Aber weshalb zog es so viele gutverdienende Chinesen ins Ausland? Das waren doch Menschen, die wegen ihrer wirtschaftlichen Situation zweifellos zu den Gewinnern der vergangenen drei Jahrzehnte zählten. Ausgerechnet die wollten weg. Fragte man sie nach ihren Beweggründen, ähnelten sich die Antworten: Umweltverschmutzung, vergiftete Nahrung, das Bildungssystem oder fehlende Rechtssicherheit bereiteten den Menschen die größten Sorgen. Offenbar genügte es ihnen nicht, viel Geld verdient zu haben. Was den Menschen jenseits der Existenzsicherung wichtig war, konnte ihnen die Partei zu Hause offenbar nicht bieten.

Dennoch gab es auch im Ausland Chinesen, die der Partei treu zur Seite standen. Das offenbarte sich im Sommer 2019. In Hongkong protestierten Hunderttausende gegen Pekings Vertragsbrüche, die alle demokratischen Rechte der Bürger der Stadt kontinuierlich aushöhlten, obwohl sie bei der Rückgabe Hongkongs von Großbritannien an China bis 2047 auf Papier zugesichert waren. In Neuseeland, Australien oder Kanada kam es zu teils handgreiflichen Auseinandersetzungen zwischen Befürwortern der Proteste und ihren chinesischen Gegnern. Die Chinesen, meist junge Leute, wollten die andere Seite mundtot machen. Sie waren aggressiv, rissen Plakate herunter und grölten aus vollem Hals die chinesische Nationalhymne. Die Bilder standen symptomatisch für den Umgang der KP mit jeder Form des Widerspruchs.

Doch die Lautstärke derer, die dort wüteten und die Proteste gegen die Herrschaft der Kommunistischen Partei in Hongkong als einen Angriff auf ihre Heimat missverstanden, konnte nicht darüber hinwegtäuschen, dass es keineswegs Massenproteste von Auslandschinesen waren, die dort glaubten, das Vaterland zu verteidigen. Es waren kleinere Gruppen, die hier und da gut organisiert auftauchten.

Unter den Ausländern in China fanden sich immer wieder Leute, die der Ansicht waren, wir könnten doch ein Land mit 5000 Jahre alter Geschichte, wie China es war, nicht einfach aburteilen, weil heutzutage hier und da ein paar Dinge falsch liefen. Das Argument hörten wir regelmäßig von Ausländern. Vermutlich hatten sie es von der Propagandaschmiede der Partei übernommen, die es in ihren Verteidigungswall gegen Kritik von Journalisten frühzeitig integriert hatte. Es setzte auf seine psychologische Wirkung, jedwede Kritik an China ins Verhältnis von fünf Jahrtausenden zu setzen und zu versuchen, es damit in die Bedeutungslosigkeit zu verbannen. Und tatsächlich hielten einige unserer Kritiker diesen Ansatz für plausibel und betonten mit solcher Inbrunst die Historie, dass sie darüber hinaus offenbar vergaßen, dass Vergangenes das Aktuelle allenfalls erklären konnte, es aber nicht rechtfertigen durfte.

Was sollte das konkret überhaupt bedeuten, dass man ein Land mit 5000-jähriger Geschichte nicht so leichtfertig kritisieren dürfte? Bedeutet es, dass man ein Land per se nicht hart anfassen durfte, weil es eine lange Geschichte der Zivilisation hinter sich hatte? Und ab wann durfte diese Regel ausgesetzt werden? Ab 3000 Jahren Geschichte? Ab 2000 Jahren? Und was war nach dieser Logik mit Griechen oder Irakern? Durften Journalisten kritisch über Griechenland berichten, als das Land beinahe die Eurozone in den Abgrund riss, wo es doch als Wiege der Demokratie gilt? Und durfte man ebenso wenig kritisch über die Zustande im heutigen Irak berichten, weil dort vor 5000 Jahren im Zweistromland zwischen Euphrat und Tigris die Schrift erfunden wurde? Wir haben jedenfalls im Zusammenhang mit der Berichterstattung über diese beiden Länder das Argument der langen Kulturgeschichte nie vernommen. Immer nur im Zusammenhang mit China.

Die *soft power* des Landes leistete offenbar gute und nachhaltige Arbeit. Denn jene, die der Diktatur die Absolution erteilten, waren oft ausgerechnet Leute, die selbst aus einer Demokratie stammten und die dunklen Schattenseiten autoritärer Staatsführung nur aus der Theorie heraus kannten, unter anderem weil sie unsere Berichte lasen oder sahen. Ich erinnere mich an ein Gespräch bei einer privaten Geburtstagsfeier in Peking. Die Gastgeberin stammte aus der Karibik und hatte einen Freund aus Costa Rica eingeladen, der im diplomatischen Dienst seines Landes arbeitete. Costa Rica galt für das gesamte Lateinamerika als Vorzeigeland, was Pressefreiheit und Demokratie anging. Aus voller Überzeugung sagte mir dieser Mann Mitte 30, dass er es für vernünftig hielte, dass 1,3 Milliarden Chinesen autoritär regiert würden. Man müsse sich nur das Chaos auf den Straßen anschauen, gab er zu bedenken, um sich vorzustellen, was in diesem Land geschähe, sollte die KP gestürzt werden und jeder könne machen, was er wollte. Mir fiel fast der Broccoli aus dem Mund vor Unglauben. So viel Zynismus hatte ich nicht von jemandem erwartet, der auf die Errungenschaften seiner Heimat in schwieriger geografischer Nachbarschaft sicherlich stolz war, aber ein Fünftel der Weltbevölkerung für eine Gefährdung für sich und andere hielt. Wenn diese Geisteshaltung unter Diplomaten demokratischer Staaten Schule macht, dann sind die Tage unserer liberalen Demokratien bald gezählt. Zumal die Autokratie langsam, aber sicher ihren schlechten Ruf in westlichen Ländern verlor und weiterhin verliert.

Im Jahr 2018 führte die Universität Leipzig eine Studie[21] zum Thema Autoritarismus in Deutschland durch. Ihr Resultat war schockierend. Demnach konnten sich sage und schreibe 40 Prozent der Befragten vorstellen, ein Regime zu unterstützen, das sie autoritär regiert. Es bestätigte in Teilen meine dunkelste These, die ich vor Jahren aufgestellt hatte. Ich war überzeugt, dass es in Deutschland möglich wäre, genügend Anhänger für die Etablierung einer Diktatur zu gewinnen, indem man jedem Haushalt kostenlos sämtliche Fußballübertragungen und wöchentlich eine Kiste Bier zusätzlich zu allen sozialen Leistungen garantierte. Wenn nicht einmal Diplomaten demokratischer Nationen mit aller Entschiedenheit gegen autoritäre Systeme stimmen, wer soll von Politikverdrossenen in Deutschland erwarten, dass sie gegen Fußball und gegen Bier stimmen. Brot und Spiele funktionierten damals wie heute.

Die Leichtfertigkeit, mit der offenbar viele Menschen in Deutschland die demokratische Freiheit aufzugeben bereit sind, erschüttert uns zutiefst. Es ist eine Sache, ob in einem afrikanischen Krisenstaat die Bevölkerung den Glauben an ihre möglicherweise noch junge Demokratie verliert, weil sie vielleicht an Hunger leidet, die Gewalt von Banden überhandnimmt, die von noch schwachen staatlichen Strukturen nicht verhindert werden kann. Aber in einem Land wie Deutschland, in dem man seine Meinung faktisch ungestraft aussprechen darf und in dem es trotz aller sozialen Probleme gelingt, den großen Teil der Bevölkerung ausreichend mit Lebensmitteln, Wohnungen und Fernsehgeräten zu versorgen, klingt die Sympathie für eine Diktatur wie menschenverachtender Zynismus. Denn es sind nicht nur die wirklich Benachteiligten in Deutschland, die das Vertrauen in das System verloren haben, sondern vier von zehn Staatsbürgern. Das bedeutet nichts anderes, als dass zu den Befürwortern viele Menschen zählen, die aus einer privilegierten Position heraus denken und als Gewinner des Systems gelten.

Uns dagegen lehrte die Zeit in China, welch unbezahlbarer Schatz die Bürgerrechte waren, die wir in Deutschland genießen. Wir würden auch dann nicht auf sie verzichten wollen, wenn wir niemals in einer Diktatur gelebt hätten. Aber die Zeit im Land und vor allem die Arbeit als Journalisten führte uns die Brutalität, Rücksichtslosigkeit und Undankbarkeit autoritärer Systeme sehr intensiv vor Augen. Und wir sind uns sicher, dass jene, die in Deutschland einer Diktatur nicht abgeneigt gegenüberstehen, keine Ahnung haben, was es wirklich bedeutet, autoritär regiert zu werden.

12

Hongkongs Widerstand

Wie Diktaturen ticken, zeigt sich im Fall der Volksrepublik China gleich anhand mehrerer aktueller Beispiele. Hongkong ist eines davon, das auf sehr markante Weise verdeutlicht, was Bürger eines autoritären Staates zu erwarten haben, wenn sie nicht mehr einverstanden sind mit der Art und Weise, wie sie regiert werden.

Hongkong offenbart alles, was Diktaturen so schlecht aussehen lässt in ihrem vorgetäuschten Versuch, dem Volkswillen zu dienen. Es offenbart Pekings Ignoranz gegenüber den Sorgen einer heranwachsenden Generation. Es deckt den Mangel an Empathie einer Politik auf, die kein Verständnis für die Bedürfnisse seiner Menschen entwickelt hat. Es zeigt die Ignoranz politischer Führungskräfte in Autokratien gegenüber den Forderungen und Wünschen derer, die sie zu vertreten behaupten. Es stellt die Kompromisslosigkeit und Gnadenlosigkeit zur Schau, mit der autokratische Systeme um ihren Selbsterhalt kämpfen. Das brachiale und hochgradig gewaltbereite Vorgehen der örtlichen Sicherheitskräfte gegen die Protestler war und ist ein beschämendes Zeugnis für das Totalversagen autokratischer Integrationspolitik.

Die Proteste des Jahres 2019 sind das Resultat einer langen Entwicklung. Junge Leute in Hongkong hatten schon seit einigen Jahren ein Gespür dafür entwickelt, wie sich das Leben in der Stadt unter der anhaltenden Herrschaft der Kommunistischen Partei ändern würde. Die Regenschirm-Proteste aus dem Jahr 2014 waren nur das erste massive Aufbegehren gegen Peking. Die Freiheitsbewegung entfesselte fünf Jahre später ihre gesamte Sprengkraft. Bis zu zwei Millionen Menschen sind im Juni 2019 auf die Straßen gegangen, um gegen ein Auslieferungsgesetz zu protestieren, dass die Überführung von Kriminellen aus Hongkong nach China vereinfachen sollte. Das Problem besteht vornehmlich darin, dass Peking bestimmt, wer in den Augen der chinesischen Regierung ein Krimineller ist. Es genügt bereits, in Hongkong Bücher zu verlegen, die dem Regime ein Dorn im Auge sind.

2015 waren fünf Verleger aus Hongkong willkürlich von den Chinesen inhaftiert worden. Entweder wurden sie während einer Reise in der Volksrepublik festgenommen oder aus ihrem Urlaub verschleppt, andere gleich aus Hongkong entführt. Alle Verleger gestanden wenig später im chinesischen Staatsfernsehen, dass sie Gesetze der Volksrepublik gebrochen hatten. Diese Praxis der öffentlichen Schuldbekenntnisse zählten zum klassischen Repertoire der kommunistischen Diktatur, wenn sie auch in der Vergangenheit nicht unbedingt im Fernsehen üblich waren. Dass sie auf Freiwilligkeit und Überzeugung der vermeintlichen Täter basierten, glaubte außerhalb der Volksrepublik wohl niemand.

Nicht einmal ausländische Staatsbürger waren vor chinesischer Willkür sicher. Der prominenteste Fall betraf den Schweden Gui Minhai, der in China geboren wurde. Er wurde von chinesischen Geheimagenten aus seinem Urlaub in Thailand nach China geschafft.[22] Er legte ein TV-Geständnis ab, ehe er 2017 wieder freigelassen wurde. Im Jahr darauf aber wurde Gui erneut festgenommen, als er sich in der Volksrepublik aufhielt. Im November 2019 wurde er in Schweden mit dem Tucholsky-Preis ausgezeichnet. Bei der Preisverleihung in Stockholm blieb sein Stuhl plakativ leer so wie einst der Stuhl von Liu Xiaobo, als der mit dem Friedensnobelpreis ausgezeichnet wurde. Im Februar 2020 erhielt Gui Minhai eine zehnjährige Haftstrafe.

Auch ohne Auslieferungsgesetz reichte der Arm der Diktatur also schon lange nach Hongkong hinein. Und er drang immer tiefer ein in ihren Intimbereich. Dort, wo 100 Jahre lang das Recht regiert hatte, wühlte sich der Eindringling mit brachialer Gewalt durch das Gewebe tief in Herz und Seele der Stadt. Die schrittweise Entdemokratisierung Hongkongs begann, kaum da die Übergabe der Briten an China Geschichte war.

Jahrelang hatten sich die Einwohner die Beschneidungen mehr oder minder reserviert gefallen lassen. Kleinere Demonstrationen, öffentliche Debatten und Kampfansagen gab es seit Beginn des neuen Jahrtausends schon. Aber eine nachhaltige Wirkung erreichte all das nicht. Den meisten Hongkongern fehlte damals wohl noch der Mut, für das zu kämpfen, was ihnen zustand: all das, was ihnen während der Zeit als britische Kolonie in die DNA eingepflanzt worden war, all die demokratischen Werte. Hongkongs Bürger schienen dagegen lange Zeit wie gelähmt im Angesicht ihrer totalen Entmündigung. Politische Rechte, die von heute auf morgen nicht mehr galten, machten im Alltag anfänglich ja auch gar keinen Unterschied. Die Menschen wurden Stück für Stück ›diktaturisiert‹, ohne dass sie es unmittelbar wahrnahmen. Viele hatten vielleicht auch die Hoffnung, dass alles schon nicht so schlimm werden würde. Hier ein bisschen weniger Bürgerrecht, dort ein bisschen weniger Bewegungsfreiheit: Das könnte doch wohl kaum die freiheitlich orientierte Überzeugung der Menschen der Stadt ausradieren.

Es bedurfte aber ganz junger Menschen, um diese Fehleinschätzung zu korrigieren, die Lähmung zu überwinden und die Stadt aus ihrer Narkose wachzurütteln. Junge Menschen, die Hongkong als Teil britischer Kolonialgeschichte allenfalls noch dadurch kennengelernt hatten, dass sie einen Kindergarten besuchten, in dem die Queen als Porträtfoto an der Wand hing. Andere führende Köpfe des späteren Widerstandes kannten nicht einmal mehr das. Ihnen lag bereits die chinesische Nationalhymne in den Ohren, als sie ihre ersten Abenteuer in der Vorschule erlebten. Mit den Regenschirm-Protesten 2014 wagte die Demokratiebewegung ihre ersten Schritte in die Offensive. Das Auslieferungsgesetz provozierte fünf Jahre später die Eskalation.

Es war der Tropfen, der das Fass zum Überlaufen brachte. Es sorgte dafür, dass die Protestler den Rückhalt in der Bevölkerung für ihren Aktivismus genossen, den sie 2014 auf dieser breiten Skala nicht erfuhren. Es hatte Klick in den Köpfen der Hongkonger gemacht. Jetzt verstanden auch die Alten, was auf dem Spiel stand, wenn auch nicht ihre eigene Zukunft, dafür umso mehr die ihrer Kinder. In diesen

Dimensionen, die die Proteste plötzlich erreichten, schaute endlich auch die Welt nach Hongkong und beschäftigte sich damit, wie Peking seine eigenen Zusagen mit Füßen trat. Ein großer Erfolg der Demonstranten war die Zustimmung des US-Senats zu einer Resolution zugunsten der Demokratiebewegung. Die Resolution sieht Sanktionen im Falle schwerer Menschenrechtsverletzungen in Hongkong und jährliche Berichte darüber vor, ob China seine demokratischen Zusagen an die Sonderverwaltungszone bis 2047 einhält.

Die chinesische Propaganda erzählt natürlich eine andere Geschichte als die der Aushöhlung der Demokratie. Die zunehmende Radikalisierung eines kleinen Teils der Demonstranten spielt Peking dabei in die Karten. Es gelang dem Regime, Teile der Diskussion auf die Frage zu lenken, ob die gewalttätige Eskalation der Protestler die Legitimität ihres Anliegens zerstörte. Offiziell sprachen die Chinesen von Aufruhr und Chaos, um das, was in Hongkong geschah, zu brandmarken. Diese Begriffe hatten eine Geschichte in China. Schon 1989 hatte die Partei die Ereignisse auf dem Platz des Himmlischen Friedens, als Hunderttausende wochenlang für Demokratie und Freiheit in unmittelbarer Nähe des chinesischen Regierungssitzes ausharrten, mit den Begriffen Aufruhr und Chaos belegt, ehe die Panzer rollten und das große Blutvergießen begann.

Pekings Taktik der Verunglimpfung geht auf. Nach innen sowieso, weil dort die breite Masse vornehmlich durch staatlich kontrollierte und zensierte Medien über die Vorgänge in der Stadt informiert wurde. Aber teilweise auch nach außen. Denn sie erlaubt vielen ausländischen Beobachtern, sich an einer Verurteilung der massiven Polizeigewalt vorbeizumogeln. Es öffnet vielen, deren Wort Gewicht gehabt hätte und die nicht im US-Senat sitzen, die Möglichkeit zum rechtswidrigen Vorgehen der Hongkonger Polizeikräfte zu schweigen. China, der zweitgrößten Volkswirtschaft, Vorwürfe zu machen, fiel und fällt manchen ausländischen Regierungen und vielen Wirtschaftsbossen extrem schwer. Es mangelt ihnen an Mut, ebenso klare Absagen an das chinesische Vorgehen zu erteilen, wie sie strategisch unwichtigere Partner dagegen ständig über sich ergehen lassen mussten, wenn diese die hohen Standards nicht erfüllten, die von den liberalen Gesellschaften der Welt als Maß aller Dinge ausgegeben wurden. Viele ausländische Regierungen, Firmen oder Organisationen nahmen die Hilfestellung aus Peking dankend an.

Dabei war Hongkong immer noch ein Rechtsstaat, in dem die Polizei mögliche Gewalttaten von Protestlern nicht nach Lust und Laune mit Gegengewalt beantworten durfte. Verdächtige hätten mit dem nötigen Maß an körperlicher Kontrolle festgenommen, einem Haftrichter vorgeführt und im Falle ausreichender Beweise verurteilt werden können. Was in Hongkong passierte, hatte mit diesem Verfahren rein gar nichts mehr zu tun. Die Polizei ging mit einer solchen Brutalität gegen jeden vor, der auch nur im Verdacht stand, mit den Protesten zu sympathisieren, dass sie schwere Verletzungen von Zielpersonen billigend in Kauf nahm. Allein die Anwesenheit an einem bestimmten Ort zu einer bestimmten Zeit galt als Beweis dafür, dass man eine schwere Straftat begangen und deswegen auch bestraft werden durfte.

Man stelle sich vor, beim G20-Gipfel in Hamburg im Jahr 2017 hätte die deutsche Polizei auch nur annähernd in diesem Maße ihre Kompetenz überschritten. Es gab zwar auch dort Fälle von widerrechtlicher Polizeigewalt, aber das waren vereinzelte Momente, keine flächendeckende Prügelorgie. Und man stelle sich vor, die deutsche Justiz hätte jeden schwarz gekleideten unter Dreißigjährigen per se für schuldig befunden. Ein riesiger Aufschrei wäre durch Deutschland gegangen. Der Rechtsstaat kann zwar mühsam, anstrengend, ungerecht und lahm sein. Aber er verhindert eben auch, dass Unschuldige harte Strafen kassieren und dass die Polizei machen kann, was sie will, selbst wenn Randalierer Molotow-Cocktails auf sie schmeißen. Da ist es wohl wert, nervige Begleiterscheinungen des Rechtsstaats in Kauf zu nehmen.

Es galt bald als offenes Geheimnis, dass die Eskalation jenseits der Grenze zur Volksrepublik provoziert wurde. Die Hongkonger Polizei sollte durch Soldaten und paramilitärische Einheiten vom Festland unterwandert worden sein. Diese Beamten griffen zu anderen Mitteln, als jene, die man aus rechtsstaatlichen politischen Systemen gewohnt war. Die permanente Missachtung von Bürgerrechten und die offenkundige Wut, mit der vermeintliche Delinquenten körperlich gezüchtigt wurden, trugen nicht die Handschrift der *Hong Kong Police Forces* (*HKPF*). Eher von Sicherheitskräften, die es gewohnt waren, eine strafrechtliche Verfolgung ihrer Maßlosigkeit nicht fürchten zu müssen.

Die Gerüchte basierten auf Aussagen von glänzend vernetzten Kennern der Stadt. Der Politologe Jean-Pierre Cabestan von der Hongkong Baptist University, der seit vielen Jahren in Hongkong lebte und lehrte, wurde in einem Interview vom *Jamestown China Brief*, einem akademischen

Forum zur Analyse der strategischen Absichten der Volksrepublik China, als Quelle herangezogen. Der Autor des Textes war William Lam, seines Zeichens ebenfalls geschätzter Fachmann in Sachen Hongkonger Innenpolitik. Lam betonte in seinem Text noch einmal, dass Cabestan eine vertrauenswürdige Persönlichkeit sei, der die Behauptung nicht aufgestellt hätte, wenn ihn selbst Zweifel über ihre Glaubwürdigkeit gequält hätten.[23] Die Beamten, die laut Cabestan zur Unterstützung der Polizeikräfte eingeschleust worden waren, sprachen Kantonesisch wie die Einheimischen, um nicht als Soldaten von jenseits der Grenze identifiziert werden zu können. Hongkongs Regierungschefin Carrie Lam hatte spätestens an diesem Punkt ihre Autorität über die Einsatzkräfte in der Stadt verloren. Die eigentlichen Befehle, die für die chinesischen Sicherheitskräfte Relevanz besaßen, waren aus Peking gekommen, sagte Cabestan.

Ganz offiziell waren schon seit 1997 6000 Soldaten der Volksbefreiungsarmee in Hongkong stationiert. Allerdings wurden sie nicht zur Niederschlagung des Aufruhrs eingesetzt. Peking fürchtet einen massiven Imageschaden, sollten diese stationierten Einheiten gegen die Protestbewegung vorgehen. Unweigerlich würden weltweit Erinnerungen an das Massaker auf dem Platz des Himmlischen Friedens aufkommen. Stattdessen traten chinesische Staatsmedien breit, dass die Soldaten geholfen hätten, blockierte Straßen wieder freizuräumen. Fast so etwas wie ein humanitärer Einsatz.

Lange war die *HKPF* in der Stadt sehr beliebt, weil die Beamten den Bürgern stets respektvoll gegenübertraten. In den 1970er Jahren hatte es innerhalb der Polizeikräfte eine Aufräumaktion gegen die Korruption im Apparat gegeben, die lange nachhallte. Es gab jahrzehntelang wohl keine andere Region in Asien, in der die lokale Polizei so viel Ansehen genoss wie in Hongkong. Doch das Blatt wendete sich. Viele Bürger der Stadt hatten im Herbst 2019 für die Beamten nur noch pure Verachtung übrig.

Der deutsche Politologe und Buchautor Andreas Fulda, der an der Universität von Nottingham arbeitete und sich intensiv mit China beschäftigte, schrieb mir dazu: »Hongkongs Polizei ist seit der Niederschlagung der Regenschirm-Revolution im Jahr 2014 ein Instrument der politischen Unterdrückung geworden. Seit Anfang September 2019 übernimmt sie die gleiche Funktion wie die *People's Armed Police* in Festlandchina.«[24] Die *People's Armed Police* wurde von der Kommunistischen Partei zur Niederschlagung von Demonstrationen in der Volksrepublik eingesetzt.

Die Unterwanderung der Polizeikräfte war aber offenbar nicht das einzige Mittel, das Peking einsetzte. Zivile Schlägertrupps zogen durch die Stadt und prügelten mit Eisenstangen, Knüppeln oder blanken Fäusten auf Protestierende ein. Dass sich diese Männer auf Pekings Geheiß durch Hongkong bewegten, hielten Beobachter für sehr wahrscheinlich. Die Demonstranten behaupten zudem, dass gewalttätige Provokationen gegen Unbeteiligte oder auch Vandalismus gezielt von Pro-Peking-Gruppen ausgingen, um die Demonstranten in ein schlechtes Licht zu rücken, ihre Reputation zu beschädigen und damit den Rückhalt in der Bevölkerung zu schwächen.

Doch statt über die völlige Unverhältnismäßigkeit des Polizeieinsatzes in Hongkong zu diskutieren, mussten sich die jungen Leute international immer wieder für das Ausmaß an Gewalt rechtfertigen, das sie selbst einsetzten. Man hatte sie wochenlang durch die prügelnden Banden der KP-Befürworter und durch die immer brutalere Behandlung durch die Polizei eingeschüchtert. In welchem Ungleichgewicht die Auseinandersetzungen stattfanden, zeigte sich Mitte November 2019, als der Campus der Poly University für mehrere Nächte zum Symbol des verzweifelten Widerstandes wurde. Nicht nur, dass die Studenten, die sich dort verbarrikadiert hatten, sich mit selbst gebauten Katapulten sowie Pfeil und Bogen gegen die schwerbewaffneten Polizeikräfte verteidigten. Gegen Ende der Belagerung stellte sich heraus, dass sich unter den etwa 300 Verschanzten rund 200 Minderjährige befanden. Sie alle durften nach der Intervention einiger Uni-Professoren das Gelände verlassen. Die übrigen etwa 100 Studenten, die mindestens 18 Jahre alt waren, wurden verhaftet.[25]

Die Intensität des Kampfes um die Poly University war auch ein Zeichen dafür, dass die Proteste in Peking mit großer Sorge verfolgt wurden. Trotz aller Informationskontrolle konnte ein autoritäres Regime niemals ausschließen, dass sich Proteste ausbreiteten. Die Demokratiebewegung von 1989 hatte einst in Peking begonnen, ihre Demonstrationen aber verbreiteten sich bis zum tragischen 4. Juni in anderen großen Städten im ganzen Land.

Außerdem war Hongkong ein wirtschaftlich sensibler Punkt. Die Taktik der Demonstranten zielte darauf ab, das öffentliche Leben mit Barrikaden und Vandalismus zum Stillstand zu bringen. Am wirtschaftlichen Nerv schmerzte es die Stadt am meisten. Und dieser Schmerz reichte bis nach Peking. Die Volksrepublik stand zeitgleich durch sinkendes Wirtschaftswachstum unter Druck und benötigte Hongkong als Drehscheibe für die Kapitalbeschaffung chinesischer Firmen. Ein funktionierendes Hongkong war für die ökonomischen Interessen Chinas von zentraler Bedeutung.

Die radikalen Demonstranten mussten sich immer den Vorwurf gefallen lassen, dass sie mit ihrer Gewalt und Zerstörungswut allen anderen Bürgern und sich selbst am meisten schaden würden. Dieser Verweis war aber nichts anderes als ein erhobener Zeigefinger, der signalisieren sollte, dass man sich ökonomischen Interessen besser unterordnen sollte, egal, zu welchem Preis. Geld statt Wahlrecht lautete der Deal.

Das Argument war sowieso widersprüchlich, weil als weitere Ursache für die Ausbreitung der Proteste die wachsende soziale Ungleichheit verantwortlich gemacht wurde. Im Klartext hieß das, die Protestler sollten damit aufhören, den wachsenden Wohlstand eines Teils der Gesellschaft zu gefährden, obwohl sie dieser Gesellschaft nicht angehörten. Wer wollte ernsthaft glauben, dass solche Appelle auf fruchtbaren Boden fielen: »Mehr Geld für andere, weniger Freiheit für euch.«

Wenn es noch eines Beweises bedarf, mit welchen brachialen Methoden Diktaturen arbeiten, der kann auch in Xinjiang im Nordwesten Chinas Anschauungsunterricht nehmen. Dort waren 2019 möglicherweise bis zu 1,5 Millionen Uiguren in Erziehungslagern untergebracht.[26] Das Turkvolk hatte ethnisch und kulturell mit den Han-Chinesen nichts gemein. Das befeuerte die Ängste in Peking vor separatistischen Strömungen. Die Region ist strategisch ungemein wichtig für China. Sie bildet das Tor des Landes zu Zentralasien.

Tatsächlich gab es 2009 schwere Unruhen zwischen Uiguren und Han-Chinesen mit Dutzenden Toten. In den Jahren danach kam es immer wieder zu Attentaten durch uigurische Terroristen. Sie bombten Polizeiwachen in die Luft oder töteten zahlreiche Menschen bei Messerangriffen. Die Reaktion aus Peking war simpel. Die Regierung stellte schlicht und ergreifend jeden Uiguren unter Generalverdacht und führte die Sippenhaft wieder ein. Ganze Familien wurden zum Teil jahrelang in der Hoffnung einkaserniert, sie auf Parteilinie zu bringen.

Ein interner Leitfaden für örtliche Beamte, der damals der *New York Times* zugespielt wurde, gab einen Einblick, wie der Staat seine illegale Festsetzung von Hunderttausenden von Menschen den zurückgebliebenen Familienmitgliedern gegenüber rechtfertigte.[27] Es war eine Aneinanderreihung von fadenscheinigen Argumenten, um all jene ruhigzustellen, die selbst noch nicht kaserniert waren und sich Sorgen um ihre Verwandten machten. Der subtile Zwang, den Diktaturen ihren Bürgern auferlegen, wurde besonders an einer Stelle deutlich, an der die Beamten angewiesen wurden, den Familienmitgliedern die Notwendigkeit ihrer Kooperation zu vermitteln. »Nur dann kannst du Punkte sammeln für deine Familienmitglieder«[28], lautete die vorfabrizierte Mahnung. Es war nichts anderes als eine subtile Drohung.

Wer außerhalb der Camps, die von den Chinesen als Schul- und Ausbildungszentren bezeichnet wurden, nicht konform ging, tat also dem Teil seiner Sippe in den Camps nichts Gutes. Eine solche Praxis hat mit Rechtsstaatlichkeit nichts zu tun. Dennoch wollen die Chinesen dem Rest der Welt glauben machen, dass die Vorgänge in Xinjiang im Einklang mit chinesischen Gesetzen stehen. Dabei war es schon höchst fraglich, nach welchen Kriterien die Leute überhaupt ausgesucht wurden, die dann »ausgebildet« werden sollten. Es genügte bereits loser Kontakt zu Leuten, die im Verdacht standen, nicht vollends hinter der Staatsführung zu stehen.

Kurz nachdem die sogenannten China-Leaks die Praktiken in Xinjiang offenbarten, verschickte die chinesische Botschaft in Berlin neuerliche Aufforderungen an deutsche Unternehmen, sie mögen sich am Aufbau eines chinafreundlichen Nachrichtenportals finanziell beteiligen. »Angesichts der einseitigen Medienberichterstattung hier in Deutschland über China« werde die »Vermittlung eines allseitigen, besseren China-Bildes nun immer aktueller und dringender«.[29] Angesichts des sensiblen Zeitpunktes des Schreibens ist der Vorwurf einer einseitigen Medienberichterstattung an Dreistigkeit kaum zu überbieten. China sperrte ungerechtfertigt Hunderttausende Menschen ein und appellierte an die deutsche Wirtschaft, sich mit Pekinger Schönrederei seiner Rechtsbrüche gemein zu machen. Argumente, die China dazu nutzte, waren meist klare Hinweise auf die Bedeutung des chinesischen Marktes für die deutschen Firmen.

Das China unter Mao Zedong zählt in der Politikwissenschaft zu den klassischen Beispielen für ein totalitäres System. Auch Hitlers Nazi-Deutschland gehört dazu. Seit dem Tod Maos wurde aus einem totalitären China ein autokratisches, immer noch autoritär und sehr brutal, wenn nötig, aber nicht so rigoros beim Eindringen in die Privatsphäre der Leute, in ihre Gefühls- und Gedankenwelt. Unter Xi

Jinping entwickelt sich China indes wieder stärker in eine totalitäre Richtung. In der Direktive an Beamte aus Xinjiang beispielsweise lautet ein anderer Satz, der für die Nachfragen von Verwandten vorbereitet wurde: »Familienmitglieder, du inklusive, müssen die Gesetze und Regeln des Staates befolgen und dürfen keine Gerüchte streuen oder an sie glauben.«[30] Im Klartext heißt das: Ihr habt nur an das zu glauben, was Staat und Partei als Wahrheiten verbreiten. Darin enthalten ist die latente Drohung, dass Fehlverhalten bestraft wird. Und was Fehlverhalten ist, bestimmt immer die Partei.

Ein tieferer Eingriff in das eigene Denken war nicht vorstellbar. Solche Direktiven klingen zwar irgendwie absurd, aber sie hinterlassen ihre Spuren. Sie sorgen dafür, dass die Leute nicht mehr uneingeschränkt wagen, sich über gewisse Dinge miteinander auszutauschen. Anfänglich in größeren Runden mit Bekannten oder beim Schwatz mit dem Marktverkäufer, später im Freundeskreis und am Ende nicht einmal mehr mit der eigenen Familie. Nordkorea ist ein gutes Beispiel dafür, dass das Schüren von Angst genau diese Effekte erzielt. Irgendwann leben alle in einer Parallelwelt miteinander, von der anfänglich jeder wusste, dass sie die Realität nicht widerspiegelte. Doch wenn alle immer und immer wieder so tun, als ob, dann wird die Parallelwelt irgendwann zur formalen Realität wie in dem Märchen »Des Kaisers neue Kleider«. Das Ganze reproduziert sich dann über neue Generationen, die eine Öffentlichkeit jenseits dieser Parallelwelt nie kennengelernt haben.

Chinas Entwicklung in eine totalitäre Richtung dynamisierte sich weiter, nachdem die Regierung ihr Sozialpunktesystem eingeführt hatte. Flächendeckend soll dies erst 2020 geschehen, aber bereits einige Jahre zuvor unternahm der Staat Pilotprojekte und implementierte einzelne Komponenten. Die Staatsführung erklärte das System niemals zu einem Kontrollmechanismus, sondern immer als Mittel zum Zweck, eine harmonische Gesellschaft aufzubauen, die auf gegenseitigem Vertrauen und Verantwortung des Einzelnen basiert. Doch selbstverständlich gelten auch für dieses System ausschließlich die Maßstäbe, die von der Kommunistischen Partei angelegt werden. Diese Maßstäbe wiederum stehen unter einem einzigen Leitmotiv: Machterhalt. Als Instrumente zum Aufbau einer wahrhaftig harmonischen Gesellschaft, in der unterschiedliche Interessen ausgeglichen und Kompromisse geschlossen werden müssen, waren und sind diese Projekte indes völlig wertlos.

Das Punktesystem sah nichts anderes vor, als menschliches Verhalten auf privater Ebene und im öffentlichen Raum in gut und schlecht zu kategorisieren und zu bewerten. Totalitär war das insofern, als dass auch private Handlungen in die Wertung einflossen. Um als guter Bürger zu gelten, war es also nicht mehr damit getan, ein guter Angestellter oder Parteimitglied zu sein oder sich abends an Reinigungsaktionen des Wohnblocks zu beteiligen, die vom örtlichen Nachbarschaftskomitee veranstaltet wurden. Stattdessen waren die Menschen gezwungen, über ihre Gewohnheiten im Internet nachzudenken oder darauf zu achten, sich im öffentlichen Raum regelkonform zu verhalten. Denn Minuspunkte konnte bereits sammeln, wer sich in der Kommentarspalte eines Onlinetextes über die wachsende soziale Kluft im Land, die horrenden Immobilienpreise oder die unausgeglichenen Bildungschancen im Land beschwerte, wer auf Pornoseiten surfte oder im Internet beim Poker um Geld spielte. Die Digitalisierung des Alltags in China schaffte immer mehr Transparenz über den Einzelnen. Negativ konnte sich auch auswirken, wenn man achtlos Abfall auf die Straße warf, mit dem Auto falsch parkte oder seinen Hund auf einer Wiese sein Geschäft erledigen ließ.

Die Konsequenzen waren drastisch. Mit sinkender Punktzahl verringerten sich die Chancen auf bessere Berufsaussichten oder Sonderangebote beim Einkaufen oder die Chance, einen Kredit von einer Bank zu erhalten. Jene Individuen, die die Partei als Störenfriede oder Gefahr für die vermeintliche Harmonie einordnete, durften nicht einmal mehr in ein Flugzeug steigen oder mit dem Zug reisen. Betroffen von diesen Konsequenzen waren bereits Millionen von Chinesen, ehe das System überhaupt landesweit implementiert worden war.[31]

13

Unbezahlbar

Demokratie und unabhängige Richter waren für Pia und mich immer Selbstverständlichkeiten. Wir wurden geboren, als die Hitler-Diktatur in Deutschland schon seit Jahrzehnten Geschichte war. Unsere Eltern waren demokratisch aufgewachsen und erzogen worden. Demokratie an jeder Ecke, auch im Fernsehprogramm. Ein Werbespot lehrte uns: Wenn der Kirschbaum des Nachbarn auf das eigene Grundstück reichte, gehörten die reifen Früchte uns. Im Namen des Volkes. Die Rechtsstaatlichkeit genossen wir in dem Bewusstsein, dass »unser Anwalt« die Dinge schon zu unseren Gunsten beeinflussen würde. Landtags- und Bundestagswahlen verdrängten seit frühester Jugend gefühlt einmal im Monat die sonntäglichen Sportsendungen der öffentlich-rechtlichen Sendeanstalten. Man konnte sich als Kind schnell langweilen bei den ganzen Prognosen, Gewinnen und Verlusten. Aber es war kein Grund, die Demokratie zu verteufeln.

Als wir dann 18 wurden, hieß es das erste Mal: »Was wählst du so?« Darüber sprach bei Weitem nicht jeder. Denn unsere Wahlen sind nicht nur frei, sie sind auch geheim. Das hatte niemanden etwas anzugehen, lehrte man uns, allenfalls jene, die mit ihren Umfragen vor den Wahllokalen die langweiligen Prognosen ermöglichten. Aber diese Leute kannte man sowieso nicht. Wir trugen das Geheime unserer Wahlen wie ein Privileg vor uns her. Die Geheimniskrämerei hatte auch den Sinn, seine eigene Souveränität zur Schau zu tragen, vor den Mitbürgern, vor dem Staat. Es war die Wiederauferstehung des Selbstwertgefühls vieler Deutsche nach der nationalsozialistischen Diktatur.

Pia und ich waren nach unserer Zeit in China mehr denn je der Meinung, dass freie Wahlen und freie Richter unbezahlbar waren. Wir hatten zwar immer so eine Ahnung, dass es genau so sein müsste. Aber diese These wurde während unserer Jugend in Deutschland nie herausgefordert. Sie bekam deshalb auch nie die Chance, sich beweisen zu müssen. Demokratie schien gottgegeben. Das macht sie heute auch so anfällig, weil es zu viele Leute gibt, die nicht begreifen, welch kostbarer Schatz diese Regierungsform ist, allen Macken und Problemen zum Trotz. Sie haben nie die andere Seite kennengelernt.

In China lebten wir erstmals in einem Land, in dem nicht gewählt wurde und in dem die Richter Handlanger der Regierenden waren. Wie oft wurde uns dort vor Augen geführt, welches riesige Glück wir hatten, in einem Staat groß geworden zu sein, der seinen Bürgern weitgehend persönliche Freiheiten und Bürgerrechte einräumte. Wie zynisch klangen in unseren Ohren manche Kommentare unter China-Texten im Internet, die behaupteten, in Deutschland sei es auch nicht besser, wenn es um die Menschenrechtslage im Land ging. Das machte uns manchmal richtig wütend. In unseren Augen war dies eine leichtsinnige Aussage.

Was es wirklich bedeutet, wenn der Staat und seine Organe machen, was sie wollen, ohne dafür von unabhängigen Instanzen zur Rechenschaft gezogen zu werden, begriffen wir erst in China. Wir hielten den Kommentatoren im Internet deswegen zugute, dass sie selbst vermutlich nie in ihrem Leben mit einem autoritären Staat in Konflikt geraten waren. Ansonsten hätten sie vermutlich anders geurteilt.

In China bedurfte es nicht zwangsläufig einer ideologisch motivierten Ablehnung des Staates, um in seine Mühlen zu geraten. Eines Tages saßen zwölf Männer und Frauen in unserem Büro in unserem Pekinger Hofhaus. Sie stammten aus verschiedenen Teilen des Landes. Manche waren einfache Leute aus Dörfern im Hinterland, andere bürgerliche Stadtbewohner aus Millionenmetropolen. Was diese Menschen vereinte, waren ihre kranken Kinder. Sie alle litten entweder an Nierensteinen oder Nierenversagen. Schuld daran war das Milchpulver, das die Kinder zum Teil jahrelang im Fläschchen von ihren arglosen Eltern serviert bekommen hatten. Das Pulver war von chinesischen Herstellern ganz bewusst mit Melamin gestreckt worden, um die Umsätze zu steigern. Die billige chemische Substanz verdünnte das Pulver, steigerte gleichzeitig aber seinen Proteingehalt. Das war eine Goldgrube für die Unternehmen. Ihre Produktionskosten sanken, die Gewinnmargen aber stiegen. Im Zentrum des Skandals stand der traditionsreiche staatliche Hersteller *Sanlu*.

Für manche Kinder bedeutete der Konsum des Pulvers den Tod, weil ihre Körper die großen Mengen Melamin nicht abbauen konnte. Offiziell starben landesweit sechs Mädchen und Jungen an Nierenversagen, 300.000 andere erkrankten.[32] Die Bekanntmachung des Skandals war von der Regierung bis nach dem Ende der Olympischen Spiele verschoben worden. Sie wollte verhindern, dass der Glanz des Sportfests getrübt wurde. Sie nahm billigend in Kauf, dass Eltern ihre Kinder monatelang weiter mit dem Pulver fütterten.

Pia und ich zweifelten an den Zahlen zu den Opfern. Nicht nur weil Statistiken in China ohnehin immer mit einer großen Portion Skepsis begegnet werden musste. Darüber hinaus sammelten wir Indizien dafür, dass die Zahl der Opfer manipuliert worden war.

Dazu hatten wir eines Tages in der Provinz Hubei eine Frau besucht. Ihre Tochter war wenige Wochen zuvor im Alter von elf Monaten verstorben. Als die Olympischen Spiele in vollem Gange waren, musste das Mädchen wegen akuten Nierenversagens notoperiert werden. Wenige Monate später verlor es den Kampf und verstarb. Von Geburt an war das Baby mit Milchpulver der Marke *Sanlu* gefüttert worden. Seine Mutter öffnete ihren Vorratsschrank für uns und zeigte uns drei volle Pakete, die sie nach dem Tod des Kindes noch aufbewahrt hatte. Die örtlichen Gesundheitsbehörden lehnten es jedoch ab, den Tod des Mädchens als Folge des Milchpulverkonsums anzuerkennen. Stattdessen wurde der Vater von den Beamten aufgefordert, eine Selbstkritik zu verfassen. Darin musste er sich schriftlich von der Behauptung distanzieren, der Verzehr des Milchpulvers sei für den Tod seiner Tochter verantwortlich. Die genaue Todesursache wurde vom Krankenhaus in der Provinzhauptstadt Wuhan verschwiegen. Die Klinik behauptete, der Tod könnte nicht auf das Nierenleiden des Kindes zurückgeführt werden, verzichtete aber darauf, eine andere Todesursache zu nennen. Die Eltern des Kindes verlangten eine Autopsie, die Behörden verboten sie. Die Vermutung lag nah, dass dies nicht der einzige Fall im Land war, in dem eine mögliche Verbindung vom Tod eines Kindes zum Milchpulver von *Sanlu* seitens der Behörden dementiert wurde. Wie oft das anderswo vorgekommen war, blieb Spekulation. Das Desinteresse an einer lückenlosen Aufklärung aber trug den Stempel staatlicher Verschleierung.

Jetzt saß eine Gruppe von Eltern entgegen aller Vernunft genau dort vor uns, wo wir wohnten und arbeiteten. Wir hatten befürchtet, in einem Restaurant oder einem anderen öffentlichen Ort zu viel Aufsehen zu erregen. Deswegen luden wir sie kurzerhand zu uns nach Hause ein. Wir hatten ihnen gesagt, dass es sein könnte, dass wir abgehört würden. Doch das kümmerte sie nicht. Diese Mütter und Väter sorgten sich um ihre Kinder und wollten in die Öffentlichkeit. Sie drängten auf Aufklärung und finanzielle Unterstützung für nötige Behandlungen. Der Zustand von zwei Kindern, deren Eltern mit uns sprachen, war kritisch. Sie waren bereits operiert worden, aber ihre Eltern hatten kein Geld mehr für weitere Eingriffe, die möglicherweise nötig wurden. Tausende Euro hatten sie sich bereits geliehen.

Der Kopf der Gruppe hieß Zhao Lianhai, ein eloquenter Mann aus Peking, damals Mitte 30, mit einem Bürstenhaarschnitt und Brille. Zhao war den Behörden schon eine Weile bekannt.[33] Er hatte über das Internet den Fall seines eigenen Sohnes beschrieben und andere Eltern dazu aufgerufen, ihre

Proteste gegen die Intransparenz der Regierung zu bündeln. Seine Internetseite wurde zu einem Forum, in dem Opfer von ihren Erfahrungen berichteten und sich gegenseitig berieten. Es war ein Baustein, der zum Aufbau einer Zivilgesellschaft in China beigetragen hätte. Doch stattdessen geriet Zhao ins Blickfeld der inneren Sicherheit. Die Seite wurde gesperrt.

Wir hatten ihn zum ersten Mal in seiner Pekinger Vorstadtwohnung getroffen, kurz nachdem er seine Initiative ins Leben gerufen hatte. Er mahnte uns damals zur Vorsicht. Er meinte, es könnte sein, dass die Polizei sich im Wohnblock aufhielte, um seine Aktivitäten zu beobachten. Wir kamen abends im Dunkeln und schlichen uns unbemerkt zur Haustür. Ausgiebig erklärte er, weshalb die Regierung die volle Verantwortung für den Milchpulverskandal auf sich nehmen müsste, wenn sie nur den Hauch eines Gewissens gegenüber ihrem Volk hätte.

Zhao saß im Schlafzimmer, das sich die Eltern mit dem Sohn teilten. Neben dem Bett stand ein Schreibtisch mit einem Computer darauf. Zhao rauchte eine Zigarette nach der anderen. Die Szenerie wirkte etwas skurril. Der Mann legte sich aus Sorge um die Gesundheit seines und anderer Kinder im Land mit der eigenen Regierung an und qualmte währenddessen die eigenen vier Wände voll, in denen der Junge tagein, tagaus übernachtete. Doch wir vermuteten, dass Zhao von den Gefahren des Passivrauchens keine Ahnung hatte. Chinas Aufklärung in Sachen Gefahren durch Nikotinkonsum steckte noch in den Kinderschuhen. Irgendwann zündete er sich auch in unserem Büro wie selbstverständlich eine Zigarette an. Weil wir aber nicht wollten, dass bei uns geraucht wurde, Zhao aber ebenso wenig in eine unangenehme Situation bringen wollten, erfanden wir schnell eine Zigarettenrauchallergie, die Pia angeblich quälte. Wir baten, dass alle Anwesenden zum Rauchen vor die Tür gingen. Ohne zu zögern, drückte Zhao seine Zigarette aus.

Dieser Mann war zum Sprachrohr von Tausenden Menschen geworden, die nicht wussten, wie sie sich Gehör verschaffen sollten. Die Sorge um den Nachwuchs paarte sich mit dem Frust und der Wut der Menschen auf ihre Regierung. Ihr Eindruck war, dass Peking die Einzelschicksale völlig egal waren. Es ginge der Partei nur darum, den öffentlichen Aufschrei nach dem Skandal zu unterdrücken, um jeden Zweifel an ihren Führungsqualitäten im Keim zu ersticken. Zwar hatte es ein paar Verhaftungen und Verurteilungen gegeben, aber Gerechtigkeit und Hilfestellungen, wie sie sich die Eltern erkrankter Kinder wünschten, gab es nicht. Die Regierung wusch ihre Hände in Unschuld, obwohl eines ihrer eigenen Unternehmen hauptverantwortlich für die Tragödie war. Das Kabinett kündigte nach den Olympischen Spielen an, dass alle betroffenen Kinder auf Staatskosten behandelt würden. Wir telefonierten mit mehreren Krankenhäusern im ganzen Land und fragten nach. Die Antwort lautete immer wieder Nein. Die Eltern müssten die Behandlungen bezahlen.

Wenige Wochen nach unserem Treffen in unserem Hofhaus wurde Zhao vorläufig von der Polizei festgenommen. Mit ihm inhaftierte man drei weitere Elternteile der Gruppe, die Zhao bei sich zu Hause untergebracht hatte, um ihnen weitere finanzielle Aufwendungen zu ersparen. Die Behörden hatten versucht, Zhao mundtot zu machen, als der bei einer von ihm initiierten Pressekonferenz die Höhe der Entschädigungssummen kommentieren wollte, die seitens der Regierung einmalig an die betroffenen Familien fließen sollten. Das Geld reichte in vielen Fällen nicht einmal für eine Operation, geschweige denn für jahrelange Folgebehandlungen, die den Kindern drohten. Mit Zhao in Haft glaubten die Behörden, dem Protest den Wind aus den Segeln genommen zu haben. Doch der Plan ging daneben. Der Rest der Gruppe organisierte kurzerhand einen alternativen Treffpunkt. Auf offener Straße im Pekinger Bezirk Fengtai klagten die Mütter und Väter vor laufenden TV-Kameras über das Leid ihrer Kinder und das Gefühl, dass man sie mit ihren Sorgen alleinließ und mit mickrigen Entschädigungen abspeisen wollte. Als die improvisierte Pressekonferenz zu Ende war, entschieden sich die Eltern dazu, das Gefängnis aufzusuchen, in dem Zhao und die drei anderen festgehalten wurden. Wir begleiteten sie.

Es war tragisch mit anzusehen, wie diese Mütter und Väter in schierer Verzweiflung versuchten, den Zaun des Gefängnisses zu stürmen, um hineinzugelangen. Einer der Väter rüttelte am Zaun, während er bitterlich weinte. Es war ein Moment, der all das widerspiegelte, was Diktaturen Menschen antun können. Die ganze Verzweiflung wegen der erkrankten Kinder, die Hilflosigkeit sich gegen das Unrecht zu wehren und die Sinnlosigkeit an diesem Zaun zu rütteln, machten aus diesem Vater einen Gedemütigten, der in Tränen erstickte.

Zhao Lianhai wurde nach ein paar Tagen in Haft wieder freigelassen, doch ein halbes Jahr später wurde er erneut festgenommen und schließlich auch angeklagt. Zweieinhalb

Jahre Haft lautete das Urteil wegen Störung der öffentlichen Ordnung, unter anderem begründet mit der Versammlung einer Gruppe von zwölf Elternteilen.

Klagen der Opfer wurden kategorisch abgewiesen. Stattdessen setzte der Staat einige Verantwortliche schon im Dezember des gleichen Jahres auf die Anklagebank. Es gab Todesurteile für einen Milchbauern und einen Händler sowie lange Haftstrafen für einige *Sanlu*-Manager. Damit sollte der Gerechtigkeit Genüge getan werden. Ob die Opferfamilien sich gerecht behandelt fühlten, wurde nie wieder öffentlich thematisiert.

Der Milchpulverskandal wurde in chinesischen Medien fortan nur noch erwähnt, um die Verbesserungen in der Lebensmittelindustrie und ihrer Kontrollmechanismen zu würdigen. Keine Nachricht von möglichen späteren Todesopfern drang mehr an die Öffentlichkeit, obwohl auch zehn Jahre nach dem Skandal noch Kinder unter dem Konsum des verseuchten Milchpulvers litten.[34] Nierenversagen zog Dialysen nach sich, die die Lebenserwartung deutlich senkten. Wer sich in die Lage dieser Menschen versetzte und versuchte, die Angst um die Kinder nachzuempfinden, sich ihre Ohnmacht, Verzweiflung und Wut vorstellte, die in ihnen wuchsen, während sie vergebens nach politisch Verantwortlichen, nach Verständnis und nach Unterstützung suchten, der bekam eine Ahnung, welche zynischen Urgewalten in autoritären Systemen herrschten.

Zhao und der Aids-Aktivist Hu Jia waren nur zwei von vielen Dissidenten, die wir im Laufe der Jahre kennenlernten. Wir bekamen viele weitere Gelegenheiten, mehr über die rote Linie einer Diktatur aus erster Hand zu erfahren.

Wir trafen Zhang Xianling, eine der sogenannten Tiananmen-Mütter, die ihren Sohn beim Massaker am 4. Juni 1989 in Peking verlor und seitdem um eine ehrliche Auseinandersetzung über die Geschehnisse rund um den Platz des Himmlischen Friedens in jener Nacht kämpfte.[35] Wir bekamen vor dem 20. Jahrestag des Massakers Zugang zu ihrem Apartment, weil wir vorsorglich schon Monate vor dem 4. Juni einen Termin mit ihr vereinbart hatten. Je näher der Tag rückte, desto größer war die Wahrscheinlichkeit, dass Zhang das Haus nicht verlassen durfte, geschweige denn, dass wir es betreten konnten. Ein paar Tage vor dem Jahrestag fuhren wir noch einmal zu ihrem Haus, um den Aufwand zu filmen, mit dem die Sicherheitskräfte die Frau isolierten. Wir zählten rund ein Dutzend Männer, die am Eingang zum Häuserblock Wache schoben und jeden am Eintritt hinderten, der nicht dort wohnte. Wir fragten mehrmals höflich nach, weshalb man uns nicht durchließ. »Geht nicht«, lautete die Antwort.

Seit dem Tod ihres Sohnes setzt sich Zhang Xianling für die Aufklärung der Vorfälle vom 4. Juni 1989 ein. Doch sie musste hilflos mit ansehen, wie es der chinesischen Regierung zunehmend gelang, den Tag aus den Köpfen der Menschen zu verbannen. Öffentliche Gedenkfeiern waren verboten. Die Schulen schwiegen entweder ganz oder drehten die Darstellung der Ereignisse zu einem heroischen Kraftakt des Militärs zur Rettung der Bevölkerung. Junge Leute hatten nur noch eine verschwommene Idee davon, was damals in Peking geschehen war. Aber viele glaubten, dass der Staat notwendigerweise eine unbekannte Zahl friedlicher Demonstranten mit Panzern niederwalzte und mit

Maschinengewehren durch die Straßen der Stadt jagte, um die Nation vor größerem Übel zu bewahren. Die Kommunistische Partei kittete die Geschichte in ihrem Sinne, und niemand konnte sie daran hindern.

In Demokratien mochte eine Regierung ebenfalls ihre ganz eigenen Versionen von bestimmten Ereignissen schildern. Aber sie musste damit rechnen, dass ihre Version mit einer anderen konfrontiert und anhand von Fakten durch Medien, Zivilgesellschaft und notfalls durch Ermittlungsbehörden untersucht wurde. Ob am Ende Gerechtigkeit und Genugtuung produziert wurden, war zwar keineswegs gesichert. Aber in Chinas Diktatur war diese Option von vorneherein ausgeschlossen. Das hätte allen Kritikern der westlichen Demokratien zu denken geben sollen, wenn sie beispielsweise die Menschenrechtslage in China mit jener in Deutschland verglichen.

Wer kein Ventil für seinen Ärger fand, der besaß hohes Potenzial, ein Gegner dieses Systems zu werden. Doch was half das in einem autoritären Staat? In einer Demokratie gab es zahlreiche Möglichkeiten, sich zu wehren. In manchen Fällen auf dem Rechtsweg, in anderen Fällen, indem man eine Initiative gründete oder Demonstrationen organisierte oder über soziale und klassische Medien auf öffentliche Zustimmung und Unterstützung für seinen Fall hoffte. Man durfte sich sogar mit einem Schild vor das Bundeskanzleramt stellen und seinen Unmut über die Politik der Regierung kundtun. Ganz gleich, ob eine solche Aktion erfolgversprechend war oder nicht, so brachte allein die Möglichkeit, sich Luft zu verschaffen, eine mentale Erleichterung. Aber was geschah in China? Entweder die Menschen verhielten sich ruhig und arrangierten sich mit den Umständen, oder sie begehrten auf und endeten als Aktivisten oder Dissidenten und brachten sich selbst und die eigene Familie in erhebliche Gefahr.

Im Juni 2019 machte Pia einen Beitrag über ein 16-jähriges Mädchen aus der Stadt Guilin in Südchina. Das Mädchen twitterte unter dem Namen Howey Ou und tat es der Schwedin Greta Thunberg nach. Howey stellte sich mit einem selbst gemalten Schild vor das Rathaus in Guilin und forderte die Politik auf, mehr gegen den Klimawandel zu unternehmen. Das Mädchen wurde wegen ihres Aktivismus und ihrer Überzeugung mehrfach von der Polizei verhört genauso wie ihre Eltern. Dabei hatte sie nicht vor, den Umsturz der Partei vorzubereiten, sie wollte lediglich öffentlichen Druck auf ihre Regierung erzeugen.[36] Als Pia gemeinsam mit Howey im Park stand, wo sie sich an diesem Tag postiert hatte, kamen Passanten an ihr vorbei, die sie unter anderem als Verräterin beschimpften, weil sie mit Ausländern gemeine Sache machte. Ob Pia damit gemeint war oder Greta Thunberg, blieb uns verborgen.

Ein weiterer Fall ist der Schriftsteller Liao Yiwu. Wir besuchten ihn im April 2010 in seiner Wohnung in Chengdu, rund ein Jahr, bevor er aus China nach Deutschland floh. Liao war nach dem Massaker 1989 wegen eines Gedichts zu einer mehrjährigen Haftstrafe verurteilt worden. Kurz vor den Olympischen Spielen unterzeichnete er die Charta 2008, die vom späteren Nobelpreisträger Liu Xiaobo verfasst worden war und mehr Demokratie in China forderte.

Liao war ein freundlicher Mann, aber man sah ihm an, wie sehr er unter dem Umstand, dass er nicht veröffentlichen durfte, litt. Der Staat hatte es ihm verboten. Zutiefst melancholisch spielte er uns auf einer tibetischen Flöte vor. Das Instrument hatte er im Gefängnis zu spielen gelernt. Hinter Gittern wurde Liao mehrfach gefoltert. Er überlebte auch zwei Selbstmordversuche.

Oft haben wir uns die Frage gestellt, was *wir* tun würden. Es war leicht, als Außenstehende die Menschen im Land dazu aufzufordern, sich gegen das Regime zu stellen und um mehr Freiheit und Gerechtigkeit zu kämpfen. Doch ein solches Vorhaben gegen einen mächtigen Gegner auch umzusetzen, war eine ganz andere Geschichte. Hätten wir den Mut gehabt, unsere Meinung zu äußern, so wie der Aids-Aktivist Hu Jia es getan hatte? Der genau wusste, dass er für seine offenen Worte büßen würde. Wir fragten Hu damals, ob er keine Angst habe. Er sagte aus vollster Überzeugung, er wisse, dass er das Richtige tue und empfinde deshalb keine Angst.

Den Preis, den jene zahlten, die so dachten, war hoch. Und es wäre nur allzu menschlich gewesen, sich auf die Zunge zu beißen und sich die Dinge schönzureden, um das Pochen des eigenen Gewissens zu mildern. Wer als Chinese damit beginnt, sich kritisch mit seinem Heimatland auseinanderzusetzen, der kommt zwangsläufig an einen Punkt, wo er sich die Frage stellen muss, was von seiner Identität überhaupt Wirklichkeit ist und was nur ein Mythos staatlicher Propaganda. Das kann einem in einer Demokratie vielleicht auch passieren, aber dort hat man die Chance, die Dinge aufzuarbeiten, zu verändern, in seinem Sinne zu verbessern. In einer Diktatur bleibt einem nur die Möglichkeit, sich mit den Lügen zu arrangieren, wenn man nicht als Dissident ins Kreuzfeuer der Behörden geraten will. Und wer sich an diesem Scheideweg für Sicherheit entschied, den konnte man nicht dafür verurteilen. Es standen nicht nur die eigene Gesundheit und Freiheit im Sinne einer vermiedenen Gefängnisstrafe auf dem Spiel. Eltern, Großeltern, Kinder oder Geschwister waren allesamt nicht davor gefeit, vom chinesischen Staat bestraft zu werden, selbst wenn Sippenhaft in China illegal war. Dissidenten wurde die Verantwortung für deren gesamte Familie auferlegt. Anders wissen sich Diktaturen gegen oppositionelle Stimmen oft nicht zu wehren.

14

Vorsicht, Kamera

In unserer Zeit in China machten wir die Beobachtung, dass ausländische Journalisten häufig für die Propaganda des autoritären Staates vereinnahmt wurden. Das ging manchmal schneller, als einem lieb war. Und gerade Neulinge in China zahlten viel Lehrgeld, so auch wir.

Mein erstes TV-Interview gab ich Mitte 2007 am Rande der Wüste. Wir befanden uns wenige Wochen nach unserer Ankunft in Peking auf einem Zweitagestrip in die Innere Mongolei. Eingeladen hatte das *Organisationskomitee der Olympischen Spiele* (*BOCOG*). Mit dem Bus ging es von Peking mehrere Stunden in Richtung Norden. Es war eine Art Schönwetter-Reise. Peking wollte den Sorgen zuvorkommen, dass die Freiluftwettkämpfe der Spiele im Dunst versinken würden. Der Himmel, so versprachen die Chinesen, würde blau strahlen, wenn es um Medaillen ginge. Dazu dachte sich die Stadt zahlreiche drastische Maßnahmen aus, die schließlich auch zum Erfolg führten. Unter anderem wurde die Hälfte aller zugelassenen Fahrzeuge für die Dauer der Spiele von den Straßen der Stadt verbannt, und Hunderte Fabriken aus dem Speckgürtel Pekings und der umliegenden Provinz Hebei mussten ihre Produktion vorübergehend stoppen. Eine weitere, eher langfristig angelegte Maßnahme war die Aufforstung von Wüstengebieten in der Inneren Mongolei. Um uns das anzuschauen, waren wir dort. Peking litt unter den Sandstürmen aus dem Norden, die regelmäßig einen gelben Schleier über die Hauptstadt wehten.

Neben zahlreichen ausländischen Journalisten aus aller Welt nahmen auch chinesische Medien an dem Trip teil. Fein säuberlich nach chinesisch und nichtchinesisch getrennt wurden wir an einen Ort gefahren, wo Tausende Bäume gepflanzt werden sollten. Wir, die Ausländer, waren diejenigen, die mit der Begrünung beginnen sollten. *BOCOG*-Vertreter forderten die Journalisten auf, Löcher zu buddeln und Jungbäume zu setzen. Pia hatte ihre Kamera auf der Schulter und wies jede Anfrage freundlich zurück. Auch andere Kollegen verweigerten ihre Teilnahme an der internationalen Kooperation mit der heimischen Forstwirtschaft. Ich dagegen wurde unter beiden Armen gepackt und zum Schaufeln geschickt. Vielleicht war es mir peinlich, den Spielverderber zu geben, und packte daher kurz mit an, natürlich unter strenger Aufsicht des staatlichen chinesischen Fernsehens. Ich fühlte mich zwar auch nicht sonderlich wohl in meiner Haut, biss aber in den sauren Apfel. »Was soll's«, dachte ich mir.

Doch noch war man nicht mit mir fertig. Kaum hatte ich die Schaufel aus der Hand gelegt, hielt mir eine junge Reporterin ein Mikrofon unter die Nase. Ihr Kameramann hatte mich fest in der Linse. »Wie gefällt Ihnen diese Maßnahme?«, fragte sie auf Englisch. Ich hätte abwinken, mich umdrehen und sagen können: »Hört zu, ich bin Journalist. Ich gebe keine Interviews, ich führe sie.« Es gab Kollegen, die das so handhabten. Ich jedoch nicht. Als Journalist empfand ich es als durchaus angemessen, Interviews zu geben. Es war unser Beruf, tagtäglich die öffentlichen Debatten über alle möglichen Themen mit unserer Berichterstattung zu flankieren. In Kommentaren waren wir sogar dazu aufgerufen, uns an öffentlichen Debatten zu beteiligen oder sie anzustoßen. Weshalb sollte ich also kein Interview geben, wenn mich jemand um meine Meinung bat?

Es gab aber noch einen zweiten Punkt, der mich weich werden ließ. Am Ende des Tages war die junge Reporterin des chinesischen Fernsehens nichts anderes als eine Kollegin. Es war ihr Job, und ich hatte das Gefühl, ich täte ihr einen Gefallen, wenn ich Rede und Antwort stünde. Also nahm mein erstes Interview im chinesischen Fernsehen seinen Lauf.

»Ääähh«, antwortete ich. Ich wusste einen Augenblick lang überhaupt nicht, was ich sagen sollte. Einerseits hatte ich damals noch wenig Praxis im Englischen, was mich zusätzlich hemmte, um wortgewandt in ein TV-Mikrofon zu palavern. Mein Englisch war der kümmerliche Rest einer Drei minus in der Abiturprüfung, die inzwischen viele Jahre zurücklag. Andererseits fühlte es sich an, als hinge ganz China an meinen Lippen. Nicht nur all die braven Fernsehzuschauer, die zu Hause einschalteten, sondern auch Staatssicherheit, Polizei, Regierungsvertreter. Alle sperrten die Ohren auf, um genau zu lauschen, was dieser Ausländer jetzt wohl noch zu meckern hätte.

Ich weiß nicht mehr, was ich schließlich erzählte. Vermutlich sagte ich, dass Bäume eine gute Sache waren. Aber im Detail habe ich keine Erinnerung an dieses Interview. Ich war nur froh, als es endlich vorbei war. Pia lachte sich kringelig, weil ich etwas ratlos ausgesehen hatte, wie sie schonungslos analysierte. Ich weiß nicht, wie viele Millionen Chinesen mich gesehen und mein Gestammel als wertvolle Einschätzung der Regierungsarbeit vernommen hatten. Aber der Tiefpunkt meiner Laufbahn als Propaganda-Vehikel der lokalen TV-Anstalten stand noch bevor.

Es war das Frühjahr 2008, als sich in Tibet etliche Mönche selbst anzündeten, um gegen die Besatzung durch die Han-Chinesen zu protestieren. In Tibets Hauptstadt Lhasa warf man Steine auf Polizei und Soldaten. Panzer und Militärfahrzeuge rollten über die Straßen, um die Ordnung wiederherzustellen. Die Berichterstattung in westlichen Medien überschlug sich. So kurz vor den Olympischen Spielen stand plötzlich die Frage eines Boykotts im Raum. China reagierte, indem es Tibet komplett abriegelte, Ausländer aus der Region auswies, ausländische Medien diffamierte und der Lügen bezichtigte. Dabei sezierte die Propaganda jedes Wort und jedes Bild.

Konkret betroffen waren neben den englischsprachigen TV-Sendern *BBC* und *CNN* auch die Nachrichtenagentur *AFP*, die *Berliner Morgenpost* und auch *n-tv*. Die Redaktion in Köln hatte einen Beitrag zu dem Thema, der ausschließlich aus Agenturmaterial zusammengestellt war, während der Anmoderation mit einem Bild angekündigt, auf dem nepalesische Polizisten einen schreienden tibetischen Mönch festhielten. Das war ein Fehler. Auch andere Medien arbeiteten nicht mit entsprechender Sorgfalt. Ein Foto mit einem Krankenwagen und einem Militärarzt darauf titelte die *BBC* mit dem Satz: »Es gibt eine große Militärpräsenz in Lhasa«. *CNN* beschnitt ein Foto, das ein chinesisches Militärfahrzeug in Lhasas Straßen zeigte. Vermutlich aus Layout-Gründen schnitten die Redakteure den rechten Rand des Bildes ab, auf dem Tibeter zu sehen waren, die Steine auf das Fahrzeug warfen. In der Onlineausgabe der *Berliner Morgenpost* wurde ein Foto abgebildet, das einen verletzten Han-Chinesen als Aufständischen bezeichnete. Der Korrespondent, Johnny Erling, ein ausgewiesener China-Experte, der seit Jahrzehnten im Land lebte und fließend Mandarin sprach und las, musste sich Beschimpfungen und Drohungen am Telefon gefallen lassen. Dabei konnte er nun wirklich gar nichts dafür, dass man es mit den Bildinhalten nicht so genau genommen hatte.

Die Chinesen beklagten die fehlende Sorgfalt zwar zu Recht, nutzten sie aber unverhältnismäßig zu ihren Gunsten aus. Die Fehler in westlichen Medien spielten ihnen dabei in die Karten. Sie nutzten jede Gelegenheit, um auf Vorwürfe mit Kritik an der ausländischen Berichterstattung zu kontern. Sie warfen den internationalen Medien Lügen vor und versuchten, deren gesamte Berichterstattung zu diskreditieren. Es störte sie dabei nicht, dass die Verhältnismäßigkeit völlig verlorenging. Denn insgesamt blieb die Darstellung in den internationalen Medien ausgewogen. Solche Fehler passieren, aber keineswegs verzerrten sie in diesem Fall das Bild der Ereignisse bis zur Unkenntlichkeit. Im Gegenteil war es die chinesische Propaganda, die versuchte, die Vorgänge in einem völlig anderen Licht wiederzugeben.

Peking versuchte, den Informationsfluss zu filtern. Westliche Journalisten beriefen sich deshalb auf Informationen von ausländischen Menschenrechtsorganisationen, tibetischen Interessenvertretungen sowie Telefonkontakten vor Ort. Zwangsläufig gab es viele Nachrichten aus der Region, die nicht unabhängig bestätigt werden konnten. Diese Ungewissheit über die Verlässlichkeit von Informationen wurde von westlichen Medien konsequent dargestellt. Gleichzeitig räumten sie der chinesischen Darstellung den gleichen Platz ein. Ich erinnere mich an keinen Bericht, der behauptet hätte, dass Chinas Regierung Lügen verbreitete und die Tibeter die Wahrheit sprachen. Die chinesische Nachrichtenagentur *Xinhua* machte es sich dagegen etwas leichter. Sie erklärte alle Demonstranten kategorisch zu Separatisten mit Hang zum Terrorismus, die vom Dalai Lama angestachelt wurden. Von Kriminellen war die Rede, die das angeblich gute Verhältnis zwischen der vermeintlich dankbaren tibetischen Mehrheit und den sogenannten Befreiern aus Peking zerstören wollten. Belege? Null.

Als die Toten gezählt waren, eröffnete Peking wenige Monate vor Olympia eine Ausstellung über die Entwicklung Tibets seit der unfreiwilligen Eingliederung in die Volksrepublik China: »Befreiung oder Besatzung?« Diese Frage wurde zwischen Chinesen und Ausländern eifrig diskutiert. Bei einem Treffen mit dem Leiter einer politischen deutschen Stiftung in Shanghai erklärte uns der Mann sein persönliches Dilemma, das symbolisch für den Streitpunkt Tibet stand. »Wenn ich mit meiner chinesischen Frau über Tibet rede, spricht sie von Befreiung, ich von Besatzung. Da geht der Ärger schon am Frühstückstisch los«, sagte er.

Die Ausstellung im Nationalmuseum am Platz des Himmlischen Friedens repräsentierte den Geist der Befreiung. Wer sich die Bilder ansah und die vielen Informationen dazu aufnahm, bekam automatisch das Gefühl, dass Tibet ein Hort der Glückseligkeit für jeden sein musste, der dort lebte. Die Geschichte wurde folgendermaßen dargestellt: Bevor die KP in Tibet einmarschierte, waren die meisten Tibeter verarmt und versklavt. Mit Mao Zedongs Kadern begann demnach eine einzigartige Erfolgsgeschichte. Die versklavten Tibeter wurden endlich aus ihrer Gefangenschaft befreit, die wirtschaftliche Entwicklung nahm Fahrt auf, und am Ende waren alle glücklich, dass das vermeintlich gemeinsame Vaterland wiedervereint war. Eine kritische Auseinandersetzung mit den Vorwürfen seitens der Tibeter fand dort nicht statt. Man erfuhr nicht, dass viele Tibeter sich kulturell und religiös unterdrückt, an den gesellschaftlichen Rand gedrängt und stimmlos entrechtet fühlten. Auch nicht, dass es unterschiedliche Meinungen darüber gab, ob Tibet tatsächlich ein Teil Chinas war. All das raubte dieser Ausstellung viel Glaubwürdigkeit.

Ich hatte zudem das Gefühl, dass jeder Schritt durch das Nationalmuseum von uns beobachtet wurde. Journalisten aus dem Westen waren ja offiziell der voreingenommenen Berichterstattung und der Lügen überführt worden. Wir befanden uns hier quasi auf Bewährung.

Pia drehte einige Bilder, während ich das Stativ umherschleppte. Unschwer waren wir von jedermann als Journalisten identifizierbar. Als ich einen Augenblick unbeschäftigt war, trat ein chinesischer Kollege zu mir heran. Er übergab mir seine Visitenkarte. Er schrieb für eine lokale Zeitung aus einer zentralchinesischen Provinz, deren Hauptstadtkorrespondent er war. Ich gab ihm eine Visitenkarte von mir, und er begann vorsichtig, mich über meinen Eindruck von der Ausstellung und den Protesten in Tibet zu befragen. Wir hatten schnell eine Ebene gefunden, auf der wir vernünftig und sachlich miteinander sprechen konnten. Doch unser Gespräch blieb nicht unbemerkt. Von der Seite schlich sich ein Kamerateam heran, und ehe ich mich versah, hatte ich ein Mikrofon vom Staatsfernsehen *CCTV* unter der Nase. Die Kamera lief, und anstatt zu fragen, um was es eigentlich ging, sprach ich zunächst unbeirrt mit dem Kollegen von der Zeitung weiter. Natürlich wusste ich, um was es ging. Das penetrante Eindringen in unsere Unterhaltung verscheuchte den schreibenden Reporter, und plötzlich sah ich mich einem eloquenten jungen Mann ausgesetzt, der mich herausfordernd anschaute. Er sprach fließend Englisch. Vermutlich hatte er mehrere Jahre im Ausland verbracht. Seine Haare waren glänzend gescheitelt und thronten auf einem schmalen Hals, er trug Krawatte und einen schwarzen Anzug. Sein Blick war voller Misstrauen und Verachtung. Was ich in dieser Ausstellung gelernt hätte, wollte er wissen.

»Ähhh.«

Ich fühlte mich auch bei meinem zweiten TV-Interview noch immer nicht sicher, ob es, während die Kamera lief, nun No-go-Areas für mich gab oder nicht. Noch geistig beschäftigt mit dieser inneren Auseinandersetzung fiel es mir schwer, das Missverhältnis dieser Ausstellung in Worte zu fassen. Stattdessen überlegte ich, wie der Kollege meine Aussagen wohl in seinem Bericht verwerten würde. Ich sollte es nie erfahren, aber ich bekam eine Ahnung davon, als ich den gleichen Reporter mehr als ein Jahr später im englischsprachigen Nachrichtenkanal von *CCTV* bei der Arbeit erlebte. Ich sah einen seiner Beiträge aus dem Erdbebengebiet in Sichuan, wo er ein Jahr nach der Katastrophe vor Begeisterung über die Fürsorge der Partei für arme Bauern fast vor der Kamera kollabierte. Manche der Bauern würden jetzt sogar in Villen leben, sagte er allen Ernstes. Vielleicht stimmte das sogar. Vielleicht waren ein paar Bauern vorübergehend in eine leerstehende Villa verfrachtet worden, um ihnen für eine Weile ein Dach über dem Kopf zu geben. Doch dann schrie diese Aussage natürlich nach einer Einordnung. Denn es war nicht davon auszugehen, dass irgendwer auf Staatskosten den Rest seines Lebens in einer Villa verbringen durfte, weil sein Hab und Gut beim Erdbeben verlorengegangen war. Ich fand es bemerkenswert, dass niemand bei *CCTV* solch einen Unsinn aus dem Beitrag verbannt hatte. Denn er war offensichtlich als maßlose Schönrederei zu entlarven und damit kontraproduktiv, um im Ausland ein glaubwürdiges Bild der »staatlichen Realität« vermitteln zu können.

Ich war nicht überrascht, einen solchen Beitrag von dem Kollegen zu sehen. Beim Staatsfernsehen kam man sicherlich dann am schnellsten vorwärts, wenn man mit seiner Berichterstattung eine Jubelpose imitierte. Und so bemühte ich mich während des Interviews darum, Formulierungen zu nutzen, die nicht aus dem Zusammenhang gerissen und als Befürwortung einer prochinesischen Position verwendet werden konnten. Das machte meine Antworten zu zähen Wortergüssen, die mich weder als bemerkenswert wortgewandt noch besonders meinungsstark erscheinen lassen mussten. Aber es war mir recht so, weil ich dem Reporter nicht traute. Er bat mich schließlich noch um eine Visitenkarte. Bereitwillig reichte ich ihm eine und bat auch um seine. »Sorry«, lautete seine Antwort. Er hätte gerade seine letzte abgegeben. »Ich schicke eine Nachricht«, meinte er, als er sich schon umdrehte. Natürlich tat er das nicht.

Da ich während unseres Besuchs im Museum nun einmal als ausländischer und noch dazu sprechender Journalist in den Fokus geraten war, weckte ich weitere Begehrlichkeiten. Eine halbe Stunde nach meinem TV-Interview näherten sich zwei junge Frauen, die sich ihrerseits als Journalistinnen vorstellten. Sie hatten ein paar Fragen, die ich ihnen zu beantworten versuchte. Allein die Tatsache, dass ich mich angeregt mit zwei Chinesinnen in dieser Szenerie unterhielt, machte viele andere Besucher oder solche, die man dafür hielt, neugierig. Es bildete sich eine Traube von fast zwei Dutzend Leuten um uns herum. Die wenigsten von ihnen waren Journalisten. Das schloss ich daraus, dass keiner einen Schreibblock, einen Stift oder ein Aufnahmegerät in der Hand hielt. Manche der Zuhörer taten ganz unbefangen. Sie standen drei, vier Meter entfernt und postierten sich mit vor der Brust verschränkten Armen seitlich zu mir. Dabei reckten sie ihr Ohr in meine Richtung, um jedes Wort, das ich von mir gab, aufschnappen zu können. Wer die Herren waren, wusste ich nicht. Aber es waren keine normalen Besucher. Sie schienen sich enorm dafür zu interessieren, was ich zu sagen hatte. Aber wieso? Spielte das tatsächlich eine so große Rolle? Ich fand, diese ganze Ausstellung und unsere Reaktion darauf würde von chinesischer Seite mit Bedeutung völlig überfrachtet.

Irgendwann wies ich die Fragestellerin leise sprechend auf diesen Umstand hin. »Schau dir das an«, sagte ich, »jetzt stehen alle um mich herum und tun ganz unauffällig, um aufzuschnappen, was der ausländische Journalist jetzt wohl sagt. Aber es gibt eben keinen offenen Austausch darüber.«

Die Kollegin nahm das zur Kenntnis und fuhr dann fort. Ihr Ziel war es, mir eine Voreingenommenheit nachzuweisen, indem sie Fragen stellte, die mit der Ausstellung nichts zu tun hatten, sich stattdessen ausschließlich mit meiner Einstellung zu Tibet befassten und mit den vermeintlichen Lügen westlicher Medien. Ich erklärte, dass ich keine strukturelle Neigung zur Unwahrheit bei westlichen Medien erkannte, sondern allenfalls Dummheiten und Ungenauigkeiten. Wir verstrickten uns schließlich in ein Gespräch über die grundsätzlichen Aufgaben von Journalisten und deren Einstellungen. Eine absurde Szenerie: Ich sollte rechtfertigen, was in westlichen Medien über Tibet stand, während diese Ausstellung eine völlige Verzerrung der Realität darstellte. Warum sprachen wir nicht lieber darüber, anstatt über ein paar Bilder, die falsch beschriftet waren, aber nichts an dem Kernproblem der Auseinandersetzung änderten? Ich fragte die Kollegin danach.

»Du weißt sicher, dass in China eine besondere Atmosphäre herrscht«, sagte sie rechtfertigend. Sie betonte diese Aussage mit einem schnippischen Unterton. Mit besonderer Atmosphäre meinte sie die Zensur der heimischen Medien. Ich fand ihre Bemerkung entlarvend. »Ach so«, sagte ich, »weil chinesische Medien nicht schreiben dürfen, was sie wollen, macht man eben die ausländische Presse zum Sündenbock?« Sie lächelte mich schief an. Unser Gespräch war damit beendet. Der Pulk aufmerksamer Zuhörer löste sich binnen weniger Augenblicke regelrecht in Luft auf.

Andere Gelegenheiten, zu denen ausländische Reporter gerne als Interviewpartner herhalten mussten, waren die Parteitage alle fünf Jahre oder die Volkskongresse in jedem Frühjahr. Ein Freund von uns, ein britischer Kollege, hatte uns einst erzählt, was er tat, um zu vermeiden, als Kronzeuge für die Errungenschaften der Partei vor der Kamera benutzt zu werden.

»Neulich habe ich ihnen erzählt, dass ich ihren Staatschef für einen Kriminellen und das gesamte Politbüro für eine Ansammlung von Verbrechern halte«, lachte er.

»Was hat man dich denn gefragt?«, wollten wir wissen.

»Keine Ahnung mehr, irgendwas«, sagte er. Aber so sei es die einzige Möglichkeit zu verhindern, dass man auch nur eine winzige Sequenz aus dem O-Ton für Propaganda verwenden konnte. Wir lachten herzlich, aber hielten diese Strategie für wirksam. Ich entschied mich, bei meinem nächsten Versuch, ähnlich zu reagieren.

Wir waren auf einem Volkskongress, zum dem wir als akkreditierte Pressevertreter Zugang in die Halle des Großen Volkes gewährt bekamen. Ehe es losging, versammelten sich Hunderte Reporter vor der Treppe am Haupteingang, um mögliche Delegierte abzufangen und ihnen ein kurzes Statement abzuringen. Es gab aber eben auch chinesische Kamerateams, die ausländische Journalisten ins Visier nahmen. Ich war einer von ihnen.

»Hallo, woher kommen Sie?«, sprach mich ein Kollege von *CCTV* auf Englisch an.

»Aus Deutschland«, antwortete ich.

»Darf ich Sie fragen, wie lange Sie schon in China sind?«

»Warum? Was ist los?«, entgegnete ich ihm, weil ich nicht verstand, was die Dauer meines Aufenthaltes in diesem Land mit dem Volkskongress zu tun hatte. Noch hatte er sein Mikrofon nicht gezückt, und ich nutzte die Gelegenheit, ihm den Wind aus den Segeln zu nehmen.

»Hör zu«, sagte ich freundlich, aber bestimmt, »ich wünsche den chinesischen Bürgern, dass sie sich die Partei und die Menschen, die sie regieren, selber aussuchen können. Ich wünsche euch Chinesen Freiheit«, sagte ich.

So schnell wie er gekommen war, ließ er mich links liegen. »Danke schön«, sagte er und ging weiter.

Mir tat es zwar etwas leid, den Kollegen so abzuservieren. Doch die Erfahrung sprach dafür, dass es besser war, ihm keine Sequenz zu ermöglichen, in der meine Worte völlig aus dem Zusammenhang gerissen als Bestätigung für die Arbeit der Partei verstanden werden konnten. Wenn sie Propaganda machen wollten, dann bitte ohne mich. Zu oft hatte ich in Fernsehbeiträgen bei *CCTV* gesehen, wie Ausländer vor laufender Kamera Begeisterung für etwas ausdrückten, ohne dass man sicher sein konnte, dass sie wirklich über das gleiche Thema sprachen wie der Autor des Berichts.

Wahr ist aber auch, dass sich beileibe nicht alle chinesischen Journalisten in der Pflicht sahen, Propagandaarbeit für die Partei zu leisten. Wir trafen Kollegen, deren Idealismus und Mut uns beeindruckten. Wenn sie mit ihrer Arbeit den Einflussreichen auf die Füße traten, dann taten sie dies meistens unter größerer Gefahr als wir. Viele Journalisten in China machten einfach nur ihren Job, so wie wir das taten, und hatten dabei häufig den gleichen Anspruch, nämlich die

Dinge objektiv und kritisch darzustellen. Natürlich spielte es eine Rolle, mit welcher Mentalität man aufgewachsen und erzogen worden war und auch ob man in der Schule und in der Familie kritisches Denken gelernt hatte. Doch unter dem Strich hielten viele der Kolleginnen und Kollegen ihren Job für einen wichtigen gesellschaftlichen Beitrag, der dabei helfen sollte, Themen in die öffentliche Arena zu zerren.

Auffällig war jedoch, dass die meisten Journalisten, die man draußen vor Ort traf, unter 30 Jahre alt waren. Es gab hier und da ein paar Ausnahmen, aber Recherchen vor Ort, die Besuche von Terminen übernahmen überwiegend die jungen Leute in der Branche. Das lag auch daran, dass viele Reporter und Journalisten, die einst mit viel Engagement ihren Beruf angetreten waren, nach wenigen Jahren desillusioniert aufgaben. Schnell merkten die meisten, dass jede Form der gesellschaftlichen Kritik von den Zensoren in den eigenen Redaktionen vorsichtshalber gestrichen wurde. Um kein Risiko einzugehen, gab es besonders in den Staatsmedien nicht einen, sondern eine Vielzahl von Korrektoren. Aus einer möglicherweise kritischen Urfassung wurde ein immer linientreuerer Text, je mehr Augenpaare darüberschauten. Wer als ambitionierter, junger Journalist einige Jahre lang solche Erfahrungen sammelte, wechselte oftmals lieber die Branche oder verrichtete nur noch Büroarbeit.

Es gab aber auch Ältere, die viele Jahre als Ikonen des investigativen chinesischen Journalismus galten und die Fahne der unabhängigen Berichterstattung hochhielten. Sie arbeiteten oft als freiberufliche Autoren für jene wenigen privaten Medien im Land, die mit viel Herzblut und in unermüdlicher Kleinarbeit versuchten, die Grenzen des Sagbaren im Interesse der Gesellschaft zu erweitern. Viele von ihnen sind unter dem neuen Präsidenten Xi Jinping allerdings nicht übrig geblieben.[37]

15

Erschütternd

Es gab auch Kollegen aus westlichen Nationen, die fast ausschließlich im Büro ihrem Job nachgingen oder allenfalls Pressekonferenzen besuchten. Gerade die großen Nachrichtenagenturen hatten Leute vor Ort, deren Aufgabe es war, Texte zu redigieren, Termine zu besetzen oder sich um die innerbetriebliche Organisation zu kümmern. Vielleicht mochten viele Kollegen diese Arbeit. Unser Ding war es aber nicht. Wir lebten ein Leben als Reporter und empfanden es als Privileg, ständig auf Reisen zu sein. Dort sein zu können, wo die Dinge geschahen, war unbezahlbar. Wir lernten Land und Leute kennen, die Sprache, die Kultur, das Essen und immer wieder aufs Neue unsere eigenen Grenzen.

Es war der 12. Mai 2008, kurz vor halb drei am Nachmittag, als die Erde in Peking zitterte. Ich wollte mich gerade bequem vor meinen Laptop am Schreibtisch niederlassen. Ich schaute aus dem Fenster im 15. Stock unserer Wohnanlage in Fuli Cheng, als ich für wenige Sekunden das Gefühl hatte, dass mir schwindelig wurde. Ich verspürte das dringende Bedürfnis, mich zu setzen. Vielleicht stimmte etwas mit meinem Kreislauf nicht. Mein Gehirn verstand nicht, dass das ganze Gebäude minimal ins Wanken geraten war. Denn erst im Laufe der nächsten Stunden erfuhren wir, dass 1500 Kilometer südwestlich in der Provinz Sichuan die Erde mit der Stärke 7,9 auf der Richterskala gebebt hatte. Es war eines der verheerendsten Erdbeben der chinesischen Geschichte. Auch das wurde erst nach und nach deutlich. Als die ersten Meldungen über den Ticker gingen, waren gerade einmal eine Handvoll Todesopfer bestätigt.

Die Nachrichtensender in Deutschland riefen aufgeregt bei uns an: *n-tv* bei Pia, dessen Mitbewerber *N24*, heute *WELT*, bei mir. Die Sender hofften auf erste Einschätzungen von den Korrespondenten vor Ort. Dass wir in Peking auch nicht mehr wussten als die Kollegen in Deutschland, spielte dabei keine Rolle. Das Fernsehen im Allgemeinen schmückte sich gerne mit einem Gesicht im jeweiligen Land des Geschehens, mindestens aber auf dem jeweiligen Kontinent. Und das war bisweilen auch völlig in Ordnung. Korrespondenten hatten an ihren Standorten viele Bezugspunkte parat und konnten das Geschehen deshalb besser einordnen und Meldungen gehaltvoller mit Zusatzinformationen anreichern als die Kollegen in Deutschland. *N24* hatte mich einige Monate zuvor erstmals angerufen und gefragt, ob ich für eine Telefonschalte zur Tibet-Krise zur Verfügung stehen würde.

An diesem Nachmittag des 12. Mai klingelten unsere Telefone im Stundentakt, weil sich die Nachrichtenlage dramatisierte. Am frühen Abend wurde klar, dass das Beben katastrophale Ausmaße haben musste. Von 3000 bis 5000 Toten war bereits die Rede und einer Vielzahl von Dörfern, die komplett von der Außenwelt abgeschnitten waren. »Da müssen wir hin«, sagten wir uns. Köln zögerte keine Sekunde, uns grünes Licht zu geben.

Wir bekamen tatsächlich noch drei Tickets für einen Flug am nächsten Morgen nach Chengdu, die Hauptstadt der Provinz Sichuan. Wir hatten riesiges Glück. Denn wir waren nicht die Einzigen, die die wohl letzte Chance nutzten, um ins Katastrophengebiet zu reisen. Im Flugzeug trafen wir den Kollegen der *Berliner Zeitung*, Bernhard Bartsch. Andreas Hoffbauer vom *Handelsblatt*, der uns in der Abflughalle über den Weg gelaufen war, schaffte es schon nur noch nach Chongqing, einige Autostunden von Chengdu entfernt. Wenig später gab es überhaupt keine Flüge in die Region mehr, weil die Flughäfen weitgehend für Militär und Flieger mit Hilfsgütern freigehalten wurden.

Als Pia, Yongbin und ich im Flugzeug saßen, dachten wir darüber nach, was wohl auf uns zukommen würde. Wir hatten alle im Fernsehen schon einmal Berichte aus Erdbebengebieten gesehen. Aber wir wussten nicht, wie es sich anfühlt, vor Ort zu sein und die Tragödie mit eigenen Augen zu sehen.

Freunde von Pia aus der *RTL*-Journalistenschule hatten ihr zum Abflug nach Peking einen Reiseführer über China geschenkt. Auf die Aufschlagseite hatten sie kurioserweise einen Gruß gekritzelt und dazu im Spaß vermerkt: »Konfuzius sagt: ›Freue dich über jede Naturkatastrophe, denn du könntest geschaltet werden!‹« Dass diese flapsige Bemerkung so schnell bitterer Ernst werden sollte, hatten wir nicht erwartet.

Wir stellten uns auf einen Trip von zwei oder drei, maximal vier Tagen ein. Am Ende blieben wir fast zwei Wochen. Wir waren ahnungslos, wie lange diese Katastrophe die Medien in Deutschland beschäftigen würde.

Wir bezogen unsere Basis in Chengdu, wo wir uns ein Auto samt ortskundigem Fahrer mieteten und jeden Tag in Richtung Epizentrum fuhren. Selten steuerten wir bewusst ein Ziel an. Meistens setzten wir uns einfach ins Auto und begaben uns auf die Suche nach Geschichten, die Hintergründe und Schicksale beschrieben, die im Kleinen das Große und Ganze erklärten. Im Wettlauf um Nachrichten mit den Agenturen zu konkurrieren, war völlig sinnlos. Wir benötigten individuelle Perspektiven, sonst hätten sich die Redaktionen auch ganz einfach am Bildmaterial von *Reuters* oder *AP* bedienen können. Manchmal waren wir nur eine Stunde von Chengdu unterwegs, ehe wir etwas fanden, das sich erzählerisch und bildlich vom Agenturmaterial unterschied. An anderen Tagen kurvten wir stundenlang durch die Berge. Nur zweimal in diesen Wochen wussten wir morgens schon, was wir konkret berichten wollten.

Den größten zeitlichen Aufwand betrieben wir für eine Geschichte über Pandabären. Wir besuchten die Tiere in einer Aufzuchtstation tief im Hinterland der Provinz. Nach dem Beben hatte es einen Engpass bei der Nahrungsmittelversorgung der vom Aussterben bedrohten Art gegeben. 15 Kilogramm Bambus verputzte ein ausgewachsener Panda täglich. Einige Futterlieferanten waren beim Erdbeben umgekommen, hieß es. Andere trauten sich aus Angst vor Nachbeben nicht mehr auf die bambusbewachsenen Hänge oder sie waren damit beschäftigt, ihre Häuser wieder aufzubauen. Den Pandas ging der Vorrat aus. Jetzt rollten aus den Nachbarprovinzen die Lastwagen heran und lieferten die dringend benötigte Nahrung für die Lieblinge der Nation. Doch die Lieferungen waren eine echte Herausforderung für Mensch und Maschinen. Die Zufahrtsstraße von Norden war blockiert. Nur wer die mühsame Südroute über zwei schneebedeckte und über 4000 Meter hohe Gebirgspässe aus Eis, Schneematsch und Schotter bewältigte, gelangte zum Zucht-Ressort im Hochgebirge der Sichuan-Provinz. Wer Pech hatte, benötigte bis zu anderthalb Tage für die vergleichsweise wenigen Kilometer durch die Berge. So auch wir.

War das wirklich eine gute Idee, diese Geschichte in Angriff zu nehmen? Wir hatten zu diesem Zeitpunkt bereits zahlreiche Berichte über menschliche Schicksale, Rettungsaktionen und die Krisenbewältigung produziert. Deswegen entschieden wir uns nach fast zwei Wochen, das Schicksal der bedrohten Tierart in den Mittelpunkt zu rücken.

Wir saßen in einem alles andere als winterfesten VW-Santana 2000 und schlitterten bei teils dichtem Nebel über Eis und Schnee durch die Gebirgskette, vor und hinter uns Lastwagen, die sich laut röhrend und schnaufend die Serpentinen hochquälten. Die Straßen, denen wir folgten, jagten uns schon bei klarer Sicht Angst ein, weil sie über weite Strecken ungesichert an steilen Schluchten entlangführten. An manchen Stellen waren sie so schmal, dass zwei Fahrzeuge nebeneinander nicht passieren konnten. Auf einer Passhöhe war die Sicht so vernebelt, dass wir kaum 20 Meter weit sehen konnten. Niemand im Auto sprach ein Wort, weil uns alle die Angst erfasst hatte, dass wir nicht lebend aus diesem Fahrzeug steigen würden.

Mit einsetzender Dunkelheit entschieden wir, im nächstbesten Ort zu übernachten. Uns war klar, dass wir kaum eine Unterkunft im Gebirge finden würden. Aber wir benötigten zumindest einen sicheren Parkplatz, ein paar Kekse und ein paar Bier, um die Nacht im Auto einigermaßen angenehm überstehen zu können. Wir fanden ein Dorf, das von Miao besiedelt war, eine der ethnischen Minderheiten des Landes. Es lag auf 3200 Meter Höhe. Wir kauften Wolldecken und richteten uns im Santana ein. Unsere Angst vor der Kälte war unbegründet. Vier Menschen in einem Auto sorgten für viel warme Luft. Die Scheiben beschlugen. Dazu noch die kratzigen Decken, das genügte.

Als die Sonne aufging, wurden auch wir wach. Zwangsläufig erleichterten wir uns hinter irgendwelchen Büschen und putzten uns vor dem Auto die Zähne, ehe die Reise bei klarer Sicht und Sonnenschein weiterging. Einige Stunden später erreichten wir sicher das Ressort der Pandas. Und der Aufwand sollte sich lohnen. Wir sammelten gutes Material für eine sehenswerte Reportage.

Auf einer anderen Fahrt durch die Berge und unzählige Schlaglöcher löste sich das Gestänge der Schaltmechanik an unserem Santana. Nichts ging mehr. Der Fahrer konnte keinen Gang mehr einlegen und wir nur noch ausrollen. Wir sahen uns schon als Anhalter auf die Ladefläche eines Lasters springen, um den Rückweg anzutreten. Doch wir hatten die Rechnung ohne unseren Retter Yongbin gemacht. Mehrere Jahre hatte er in einer Autowerkstatt gearbeitet, ein echter Glücksfall für uns. Er verbrachte etwa eine Stunde unter dem Fahrzeug, ohne Werkzeug, fummelte und pfriemelte, bis er schließlich triumphierend unter der Karosserie hervorkam: »Alles klar, wir können weiter.« Wie auch immer Yongbin es vollbracht hatte, das Getriebe funktionierte wieder.

Die Distanzen, die wir in diesen Tagen zurücklegten, waren enorm. Das Epizentrum des Bebens lag in Wenchuan, einem Landkreis im autonomen Verwaltungsbezirk Ngawa. Es richtete massive Schäden in einem Radius von über 100 Kilometern an. Die schmalen Bergstraßen wanden sich viele Stunden zwischen zwei Orten durchs Gelände. Oft mussten wir Umwege in Kauf nehmen, weil Straßen blockiert waren. Auf einer Route lag mitten auf der Fahrbahn ein Felsblock, der so groß war wie ein Einfamilienhaus. Wir stellten uns davor, machten Fotos und konnten kaum fassen, welche Urgewalt dieses Beben entfesselt hatte.

Wir verbrachten so viel Zeit im Auto, dass Pia große Teile ihrer Beiträge auf der Rückbank hinter dem Fahrer zusammenschnitt und in manchen Fällen sogar vertonte. Um die Hauptnachrichten um 18.45 Uhr pünktlich bedienen zu können, blieb ihr manchmal nichts anderes übrig, als während der Fahrt ihren Text einzusprechen. Wir baten den Fahrer, langsamer zu fahren, um das Geräusch des Motors so leise wie möglich zu halten. Und tatsächlich gab es aus Köln keine Beschwerde. Sicher war der Ton nicht optimal, aber er war gut genug, dass man ihn senden konnte. Angesichts der Umstände, unter denen wir arbeiteten, nahmen die Redaktionen kleine Defizite gerne in Kauf. *RTL* hatte Pia sogar angeboten, einen weiteren Redakteur nach China zu schicken. Aber Pia lehnte ab. Solange wir in der Lage waren, sogar während der Fahrt fertige Beiträge zu produzieren, waren wir optimistisch, die Berichterstattung allein stemmen zu können. Es war ohnehin fraglich, ob es wegen der bürokratischen Formalien überhaupt machbar gewesen wäre, so schnell Unterstützung aus Deutschland einfliegen zu lassen.

Abends im Hotel ging die Arbeit weiter. Pia produzierte immer auch eine zweite Version ihrer täglichen Reportage für das *Nachtjournal*. Die war in der Regel eine Minute länger und musste um einige Aspekte erweitert und vom Erzählstrang entsprechend angepasst werden. Dazu wollten die Redaktionen jede Menge aufgezeichnete Schalten: das *RTL-Nachtjournal*, die Frühnachrichten, *n-tv*, *VOX*, die *RTL2*-Nachrichten. Es war ein Umfang, der Pia fast rund um die Uhr auf Trab hielt. Der enorme Schlafmangel nagte an ihren Kräften und der Konzentration. Aber das Pensum half uns allen, die heftigen Eindrücke dieser Tage erst einmal zu verdrängen und sich emotional weitgehend nur mit unserer Aufgabe zu befassen. Niemals zuvor hatten wir Leichen gesehen, außer der des eigenen Opas, wie er nach langer Krankheit im Sarg lag. Jetzt wurden wir mit Tod und Zerstörung an jeder Ecke konfrontiert. Wir marschierten vorbei an Häusertrümmern und stolperten buchstäblich über notdürftig bedeckte Leichen, deren Füße unter Planen oder Bettlaken hervorlugten.

Am meisten unter die Haut gingen uns die Erlebnisse des allerersten Tages in Sichuan. Die Bilder dieser Stunden brannten sich auf alle Zeiten in unsere Köpfe ein. Wir hatten von einer Schule in Juyuan gehört, eine Stadt, die nicht allzu weit von Chengdu entfernt lag. Nur eine knappe Autostunde benötigten wir von unserem Hotel durch flaches Gelände in Richtung Epizentrum.

Die Schule war während des Bebens binnen Sekunden eingestürzt und hatte Hunderte Schüler und Lehrer unter ihren Trümmern begraben. Wir begriffen, dass Nachrichten oder Fernsehbilder von solchen Katastrophen im Bewusstsein des Medienkonsumenten nur eine abstrakte Vorstellung hinterließen. Als wir vor den Resten dieser Schule standen, dauerte es einige Minuten, ehe der Kopf dem Geist eingehämmert hatte, was wir dort eigentlich sahen. Heulende, schreiende, hoffende, verzweifelte Eltern und Familien bildeten ein Spalier, durch das im Fünfminutentakt Soldaten leblose Körper ins provisorisch eingerichtete Lazarett trugen. Als Tragen nutzten sie, was sie greifen konnten: Türen, Tische, Bretter. Körper um Körper wurde aus den Trümmern geborgen. Dutzende allein, solange wir uns dort aufhielten. Es waren die verschmutzten, teils blutüberströmten Leichen von Kindern und Jugendlichen. Niemand schaffte es lebend aus dem Gebäude.

Immer wenn die Soldaten im Laufschritt einen weiteren Körper durch das Spalier schleppten, reckten die Menschen ihre Köpfe in Richtung der Leiche, um erkennen zu können, ob es vielleicht das eigene Kind war. Solange der Sohn oder die Tochter nicht gefunden war, hofften die Menschen auf ein Wunder. Doch Wunder blieben aus an diesem Tag. Und selbst wenn es zehn davon gegeben hätte, so hätten sie die Verzweiflung und Trauer all jener, die vor unseren Augen Gewissheit über den Tod ihrer Kinder erhielten, nicht schmälern können. Die Menschen knieten vor den Leichen, sie streichelten sie, schrien sie an, hämmerten auf sie ein, um sie vielleicht doch noch zum Leben zu erwecken. Irgendwann blickte Pia mich mit Tränen in den Augen an, um Fassung und Konzentration bemüht, aber kaum in der Lage, die Kamera noch weiter waagerecht zu halten.

Bei jeder neuen Leiche, die geborgen wurde, zündete irgendwer einen Feuerwerkskörper, der 20 oder 30 Sekunden lang einen Höllenlärm verursachte und ein Moment der Ehrerweisung für das Opfer bedeutete. Einige Male machte sich ein Raunen, eine Unruhe unter den Leuten breit, wenn sich ein Gerücht auf dem Gelände verbreitete, die Helfer hätten jemanden unter den Trümmern schreien hören. Es waren nicht mehr als kurze Momente der Hoffnung, die sich für niemanden erfüllen sollte.

Mein Telefon klingelte. *N24* war am Apparat. Ich wurde durchgestellt in die Live-Sendung. »Bei der eingestürzten Schule in der Stadt Juyuan befindet sich unser Korrespondent Marcel Grzanna«, hörte ich den Moderator sagen. Ich rechnete damit, dass er mir einfach eine konkrete Frage stellte und wir unser Programm abspulten. Doch stattdessen sagte er nur: »Guten Tag.«

Mir war klar, dass ein Moderator nur ein Bindeglied zwischen den einzelnen Beiträgen war und natürlich kaum Zeit hat, sich gedanklich und emotional intensiv mit einem Thema auseinanderzusetzen. Dennoch war meine spontane Reaktion eine Belehrung für den Mann, weil ich doch ein bisschen mehr Empathie erwartet hatte. »Guten Tag trifft es nicht ganz«, sagte ich, »es ist ein Bild des Grauens, was sich uns hier bietet.« Meine letzten Worte dieser Schalte gingen in dem Lärm eines weiteren Feuerwerkskörpers unter.

Im Laufe der nächsten Wochen machten wir so viele Live-Gespräche per Telefon, wie wir es als Korrespondenten in China nie wieder in so geballter Form erleben sollten. Erst

Jahre später, als Pia 2017 aus Barcelona vom Unabhängigkeitsreferendum berichtete, war sie häufiger live auf Sendung, dann allerdings vor der Kamera, nicht am Telefon. Während der ersten zwei oder drei Tage im Erdbebengebiet wurden wir beinahe im Stundentakt zu unseren Erlebnissen und Einschätzungen befragt. Weil sich die Programmstruktur der Nachrichtensender ähnelte, kam es immer wieder vor, dass Pia und ich zur vollen Stunde parallel auf Sendung waren. Sie bei *n-tv*, ich bei *N24*. Wir standen uns dann manchmal keine zehn Meter entfernt voneinander gegenüber und schilderten unsere Eindrücke. Zwischendurch machten wir uns dann wieder an unsere Dreharbeiten und Recherchen. Bei derart vielen Schalten zwischen Tür und Angel erzählten wir auch einigen Unsinn.

Ich erinnere mich an eine meiner Antworten auf die Frage, wie es um die Versorgungslage der Bevölkerung stünde. Ich sagte, dass man dort, wo wir uns gerade befanden, weiterhin in den Supermarkt gehen könne. Ich vermittelte also den Eindruck, dass zwischen all den Trümmern die Leute ihren Einkaufswagen durch die Regale schoben und bei gemütlicher Hintergrundmusik die Verfallsdaten von Frischfleisch aus dem Regal verglichen. Dabei meinte ich mit Supermärkten keineswegs die großen Discounter, sondern kleine Lebensmittelläden, die es in China an jeder Straßenecke gab und die natürlich weiter ihrem Geschäft nachgingen, solange ihr Haus nicht zerstört war. Noch während ich sprach, biss ich mir auf die Zunge und ärgerte mich schwarz.

Der wenige Schlaf zehrte an unseren Kräften. Eines Abends überredete ich Pia und Yongbin zum Verbleib in unseren Zimmern, obwohl ein starkes Nachbeben erwartet wurde. Es war 23 Uhr, als wir vor den Computern saßen und es an der Tür klopfte. Ich öffnete. Davor stand eine junge Frau, die mir ein Stück Papier hinhielt, auf dem in englischer Sprache eine Botschaft stand. »Liebe Gäste, für die heutige Nacht erwarten die Behörden ein starkes Nachbeben. Wir möchten Sie darauf hinweisen und Ihnen die Möglichkeit geben, das Hotel rechtzeitig zu verlassen.« Gezeichnet war das Schreiben vom Management.

»Gehen die Mitarbeiter auch raus?«, fragte ich die Frau.

»Nein, wir bleiben hier«, sagte sie. »Aber die Mitarbeiter einer Hilfsorganisation, die hier untergebracht sind, verbringen die Nacht in ihren Bussen«, ergänzte sie.

»Okay, danke.«

Zwischen Pia und mir setzte eine hitzige Diskussion ein. Sie wollte raus aus dem Hotel und kein Risiko eingehen. Ich dagegen plädierte dafür, das Zimmer nicht zu verlassen. Wir befanden uns im 12. Stock und wären sicherlich hoffnungslos verloren gewesen, wäre dieses Gebäude in sich zusammengefallen. Aber ich war fest davon überzeugt, dass wir sicher waren. Zum einen befanden wir uns über 100 Kilometer vom Epizentrum entfernt. Chengdu hatte beim Hauptbeben nur wenige Schäden davongetragen, und das Hotel, in dem wir uns befanden, war völlig unversehrt geblieben. Ich konnte bei bestem Willen nicht verstehen, weshalb jetzt bei einem Nachbeben das Gebäude kollabieren sollte. Natürlich hätte es theoretisch ein Nachbeben werden können, das auf der Richterskala noch stärker gewesen wäre als 7,9. Aber dieses Szenario kannte ich nur aus der Theorie. Noch nie hatte ich von irgendwo auf der Welt gehört, dass einem sehr schweren Beben mit derart verheerenden Auswirkungen in den Tagen danach ein noch schwereres gefolgt war. Aber vor allem war ich hundemüde. Ich hatte schlichtweg keine Lust, das Hotel zu verlassen und die Nacht draußen auf der Straße zu verbringen.

Pia war sauer. Sie argumentierte, dass das Hotel wohl kaum seine Gäste warnen würde, wenn nicht tatsächlich eine ernste Gefahr bestünde.

»Wieso bleiben die Angestellten dann hier?«, fragte ich.

»Und wieso gehen dann die Mitarbeiter der Hilfsorganisation raus?«, antwortete sie.

Ich hielt das für ein Totschlagargument. Natürlich gingen die Helfer bei einem Nachbeben aus dem Gebäude. Was sollten sie sonst auch machen? Sie mussten ja mit gutem Beispiel vorangehen, dachte ich. Sie waren ja die Helfer, die sich im Ernstfall stets nach Lehrbuch verhielten. Aber vor allem hatten sie zwei Busse, in denen für jeden Helfer ein Sitz war, um darin schlafen zu können. Wir hätten die ganze Nacht komplett im Freien verbringen müssen. Ich war zu müde und sagte Pia, dass ich bleiben würde. Sie verfluchte mich, ließ sich aber breitschlagen.

Gegen ein Uhr lag ich auf meinem Bett und döste. Pia und Yongbin hatten den Beitrag fürs *Nachtjournal* fertig produziert, saßen auf dem Teppich und tranken Bier. Plötzlich vernahmen sie ein Grollen. Die Erde bebte. Es waren wenige Sekunden, in denen eine Erschütterung zu spüren war. Dann war es vorbei. Ich bekam davon kaum etwas mit, weil ich bereits in tiefen Schlaf gefallen war, wachte dann aber dennoch auf. Ohne sichtbare Schäden hatte das Hotel auch dieses Beben ausgehalten. Glücklich über meine Entscheidung teilte ich mit, dass ich nun nicht mehr versuchen würde, wach zu bleiben. Pia und Yongbin dachten sich ihren Teil und waren froh, dass das Nachbeben hinter uns lag.

Es gab natürlich immer wieder Situationen, in denen Pia und ich die Gefahr unterschiedlich einschätzten. Als wir auf dem Fußweg zur eingestürzten Schule in Juyuan waren, zitterte die Erde. Mit einem Mal lief uns eine Menschenmenge schreiend entgegen. Ich hatte die Kamera auf der Schulter, blieb stehen und fing an zu drehen. Pia prügelte mich fast in die andere Richtung. Meine Überlegung war, dass es keinen Unterschied machte, wo wir standen. Nur weil eine Masse reflexartig und in Panik in eine Richtung lief, bedeutete das nicht, dass es die richtige Entscheidung war, ihr zu folgen. Zumal es ja keine Horde wilder Tiere war, die uns entgegenstürmte. Wenige Sekunden später hatte sich die Lage schon wieder beruhigt. Die Menschen drehten sich um und liefen erneut in Richtung Schule.

Deren Trümmer lagen zwischen wenig bis gar nicht beschädigten Häusern. Es war das einzige Gebäude im Block, das das Beben nicht überstanden hatte. Diejenigen, die diese Schule hatten bauen lassen, waren verantwortlich für diese Tragödie. Sie hatten viel Geld für die Bauten eingespart und wohl in die eigene Tasche gewirtschaftet.[38] Tofu-Schulen wurden diese Gebäude, die mit einem Minimum an Stützstreben hochgezogen worden waren, nach dem Beben getauft. Dutzende Kilometer vom Epizentrum entfernt hatten diese Schulen dem Beben nicht standgehalten, während jahrzehntealte Wohnhäuser in der Nachbarschaft schadlos geblieben waren.

Ein Jahr später hatten die Behörden einen Zaun um das ehemalige Schulgelände gezogen. Zwei Meter hoch. So konnte buchstäblich Gras über die Unglücksstelle wachsen. 331 Kinder zählten unabhängigen Untersuchungen danach allein in dieser Schule zu den Opfern. Wir waren an die Stelle zurückgekehrt und versteckten uns in Hausfluren und hinter Mauern, weil der Einsturz ein Jahr zuvor ein so heikles Thema geworden war, dass wir fürchten mussten, unsere anstehenden Gesprächspartner nicht mehr treffen zu können, sollten wir hier von der Polizei beim Filmen erwischt werden.

Wir waren verabredet mit einer Frau, die ihre 14-jährigen Zwillingsmädchen bei dem Einsturz der Schule verloren hatte. Für sie war der Kampf um Aufklärung und Bestrafung der Verantwortlichen zu ihrem einzigen Lebensinhalt geworden. Seit einem Jahr stellte sie öffentlich unbequeme Fragen. Schon mehrfach war sie deswegen in Gewahrsam genommen worden. Es gab zwar kein Gesetz, das sie gebrochen hatte, aber ihre Penetranz war den Behörden ein Dorn im Auge. Als sie eine Petition bei der Provinzregierung einreichen wollte, hatten sie örtliche Beamte abgefangen und sie 20 Tage lang illegal weggesperrt. Um ihr die Flausen auszutreiben, renkte man ihr einen Daumen aus und verprügelte sie. Fotos dokumentierten die Blutergüsse auf ihrem Rücken und den Knien. Man warf ihr vor, eine Tibet-Aktivistin und Anhängerin von Falun Gong zu sein.

Als der damalige Premierminister Wen Jiabao zu einem seiner Inspektionsbesuche in die Region kam, wurde sie zusammen mit zahlreichen anderen renitenten Eltern vorbeugend eingesperrt. Es war eines von vielen Dutzenden Beispielen, die den Machtmissbrauch und die Rücksichtslosigkeit von Funktionären und Beamten dokumentierten.

Kurz vor unserer Reise zum Jahrestag der Katastrophe hatten wir den Künstler Ai Weiwei in seinem Atelier in Peking besucht. Auch er hatte begonnen, öffentlich Fragen nach Verantwortung und Konsequenzen zu stellen. Die Zentralregierung hatte seiner Meinung nach mit ihrer Politik einen entscheidenden Teil dazu beigetragen, dass die Tofu-Schulen gebaut wurden. Durch die Verlängerung der Schulpflicht in den Neunzigerjahren waren in kürzester Zeit neue Gebäude notwendig, und die örtlichen Funktionäre entschieden sich für schnelle und billige Lösungen.

Schnell rückte Ai ins Visier der Staatssicherheit. »Natürlich habe ich Angst. Aber irgendjemand muss diese Fragen stellen. Die Medien in China tun es nicht«, sagte er uns damals. Wenige Wochen später wurde er verschleppt und für zwei Monate festgehalten. Nachdem er wieder aufgetaucht war, sprach er öffentlich nie wieder über die Schulen.

Wir reisten im Rahmen unserer Nachlese auch nach Shenzhen in den Süden Chinas. Dort trafen wir einen Vater, der bei der Katastrophe seinen Sohn verloren hatte. Jetzt versteckte er sich weit weg von zu Hause vor den lokalen Behörden seines Heimatortes. Er war im Besitz von Bauplänen der Schule und suchte nach Möglichkeiten, sie öffentlich zu machen. Er und seine Familie erhielten deswegen Morddrohungen. Seit Monaten befand er sich auf der Flucht. Wir saßen mit ihm in einem Hotelzimmer, in dem er Unterschlupf fand, und er erzählte seine Geschichte. Er plante, mit seiner gesamten Familie in den Nordosten der Volksrepublik umzusiedeln, um wieder Ruhe in sein Leben zu bekommen. Zum Abschied überreichte er uns einen USB-Stick mit den Bauplänen. Doch auch unsere Geschichten in deutschen Zeitungen und im deutschen Fernsehen über eingestürzte Schulen und fehlende Verantwortung brachten den Eltern weder Genugtuung noch Gerechtigkeit. Bis heute liegt der USB-Stick in der Schublade unseres Schreibtisches.

16

Bei den Kims

Den Schmerz über den Verlust des eigenen Kindes konnten wir besser nachvollziehen, nachdem wir selbst Eltern geworden waren. 2011 wurde unsere Tochter Lily in Peking geboren, drei Jahre später folgte in Shanghai unser Sohn Mats. Für unsere Arbeit hatte der Familienzuwachs natürlich Konsequenzen. Fortan standen wir vor der Wahl, die Kinder regelmäßig über die Dauer mehrerer Tage allein in die Obhut eines Kindermädchens zu geben, oder sie auf unsere Reisen mitzunehmen. Zumindest während der ersten Jahre, als Mats noch nicht geboren war, fiel uns die Entscheidung leicht: Lily begleitete uns immer und gehörte quasi zur Grundausstattung einer Dienstreise. Zum einen wollte Pia nicht schon nach kurzer Zeit auf das Stillen verzichten, zum anderen wollten wir dem Kind nicht zumuten, über mehrere Tage von uns getrennt sein zu müssen, wenn es irgendwie auch anders ging. Anfangs war das überhaupt kein Problem. Lily konnte noch nicht laufen und verbrachte den Tag im Kinderwagen. Wir schoben sie kreuz und quer durch Chinas Provinzen. Als sie laufen lernte, wurde es schon etwas kniffliger, aber wenn es nötig war, hielt ich mich mit ihr ausreichend entfernt von der Kamera auf.

Häufig wirkte ein kleines blondes Mädchen viel spannender auf die Leute als eine ausländische Fernsehkamera, obwohl beides etwas Exotisches auf die Menschen in vielen Teilen des Landes ausstrahlte. Für viele Chinesen, die wir in den Dörfern und Kleinstädten des Landes trafen, waren wir die allerersten Ausländer, die sie in Fleisch und Blut zu Gesicht bekamen. Wir besuchten Fabriken, in denen Wanderarbeiterinnen und Wanderarbeiter Textilien schneiderten oder Unterhaltungselektronik zusammenschraubten. Auch dort gab es Menschen, die bis dahin keine persönlichen Berührungspunkte mit Ausländern hatten. Unser hellhäutiges Mädchen war dort überall eine echte Sensation. Es kam vor, dass sich ein paar Dutzend Menschen um Lilys Kinderwagen drängten, um ein Foto von ihr zu schießen oder ihre Haare anzufassen. Dann konnte es auch schon mal zu viel werden, und Lily fing bitterlich an zu weinen, wenn sich mal wieder eine Menschentraube um sie gebildet hatte. Natürlich wollten wir verhindern, dass Lily Angst bekam. Aber wer einmal den Sog chinesischer Begeisterung kennengelernt hat, der wusste, mit welcher Entschlossenheit die Menschen dort ihr Ziel verfolgen konnten. Wir mussten teilweise rabiat eingreifen, um Lily zu schützen.

Die erste längere Trennung zwischen Mutter und Kind wurde notwendig, als Pia nach Nordkorea flog. Da war Lily zehn Monate alt und noch immer ans Stillen gewöhnt. Pia wägte lange ab, ob sie die Reise machen sollte und entschied sich letztlich dafür, weil sie es für eine gute Gelegenheit hielt abzustillen. Außerdem war sie neugierig, endlich Nordkorea kennenzulernen. Ich bestärkte sie und sagte, dass sie es sicher irgendwann bereuen würde, falls sie auf den Trip verzichtete. Also trat sie die viertägige Reise mit unserem deutschen Kameramann Joa an, mit dem wir oftmals zusammenarbeiteten.

Es war ein purer Glücksfall, dass Pia ein Visum erhielt. Chinesische Zeitungen hatten berichtet, dass private chinesische Investoren an Projekten rund um den Mount Kumgang im Südosten des Landes interessiert waren und bald dorthin aufbrechen würden, um die Region genauer unter die Lupe zu nehmen. Yongbin kontaktierte die Veranstalter der Reise und fragte nach, ob es möglich sei, die Reisegruppe zu begleiten. Der damalige Korrespondent der *Washington Post* kam auf die gleiche Idee, und so kam es, dass einige Wochen später eine Gruppe von mehreren Dutzend Chinesen, der US-Reporter, dessen Mitarbeiterin sowie Pia samt Kameramann in der Propellermaschine von Air Koryo von Peking nach Nordkorea saßen.

Es war unüblich für ausländische Journalisten, als Anhängsel chinesischer Investoren ins Land einzureisen. Normalerweise war das nordkoreanische Außenministerium verantwortlich für die Organisation solcher Trips westlicher Reporter. Weil aber diese Reise über Kontakte in Peking eingefädelt wurde und niemand bei der nordkoreanischen Visastelle in Peking auf die Idee kam, das Außenministerium einzuschalten, bekam Ria viel mehr Spielraum, als er Reportern aus dem Ausland für gewöhnlich gewährt wurde.

Bereits bei der Ankunft am Flughafen zeigte sich, dass es offenbar keine Abstimmung mit dem Außenministerium gegeben hatte und folglich niemand klare Anweisungen an die Journalisten erteilte, wie sie sich zu verhalten hatten. Joa legte auf Pias Geheiß hin gleich los und filmte, wie sie in einem chaotischen Gedrängel inmitten der chinesischen Reisegruppe die Passkontrolle passierte. Die Mitarbeiter des Propagandaministeriums waren vergleichsweise nachsichtig und ließen sie weitgehend gewähren. Andere TV-Kollegen hatten erzählt, dass sie nicht nur auf Schritt und Tritt begleitet wurden, sondern dass sie auch um Erlaubnis bitten mussten, ehe sie drehen konnten. Mehr noch wurden ihnen sogar die Perspektiven der Kameraausschnitte vorgegeben, aus denen sie zu filmen hatten. Die mangelnde Kontrolle ermöglichte es Pia, viele authentische Ausschnitte aus dem Leben der Nordkoreaner zu sammeln.

Nach der Landung in Pjöngjang war die Gruppe mit dem Bus mehrere Stunden zum Mount Kumgang gefahren und nach dem Aufenthalt dort gemeinsam wieder zurückgereist. Besonders in Pjöngjang nutzten sie und ihr Kameramann jede Gelegenheit, um der Reisegruppe den Rücken zuzudrehen und Bilder in die andere Richtung zu schießen. Es waren faszinierende Ausschnitte, die sie aus dem Alltag der nordkoreanischen Hauptstadt sammelten mit der Gewissheit, dass niemand ihnen eine gestellte Realität vorgaukelte. Das Spannende an den Bildern war ihre Natürlichkeit. Sie boten keine Sensationen, sondern einfach nur Menschen, die in Pjöngjang lebten. Denn auch in einer totalitären und völlig isolierten Diktatur gab es einen Alltag, in dem die Menschen ihre Aufgaben zu bewältigen hatten: eine der adrett gekleideten Verkehrsbeamtinnen, die tänzelnd den geringen Strom der Autos begleitete, eine Frau, die ein öffentliches

Blumenbeet beackerte, Menschen, die an der Bushaltestelle warteten, Mutter und Kind, die über die Straße hasteten.

Am Tag vor der Rückreise nach China war der Tross aus der Provinz in die Hauptstadt zurückgekehrt. Die dortige Besichtigungstour umfasste auch einen der üblichen Stopps an einer der Gedenkstätten für Staatsgründer Kim Il-sung. Wäre das Außenministerium zu diesem Zeitpunkt über die anwesenden Journalisten informiert gewesen, hätte wohl auch Pia der pflichtgemäßen Verbeugung vor dem Monument nicht entkommen können. So überließ sie den chinesischen Gästen den pathetischen Akt und hielt sich bewusst im Hintergrund, ohne dass sie jemand aufforderte, es den anderen gleichzutun.

Gemeinsam besuchte die Gruppe danach einen Kunstmarkt, der auch Ölgemälde zum Verkauf anbot. Pia sicherte sich eines davon, das in leuchtenden Farben zwei junge Damen mit langen Zöpfen im innigen Ringelreihen zeigte, eine unter der Flagge Nordkoreas, die andere unter der Hong Qi, der Roten Flagge der Volksrepublik China. Die tanzenden Frauen in ihren traditionellen Gewändern der jeweiligen Heimat auf hellblauem Grund symbolisierten die enge Verbundenheit der beiden Staaten. Ihre Dynamik beschwingt und fasziniert uns bis heute. Das Bild hängt neben der Kochinsel in unserer Wohnung.

Schließlich brachte die Besichtigungstour in Pjöngjang das Außenministerium doch noch auf den Plan. Eine Frau aus der Propagandaabteilung hatte Pia bereits vorgewarnt, dass die Beamten mit ihr sprechen wollten. Gemeinsam mit ihrem Kameramann saß sie in einem Vorraum des Marktes und wartete darauf, dass die Chinesen ihre Einkaufstour beendeten, als zwei Herren auf sie zukamen, die sich als Vertreter des Außenministeriums vorstellten. Pia rutschte das Herz in die Hose. Plötzlich wurde ihr bewusst, dass sie in den vergangenen Tagen möglicherweise eine Grenze überschritten hatte. Wenn sich die Reisegruppe nach links wandte, war sie rechts abgedreht und umgekehrt, um ungestört ein paar Bilder drehen zu können. Das mag anderswo in der Welt eine Nichtigkeit sein, aber war es das auch in Nordkorea? Pia dachte an Lily, die in Peking auf die Rückkehr ihrer Mutter wartete. Plötzlich fürchtete sie, festgenommen und vorerst nicht nach China zurückkehren zu können. Dass das Regime keinen Spaß versteht, erfuhr die Welt ein paar Jahre später am Fall des US-Touristen Otto Warmbier, der ein Propagandaplakat gestohlen hatte und dafür viele Jahre ins Arbeitslager musste. Ehe er seine Strafe absitzen konnte, wurde er mit schweren Hirnschäden in seine Heimat überführt, wo er wenige Tage nach seiner Ankunft verstarb. Das Adrenalin schoss Pia in den Kopf.

Nun war sie allerdings deutsche Staatsbürgerin und keine Amerikanerin, und die Eskalation um Kims Atomprogramm und damit auch der Fall Warmbier lagen noch in der Zukunft. Dennoch schauderte es Pia bei dem Gedanken, den Männern nun Rede und Antwort stehen zu müssen. Sie und ihr Kameramann hätten Journalistenvisa benötigt. Aber sie hatten keine, und das konnte Schwierigkeiten nach sich ziehen. Weshalb die Beamten spitzbekommen hatten, dass ein Kamerateam im Land war, blieb im Verborgenen.

»Wir sind hier mit den Chinesen« sagte sie.

»Aber was wollen Sie hier drehen«, lautetet die Antwort.

»Wir wollen über Mount Kumgang und mögliche Investitionen aus China in der Region berichten.« Pia spielte naiv. Natürlich interessierte die Tatsache, dass ein paar Chinesen ein bisschen Geld in Nordkorea in ein Tourismus-Resort stecken wollten in Deutschland keinen Menschen. Sie hatte eine gute Gelegenheit gewittert, nach Nordkorea einzureisen und ein paar Eindrücke über das Land vermitteln zu können. Ihr war klar, dass sie unbedingt versuchen musste, ihr gesamtes Material als völlig harmlos darzustellen, ehe jemand auf die Idee kommen würde, die Herausgabe der Bilder zu verlangen. Glücklicherweise sprang ihr schließlich auch die Frau vom Propagandaministerium zur Seite, die betonte, welch hehre Absichten Pia verfolgte. Sie war eine smarte Frau, sie sprach fließend Englisch, und an jedem Tag der gemeinsamen Reise sang sie das hohe Lied der Vaterlandsliebe in Joas Linse. Meistens dadurch, indem sie das Gegenteil von allem behauptete, was gängige Ansichten außerhalb Nordkoreas über das Land waren. Einmal aber sang sie buchstäblich in die Kamera von der Liebe zur Nation.

In ihrem Interesse lag es, dass Mount Kumgang mehr internationale Aufmerksamkeit und damit ausländische Devisen generierte. Sie versuchte, die Männer vom Außenministerium auf ihre Seite zu ziehen. Und die Herren gaben sich zu Pias und Joas Erleichterung auch zunächst zufrieden. Aber sie kamen später noch einmal zurück.

Pia hatte gerade in ihrem Hotelzimmer mit Joa darüber geredet, wie sie die SD-Speicherkarten am besten verstecken würden, wenn es am Folgetag am Flughafen durch den Zoll und den Sicherheitsbereich zurück nach China gehen würde. Da klopfte es. Adrenalin! In Millisekunden.

»Wer ist da?«, fragte Pia.

»Außenministerium«, lautete die knappe Antwort.

Die beiden schauten sich entsetzt an. Er hielt die Speicherkarten noch in der Hand, deren Dateien wohl durchaus von Interesse für die Beamten gewesen sein dürften, selbst wenn sie keinerlei Material beinhalteten, das eine Staatskrise ausgelöst hätte. Pia überlegte kurz und schob den Mann, der fast 20 Jahre älter war als sie, ins Badezimmer. Dort stellte er sich in die Badewanne und zog den Duschvorhang zu. Pia wies ihn an, unter keinen Umständen einen Mucks von sich zu geben. Dann atmete sie tief durch und öffnete die Tür.

»Hallo, was gibt es?«, fragte sie durch den Spalt der Tür. Sanft drückten die Männer die Tür weiter auf. Pia leistete keinen Widerstand, sondern ließ zu, dass die Herren einen Schritt weit das Zimmer betraten. Sie wirkten selbst etwas verunsichert, wie sie sich nun dieser blonden Frau aus Deutschland gegenüber verhalten sollten. Und auch was sie eigentlich genau wollten, wurde nicht ganz klar. Stattdessen wanderten ihre Blicke durch das Zimmer, und einer der Männer schob die Tür zum Badezimmer auf und steckte den Kopf hinein. Pia schlug das Herz bis zum Hals. In diesem Augenblick dachte sie, dass das Versteckspiel vielleicht die falsche Entscheidung gewesen sein mochte. Denn ein versteckter Kameramann hinter dem Duschvorhang war sicherlich verdächtiger als sonst etwas. Was, wenn der Kameramann genau in diesem Augenblick durch eine ungeschickte Bewegung gegen den Duschvorhang gestoßen hätte? Oder wenn er hätte niesen müssen wie in einem schlechten Horrorthriller? Es vergingen einige bange Sekunden, die sich wie Minuten anfühlten. Aber nichts geschah.

Schließlich verabschiedeten sich die Männer, ohne konkret darüber zu werden, was sie genau wollten.

Die Nacht verlief unruhig. Pia war angespannt. Mehrfach wachte sie auf und dachte an den folgenden Tag. Hoffentlich würde alles gut gehen. Raus mit dem Material, zurück zur Familie.

Am nächsten Morgen brachte der Bus die Reisegruppe zum Flughafen. Die Kamera blieb aus. Im letzten Augenblick wollte Pia keinen Ärger mehr provozieren. Sie hatte ohnehin genug Bilder, die eine spannende Geschichte erzählen würden.

Die Ankunft am Flughafen verlief reibungslos. In Reih und Glied stellten sich alle Fluggäste mit dem Ziel Peking vor dem Schalter auf. Plötzlich steuerten wie aus dem Nichts mehrere Uniformierte auf Pia und die anderen zu. Einige laute Befehle im Militärton prasselten auf die Gruppe nieder. Pia fuhr der Schrecken in die Glieder. »Okay, das war's«, dachte sie. »Jetzt nehmen sie uns mit.«

Der Anführer der Gruppe fuchtelte bedrohlich mit seinen Armen und kam mit wütendem Gesichtsausdruck immer näher. Pia versuchte, die Ruhe zu bewahren. Schließlich hatten sie kein Verbrechen begangen, redete sie sich ein. Sie hatte sich nicht einmal despektierlich der Kim-Dynastie oder der nordkoreanischen Kultur im Allgemeinen gegenüber verhalten, was im Land durchaus als Verbrechen geahndet werden konnte. Sie hatte sich lediglich einige Meter von der Reisegruppe wegbewegt und Bilder gedreht.

Doch offenbar war diesem pöbelnden Militär völlig egal, ob es nun ausreichend Anlass gab oder nicht. Er stürmte auf Pia zu und schien gewillt, seinen Standpunkt durchzusetzen, ganz gleich, um was es ging. Zehn Meter, fünf Meter, zwei Meter, Pia atmete noch einmal tief durch. Mit erbostem Gesicht zeigte der Nordkoreaner auf die Kamera und steigerte sich dabei regelrecht in eine Wutrede hinein. Aber es dauerte einen Augenblick, bis Pia begriff, dass es gar nicht um sie ging, sondern um einen der potenziellen chinesischen Investoren vor ihr. Der Mann trug eine Spiegelreflexkamera um den Hals und wurde nun von den Uniformierten aufgefordert, das Gerät auszuhändigen. Völlig verunsichert tat er, wie ihm befohlen, begleitete den Trupp und händigte seine Kamera aus. Es herrschte Mucksmäuschenstille unter den Reisenden. Alle waren entsetzt, aber wohl gleichzeitig froh, dass nicht sie es waren, um die es hier ging. Allen voran Pia, der ein Felsen vom Herzen fiel. Einige bange Augenblicke vergingen.

In einigen Metern Entfernung blieb die Gruppe mit dem Chinesen stehen. Alle Augen waren auf ihn gerichtet. Aber er kam mit einem blauen Auge davon. Er wurde aufgefordert, seine Speicherkarte zu löschen. Schnell kam er der Aufforderung nach und ließ die Militärs bei jedem seiner Handgriffe genau zuschauen. Es spielte für die Männer keine Rolle, dass die allermeisten Fotos lediglich harmlose touristische Schnappschüsse waren.

Pia hatte die Löschaktion fasziniert und besorgt beobachtet und sah sich sofort zum Handeln gezwungen. »Komm«, sagte sie dem Kameramann, nahm ihr Gepäck und drängelte sich in bester chinesischer Manier vorbei an der gesamten Schlange an den Schalter. Sie wollte keine Minute länger als nötig im Sichtfeld der Uniformierten stehen.

Vorne angekommen brüllte ihr ein anderer Mann etwas

entgegen, das ihr den nächsten Schweißausbruch bescherte: »Checking, checking!«

Oh, nein, schoss es Pia durch den Kopf, das konnte doch nicht wahr sein, dass hier schon der Nächste eine Durchsuchung ihres Gepäcks anleierte. Gab es etwa kein Entkommen? Wieder sagte der Mann in wenig freundlichem Ton: »Checking, checking.« Pia stand resignierend vor ihm und schaute den Mann an, nicht wissend, was sie jetzt tun sollte. Auch der Mann schien Pia erwartungsfroh anzublicken. Einen sehr langen Moment lang standen sie sich schweigend gegenüber und blickten sich in die Augen.

Dann endlich dämmerte es Pia: »Check in«. Er meinte den Check-in. Er wollte nicht in ihren Taschen schnüffeln, sondern sich erkundigen, ob sie etwas bei sich trug, das in den Gepäckraum der Maschine sollte. »Ein Glück.«

»No, no«, antwortete sie. Der Mann winkte sie durch.

Eine kurze Weile später saß sie an ihrem Fensterplatz von Air Koryo und fand endlich die Zeit, die vergangenen Tage Revue passieren zu lassen. Die Anspannung brach sich in einigen Tränen der Erleichterung Bahn. Pia beschlich das Gefühl, vielleicht doch zu große Risiken eingegangen zu sein. Daheim in Peking wartete ihre kleine Tochter. Die Leidenschaft einer Vollblutjournalistin mit der unendlichen Fürsorge für die Kinder zu verbinden, war extrem undankbar. Pia fragte sich, ob sie den Bogen überspannt hatte.

Nach ihrer Rückkehr sprachen wir lange darüber. Ich war der Meinung, dass es in Ordnung ging, wie sie in Nordkorea gearbeitet hatte und das Risiko in einem akzeptablen Rahmen geblieben war. Ich war sicher, dass man sie wegen des Ungehorsams zum damaligen Zeitpunkt nicht weggesperrt hätte, auch weil sie deutsche Staatsbürgerin war, keine Amerikanerin. Jahre später war die Situation sicherlich eine andere. Aber auch dann waren Deutsche als potenzielle politische Trümpfe für die nordkoreanische Geostrategie weitaus weniger von Nutzen als amerikanische Staatsbürger. Doch zugegebenermaßen war das alles reine Kaffeesatzleserei.

Es gab viele andere Situationen, in denen wir sehr bewusst das Risiko kalkulierten, die Kinder auf unsere Reisen mitzunehmen. Unser aller körperliche Unversehrtheit genoss selbstverständlich Priorität. Tatsächlich schätzten wir die Gefahr, in China Opfer von physischen Angriffen zu werden, vergleichsweise gering ein. Gewalt gegen Journalisten kam zwar vor, aber eher gegen chinesische Kolleginnen und Kollegen. Schließlich hatten wir es meistens mit Vertretern von Staat und Partei zu tun, die sich hüteten, die Hand gegen uns zu erheben, um keine diplomatischen Krisen auszulösen. Dessen waren wir uns stets bewusst und traten entsprechend selbstsicher auf. Natürlich gab es Grenzen, die auch wir nicht überschreiten durften. Je nachdem, wie sich vor Ort die Lage entwickelte, nutzten wir unseren Spielraum. Wir gewannen ein Gefühl dafür, was wir uns erlauben konnten und was nicht.

17

Erschwerende Umstände

Einst drehten wir eine Geschichte in der Provinz Kanton, als Pia mit Lily im achten Monat schwanger war. Ihr Bauch war schon deutlich zu sehen, und das Reisen wurde wesentlich mühevoller. Es ging um illegale Minen, in denen nach Seltenen Erden gegraben wurde. Ein Thema, das damals plötzlich ein großes Interesse hervorrief, nachdem bekannt geworden war, dass China auf den größten natürlichen Reserven dieser unverzichtbaren Metalle in etlichen Schlüsseltechnologien saß. Die Betreiber der Minen achteten dabei in der Regel weder auf die Umwelt noch auf die Gesundheit der Arbeiter und richteten in beide Richtungen große Schäden an. Es war ein Millionengeschäft, und es war klar, dass Machenschaften solchen Ausmaßes nur mit Wissen und Einverständnis der lokalen Behörden vonstattengehen konnten.

Pia hatte Sorge um das Baby. Sie hatte die latente Befürchtung, dass vielleicht irgendjemand aus einer Kurzschlussreaktion heraus auf ihren Bauch schlagen könnte. Ich hielt diese Gefahr für irrational. Für mich schien es ausgeschlossen, dass wir umgehend attackiert würden, sollte man uns entdecken. Man würde uns festhalten, zur Rede stellen und mit den uns bekannten Psychospielchen versuchen, an unser Filmmaterial zu kommen. Wir hätten also jederzeit die Möglichkeit gehabt, die Notbremse zu ziehen, wenn wir das Gefühl bekommen hätten, man wolle uns körperlich züchtigen.

Wir nahmen uns dennoch vor, so wenig Aufmerksamkeit wie möglich zu verursachen. Doch unser Versuch ging völlig daneben. Noch ehe wir die Mine erreicht hatten, wusste man, dass wir da waren. Pia und ich hatten zwar die Köpfe eingezogen, und wir hatten den Fahrer gebeten, er solle völlig unbedarft an der Mine vorbeifahren und so tun, als sei er zufällig auf dieser Straße unterwegs. Aber stattdessen drosselte er das Tempo, schaute nach links und rechts, zeigte mit dem Finger in ein paar Richtungen und redete dabei unentwegt auf Yongbin ein, der vorne neben ihm saß. Dabei fuhren wir so dicht an ein paar Arbeitern vorbei, dass sie Pia und mich unweigerlich auf der Rückbank entdeckten. Es war zum Haareraufen, aber es ließ sich nicht ändern. Also nahmen wir den Abzweig auf unbefestigtes Gelände, ohne auch nur den Anschein zu erwecken, wir wären rein zufällig hier.

Ein paar Hundert Meter weiter oben auf dem Berg erreichten wir die Abbaustelle. Niemand arbeitete, ein Bagger parkte in dem großen Loch. Wir waren sicher, dass wir alles schnell über die Bühne bringen mussten. Kamera raus, Aufsager drehen und weg. So lautete der Plan. Mehr war hier bildlich auch nicht zu holen. Es ging Pia nur darum, eine der illegalen Abbaustätten aufzunehmen, um sie in der

Geschichte dokumentieren zu können. Der überwiegende Teil der Reportage befasste sich mit den Bewohnern des anliegenden Dorfes, die über die Vergiftung ihres Trinkwassers klagten. Mehrere Betroffene hatten wir bereits zum Interview am Vormittag des gleichen Tages getroffen. Sie hatten uns auch den Weg zur illegalen Mine beschrieben.

Der Plan ging auf. Niemand störte uns, Pia bemängelte nur mehrfach meine Kameraführung. Sie sähe unscharf aus, und man würde zu sehr ihren Schwangerschaftsbauch auf den Bildern sehen, klagte sie. Also drehten wir noch einen Aufsager und noch einen. Nach 15 Minuten war Pia schließlich zufrieden. Wir packten alles schnell zusammen, stiegen ins Auto und fuhren den Berg wieder hinunter.

Es war schon etwas seltsam, dass wir zwar entdeckt worden waren, ehe wir die Mine erreicht hatten, aber uns offensichtlich niemand gefolgt war, um uns an der Arbeit zu hindern. Das konnte eigentlich nicht mit rechten Dingen zugehen; aber wir waren für den Augenblick nur froh, dass wir mit dem Dreh fertig waren. Dennoch herrschte eine angespannte Stille im Auto. Wir alle drei ahnten wohl, dass irgendetwas faul sein musste. Aber niemand von uns sagte ein Wort. Jeder machte sich seine eigenen Gedanken und verzichtete darauf, seine mögliche Sorge mit den anderen zu teilen.

Es gab nur den einen Weg zur Mine, den wir nun auch wieder zurückfahren mussten. Als wir die asphaltierte Straße erreichten und links abbogen, um zum Flughafen zu gelangen, dämmerte uns, dass die Angelegenheit nicht erledigt war. Zwei große Bagger blockierten links und rechts die Straße. Über dem Motor des einen hatte sich der Fahrer platziert und schaute angestrengt ins Innere der Maschine. Es war uns sofort klar, dass sein Auftritt reine Scharade war. Er simulierte eine Panne und tat so, als könne er weder vor noch zurück. Die Bagger schnitten uns den Weg ab. Wir waren viel zu weit in der Ödnis, um laufen zu können. Das gab den Hintermännern des illegalen Abbaus ausreichend Zeit, uns vor Ort aufzugreifen und später mit uns zu sprechen.

Anfangs waren nur einige Arbeiter vor Ort. Es dauerte rund 30 Minuten, bis ein Polizeifahrzeug eintraf. Die Beamten verlangten unsere Pässe und prüften unsere Visa samt Presseakkreditierungen. Der Vorgang zog sich in die Länge. Und nach 30 Minuten protestierten wir lautstark, aber es war sinnlos. Man ließ uns nicht gehen. Wir waren nicht zum ersten Mal in einer solchen Situation, weswegen Pia, auch mit Baby im Bauch, gelassen blieb. Die Stimmung blieb relativ entspannt. Die Polizei trat zwar bestimmt auf, aber nicht bedrohlich. Ich nutzte die Gunst der Stunde und nahm die Kamera auf die Schulter, um das Szenario für den späteren Beitrag festzuhalten.

Pia eignete sich in all den Jahren an, jede Konfrontation bildlich zu dokumentieren. In ganz heiklen Situationen nutzte sie meistens ihr Mobiltelefon, um zumindest einige Shots aus der Hüfte zu drehen. Sie entwickelte dabei eine Kaltschnäuzigkeit, die nahezu alle Kameramänner, mit denen sie arbeitete, restlos überforderte. Sie stellte fest, dass die meisten schon bei der ersten Drohgebärde einknickten. Als sie zuletzt im Frühjahr 2019 im Vorfeld des 30. Jahrestages des Massakers rund um den Platz des Himmlischen Friedens im Land arbeitete, gestand ihr der deutsche Kameramann nach ein paar Tagen, dass er nach solchen Begegnungen mit Polizei oder Staatssicherheit immer fix und fertig war und ihm derart die Hände zitterten, dass er unmöglich die Kamera gerade halten konnte. Auch Pia spürte in solchen Situationen natürlich einen erhöhten Pulsschlag. Aber durch viele vergleichbare Situationen hatte sie einen großen Erfahrungsschatz und eine Routine angehäuft, die ihr dabei halfen, ruhig zu bleiben und das Gefahrenpotenzial sachlich einzuschätzen. Getrieben war sie dabei immer von dem Ziel, eine gute Geschichte zu produzieren, die alles erzählte, was Relevanz für ein Thema besaß. Die Sensibilität vieler Bereiche konnte man Zuschauern gegenüber zwar immer betonen, aber ihre detaillierte Darstellung im Bild machte sie den Leuten bewusster.

Vor der Mine in Guangzhou warteten wir noch eine halbe Stunde, die Kamera immer einsatzbereit, bis schließlich zwei weitere Fahrzeuge den abgelegenen Ort erreichten. Ein Mann stellte sich als Vertreter des örtlichen Propagandaministeriums vor, als wir fragten, mit wem wir es zu tun hätten und was der Grund dafür wäre, weshalb man uns nicht weiterfahren lassen wollte. Einer der Männer sagte, wir seien möglicherweise Terroristen. Er hätte nicht zwischen einer Kamera und einer Schusswaffe unterscheiden können, behauptete er. Vielleicht, so seine Vermutung, hätten wir so etwas wie eine Panzerfaust auf der Schulter und keine Sony.

Uns blieb nichts anderes übrig, als diese hanebüchenen Ausreden hinzunehmen und zu warten. Im Laufe der Zeit traten mehr und mehr Beamte auf die Bildfläche. Inzwischen hatten sich rund 20 Personen versammelt, die unendlich lang miteinander berieten, wie sie nun mit uns umgehen wollten.

Wir standen mittendrin in der Traube und versuchten, uns aus der Bredouille zu reden. Aber das gelang uns nicht.

Erneut wurden unsere Papiere geprüft. Zumindest wurde uns das so gesagt. Es gab eigentlich nichts mehr zu prüfen. Es ging den Beamten nur darum, Zeit zu gewinnen. Aber wofür? Irgendwann wurde der Ton rauer. Ein Mann im hellblauen Oberhemd mit ordentlichem Seitenscheitel und großer Brille, der spät hinzugekommen war und seitdem anscheinend das Kommando übernommen hatte, brüllte Yongbin aus nächster Nähe und aus vollem Leib ins Gesicht. Nur weil der sich erdreistet hatte, sich nach dem weiteren Ablauf des Tages zu erkundigen. Es brodelte hinter der freundlichen Fassade. Die Leute wurden langsam ungehalten. Zwei Stunden waren bereits vergangen, seitdem unser Auto ›zugeparkt‹ worden war. Und wir spürten die ungemütliche Atmosphäre überhandnehmen. Wir riefen die deutsche Botschaft in Peking an und baten um Hilfe.

Der Anruf bei der Botschaft gab uns Sicherheit, weil man uns dort sofortige Unterstützung zusagte. Wie genau diese aussehen würde, war uns noch nicht klar. Aber wir hofften darauf, dass die Diplomaten einen Ausweg für uns fanden. Gleichzeitig hatten wir auch Andreas Landwehr von der *dpa* informiert. Wir sprachen eine Weile mit ihm, damit er sich ein Bild von unserer Lage machen konnte – er wollte eine Meldung für den deutschen Nachrichtenticker schreiben. Bis zu diesem Zeitpunkt hatte Pia *RTL* noch nicht über unsere Lage informiert. In Köln fiel einigen Redakteuren die Kinnlade auf die Tastatur, als die Meldung im Ticker auftauchte, dass ihre Korrespondentin in Schwierigkeiten steckte. Von Pias Schwangerschaft wusste man dort nichts.

Pia blieb in dieser Zeit bemerkenswert ruhig. Niemand kümmerte sich anscheinend darum, dass sie offensichtlich hochschwanger war. Lily strampelte zwischendurch ein paar Mal, schien sich aber wohl zu fühlen.

Nach rund vier Stunden am Fuße des Berges entschieden sich die Beamten, uns in einem Konvoi zur nächstgelegenen Polizeistation zu geleiten. Es war inzwischen dunkel, und noch immer hatte uns niemand darüber informiert, was der Grund dafür war, weshalb man uns festhielt. Wir konnten natürlich eins und eins zusammenzählen. Man wollte uns mürbemachen und irgendwann auf die Herausgabe unserer Filmaufnahmen drängen. Aber so weit kam es nicht. Nach fünf Stunden wendete sich völlig überraschend das Blatt.

Plötzlich kam einer der Wortführer mit großer Geste auf uns zu, überreichte uns unsere Reisepässe und entschuldigte sich blumig. Er verbeugte sich mehrfach dabei und wünschte uns eine gute und sichere Heimreise. Wir schauten uns gegenseitig fast amüsiert an und nahmen unsere Papiere dankend entgegen. Aber wir hatten Angst, von vermeintlich Unbekannten überfallen zu werden. Vielleicht würde man auf diesem Wege versuchen, an unsere Bilder zu kommen.

Wir informierten den Kollegen Landwehr, der eine Meldung in die Welt setzte, dass man uns hatte gehen lassen. Auch der Botschaft teilten wir natürlich mit, dass ihre Hilfe zum Erfolg geführt hatte. Denn tatsächlich hatte der Sinneswandel der Beamten vor Ort mit unserem Hilferuf zu tun. Die Presseabteilung hatte den deutschen Konsul in der Provinzhauptstadt Guangzhou eingeschaltet, der sich wegen seines guten Kontakts zum Gouverneur der Provinz Kanton persönlich für uns einsetzte. Die Beziehungen der beiden Herren entpuppten sich als Glücksfall für uns und einen kleinen Triumph für die Pressefreiheit. Im Auto lachten wir viel. Pia streichelte sich über den Bauch und sagte selbst etwas ungläubig: »Was die Kleine schon alles erlebt hat mit uns.«

Pia war zeit ihres Berufslebens stets extrem fokussiert auf die Dinge, die sie für eine gute Geschichte benötigte. Mit riesiger Ausdauer und noch größerem Anspruch an sich selbst verdrängte sie nicht nur Müdigkeit und Erschöpfung, auch die Angst, sich in Gefahr zu begeben, wich einer rationalen Einschätzung der realen Bedrohung. Wir hatten gemeinsam entschieden, dass wir mit dem Baby im Bauch diese Reise antreten würden und fühlten uns bestätigt in der Annahme, dass wir kein unkalkulierbares Risiko eingegangen waren.

Pias Leistungsfähigkeit offenbarte sich auch durch eine physische Kraft, die sie nur wenige Tage später in Hongkong benötigte. Lilys Geburt lag noch zwei Monate in der Zukunft, aber ihre zunehmende Extralast und die der Fruchtblase machten sich bereits deutlich bemerkbar. Auch vergleichsweise leichte körperliche Betätigungen wurden immer mühsamer. Das Atmen und das Treppensteigen zum Beispiel fielen Pia mit jeder Woche Schwangerschaft etwas schwerer. Was nicht bedeutete, dass sie darauf verzichtet hätte.

In diesem Zustand war unsere nächste Geschichte eine echte Herausforderung, deren Größe uns aber erst klar wurde, als wir schon mittendrin steckten: Hongkong also. Unser Thema waren die örtlichen Gerüstbauer und deren traditionelle Art und Weise, Gerüste aus Bambus zu schnüren. Dutzende, manchmal Hunderte Meter hoch. Wer diese Kunst erlernen und in der Stadt anwenden wollte, musste eine mehrjährige Ausbildung durchlaufen und im Rahmen einer amtlichen Prüfung seine Fähigkeiten unter Beweis stellen. Nach einem kurzen Besuch der Schule wollten wir nun auf einer Baustelle die Praxis des Bambusgerüstbaus aus nächster Nähe erleben. Wir hatten uns bei einer Baufirma um eine Drehgenehmigung bemüht und darum gebeten, Zugang zu einem Hochhausprojekt zu bekommen. Die Bilder der arbeitenden Gerüstbauer würden umso beeindruckender werden, je höher wir bei ihrer Arbeit zusehen konnten.

Die Baufirma stimmte zu und gab uns die Adresse einer Baustelle auf Hongkong Island. Es handelte sich um ein Gebäude, das zu diesem Zeitpunkt bereits 22 Etagen in die Höhe ragte. Immer wenn eine Etage fertig wurde, waren die Gerüstbauer gefragt, ihre Konstruktion weiter nach oben zu ziehen. Das Spannende an den Bambuskonstruktionen waren ihre Verschnürungen und ihre natürliche Flexibilität. Keine Stahlschrauben hielten das Gerüst zusammen, sondern Seile.

Hongkong war als Schauplatz für die Geschichte prädestiniert. Wegen ihrer geringen Fläche war die Stadt bekannt dafür, dass Neubauten vor allem in die Höhe gingen statt in die Breite. Hochhaus reihte sich dort an Hochhaus.

Wir fuhren mit dem Taxi vor und suchten nach einem Zugang auf das Gelände. Nach einigem Suchen fanden wir zwei Mitarbeiter, die uns offenbar erwartet hatten. Pia stellte sich vor und überreichte ihre Visitenkarte. Die beiden Männer schauten etwas verdutzt unter ihren Helmen hervor. Sie hatten mit vielem gerechnet, aber eine sichtbar hochschwangere Frau war dann doch eine ziemliche Überraschung. Vielleicht auch, weil sie gut wussten, was uns nun bevorstand.

Bis zu diesem Augenblick hatten wir uns keine Gedanken darüber gemacht, wie wir eigentlich das im Bau befindliche oberste Stockwerk erreichen wollten. Als die beiden Männer uns durch den Rohbau des Erdgeschosses den Weg bis zu einer Treppe wiesen, dämmerte es uns langsam, dass hier kein Fahrstuhl auf uns wartete. 22 Stockwerke wollten zu Fuß erklommen werden. Unter normalen Bedingungen wäre der Aufstieg nicht mehr als eine kurze sportliche Anstrengung gewesen. Pia war aber im achten Monat.

Es war ein Pusten und Keuchen. Natürlich hatte ich Kameratasche und Stativ an mich genommen, aber das Baby im Bauch musste Pia irgendwie allein dort hochschaffen. Sie nahm Treppenabsatz für Treppenabsatz, ohne darüber nachzudenken, wie viele Stufen noch vor uns lagen. Ihr sportlicher Ehrgeiz, den sie viele Jahre in ihrer Jugend als Langstreckenläuferin ausgelebt hatte, veranlasste sie dazu, mit den beiden Herren vor uns Schritt zu halten. Die dachten keineswegs darüber nach, dass eine Schwangere in etwa gleich viel Luft zum Atmen benötigt wie ein schwer adipöser Mensch, der sich die Stufen hochquält. Stattdessen marschierten sie ihr eigenes Tempo und gingen davon aus, dass wir ihnen schon dicht folgen würden. Gesagt, getan.

Oben angekommen wurde Pia erst einmal schwarz vor Augen. Sie setzte sich auf irgendetwas, was die Baustelle in luftiger Höhe hergab und benötigte zehn Minuten, um überhaupt wieder auf die Beine zu kommen. Wir standen auf dem 22. Stockwerk. Stahlstreben zogen sich durch den Beton unter uns, und es war eine einzige Kletterpartie, um eine Position zu finden, in der wir sowohl einen Aufsager drehen konnten, der die Höhe, in der wir uns befanden, bildlich eindrucksvoll dokumentierte, als auch unsere Sicherheit gewährleistet war.

Pia nahm ihre letzten Kräfte zusammen, war aber wie benebelt von dem Aufstieg. Mehrfach änderten wir auch noch die Perspektive der Kamera, sodass sie nicht nur einmal fehlerfrei durchsprechen musste, sondern dreimal. Als wir endlich fertig waren, wollte sie nur die Treppen wieder hinunter und irgendwo Platz nehmen, um sich zu erholen. Wir verabschiedeten uns höflich und ernteten zum Abschied noch zahlreiche verstohlene Blicke von den Bauarbeitern, von denen mancher wohl gedacht hatte, er träume. Langsam und immer wieder lächelnd über diesen Irrsinn nahmen wir die Treppe 22 Stockwerke tief in Angriff.

Immerhin hatte sich der Aufwand wirklich gelohnt. Der Beitrag lebte von faszinierenden Eindrücken über den Dächern Hongkongs und zeigte hautnah den außergewöhnlichen Arbeitsplatz der Gerüstbauer in der Stadt. Und Lily kam zwei Monate später wohlbehalten in Peking zur Welt trotz all der Aufregung, die Pia mit ihr zuvor erlebt hatte.

Fortan gehörte unser Mädchen mit zum Team. Unsere Leidenschaft für die Drehreisen musste nicht darunter leiden. Lily war überall mit dabei. Erst nachdem drei Jahre später unser Sohn geboren wurde, mussten Pia und Yongbin immer häufiger ohne mich auskommen. Fortan begleitete öfter ein Kameramann die beiden. Seltener dagegen bestiegen wir mit Lily und Mats gemeinsam das Flugzeug in die Provinzen. Aber auch das kam vor.

Eine der seltsamsten Erfahrungen für beide, aber auch für

uns als Eltern, erlebten wir in der südchinesischen Provinz Guizhou. Wir besuchten dort eine Schule für verwaiste Kinder, die von den Lehrern nach bestem Wissen und Gewissen ausgebildet wurden. Das Schulgebäude glich einer deutschen Amtsstube aus den 1950er Jahren. Unästhetisch und hässlich zwar, dafür zweckmäßig und raumeffizient. Nach dem Singen der Nationalhymne und dem gleichzeitigen Hissen der Flagge verschwanden die Kinder in ihre Klassenzimmer. Die jüngsten waren etwa vier Jahre alt, die ältesten zwölf.

Nach einer Stunde gab es eine Pause, und alles strömte zurück auf den Pausenhof. Lily und Mats standen mittendrin und wurden von vielen Kindern genauestens inspiziert. Die größeren integrierten sie in Ballspiele, Mats mit seinen knapp anderthalb Jahren fühlte sich aber auch immer wieder auf dem Arm seiner Mutter oder meinen Schultern wohl.

Um dem Gedränge der Kinder zu entkommen, stellten wir Mats einige Augenblicke auf der Tischtennisplatte ab, auch Lily hievten wir dort hoch. Damit waren die beiden in noch exponierterer Position, als sie es durch ihre Exotik ohnehin schon waren. Sie schauten angeregt im Kreis um sich herum und versuchten zu verstehen, was da gerade vor sich ging. Weshalb so viele Kinder den Blick auf sie richteten. Eine der Lehrerinnen kam zum Tisch und hielt Mats die Hand, um ihn vorm Herunterfallen zu bewahren. Ich trat wenige Schritte zurück, um ein Foto von der Szenerie zu machen.

Vielleicht war es die plötzlich gewonnene räumliche Freiheit, die die Lehrerin ermutigte, einen kurzen Vortrag in Rassenkunde zu halten. Sie bat laut um die Aufmerksamkeit der um die Platte versammelten Kinder und fragte in die Runde, ob jemand wisse, was denn die Unterschiede zwischen diesen *xiǎo wàiguó péngyou*, kleinen ausländischen Freunden, und ihnen selbst sei. Sie wartete keine Antwort ab, sondern legte sich gleich ins Zeug.

»Schaut mal die Haare an. Die sind weiß, eure sind alle schwarz«, sagte sie. Dabei hielt sie ein paar Strähnen des Jungen wie einen Beleg in die Luft.

»Und schaut euch die Haut der Kinder an. Die ist viel heller als eure Haut.« Dann wandte sie sich dem letzten markanten Unterscheidungsmerkmal zu: dem Gesicht. »Die Augen der Kinder sind blau. Ihr habt alle braune Augen. Und die Wangenknochen sind nicht so weit ausgeprägt.« Mit einem Rundumblick musterte sie ihre Schüler, die gebannt auf die beiden Knirpse aus einer anderen Welt starrten. Lily hatte in einem Sicherheitsabstand von der Lehrerin entfernt gestanden und dabei skeptisch zugeschaut. Sie war in China groß geworden, hatte im Kindergarten neben englischsprachigen Erzieherinnen auch Chinesinnen, die ausschließlich Mandarin mit ihr sprachen. Sie verstand also sehr wohl, was die Frau da über sie erzählte. Ihr Bruder und sie waren die Anschauungsobjekte für eine große Mehrheit anders aussehender Kinder. Was Lily sich wohl dabei dachte? Zumindest war es eine interessante Erfahrung für beide Kinder. Jahre später spielten wir ihnen die Szene vor. »Warum gucken die uns alle so an«, fragte Mats.

Als die Lehrerin geendet hatte, kam Lily mit einem suchenden Blick einen Schritt auf mich zu und sprang mir in die Arme. Auch Mats war die exponierte Position auf der Tischtennisplatte plötzlich nicht mehr geheuer und ließ sich so gleich in meinen anderen Arm fallen.

Berührungsängste hatten Lily und Mats hingegen nicht.

Sie wurden unter Asiaten und Europäern gleichermaßen groß. Die Nachbarn in den Pekinger Hutongs und später in der früheren französischen Konzession in Shanghai waren ausschließlich Chinesen, sodass enger Kontakt für die Kinder völlig normal war. Entsprechend aufgeschlossen begegneten sie chinesischen Kindern, ganz gleich, wo wir welche trafen. Das half uns bei vielen Drehs, die Gefahr aufkommender Langeweile zu mindern. Wenn es in irgendwelchen Dörfern wieder einmal stundenlang dauerte, bis wir hatten, was Pia benötigte, konnte es sein, dass Lily und Mats für eine jeweils kurze Weile Freundschaften schlossen und sich mit anderen Kindern im Spiel die Zeit vertrieben. Sie lernten dabei Lebensumstände kennen, die mit unserer heilen und vergleichsweise luxuriösen Welt rein gar nichts zu tun hatten. Aber sie machten sich eben keinerlei Gedanken darüber, wie diese Kinder lebten und schenkten den Umständen entsprechend wenig Beachtung. Uns dagegen wurde die Differenz zwischen Arm und Reich, wie privilegiert wir im Vergleich waren, sehr deutlich vor Augen geführt.

Egal, wo Lily und Mats mit uns als Kamerateam auftauchten, sie waren stets willkommen. Niemals erlebten wir, dass auch irgendwer einen seltsamen Blick auf die Kinder warf. Als Mats noch in der Stillzeit war, stand der 25. Jahrestag des Massakers rund um den Platz des Himmlischen Friedens in Peking ins Haus. Pia hatte eine Geschichte angeboten, für deren Realisierung sie in die Millionenstadt Wuhan reiste. Dort hatte Yongbin ein Treffen mit einem der Studenten von 1989 organisiert, der sich damals im Dunstkreis der Anführer der Proteste bewegt hatte. Er lebte bei seinen Eltern. All seiner Bürgerrechte offiziell entledigt war ihm nicht erlaubt, am geregelten Alltag in China teilzunehmen. Die Kommunistische Partei hatte ihn erst für einige Jahre ins Gefängnis gesteckt und ihm danach jeden erdenklichen Stein in den Weg gelegt, um ihn für alle Zeiten für die Teilnahme an den Protesten 1989 zu bestrafen. Keine Firma durfte ihn einstellen, kein Hausbesitzer ihm eine Wohnung vermieten.

Pia entschied sich dazu, auf die Reise nach Wuhan Mats mitzunehmen. »Wir gehen da rein, machen das Interview und hauen wieder ab«, sagte sie zu mir. Die Wahrscheinlichkeit, den Mann trotz seiner Vorgeschichte unbemerkt treffen und interviewen zu können, war also durchaus gegeben. Es waren noch über zwei Monate bis zum 4. Juni. Die strenge Überwachung von Dissidenten und Aktivisten begann die Staatssicherheit meistens erst einige Wochen vor dem Stichtag.

Zu dritt machten sich Pia, Yongbin und Mats auf nach Wuhan, während Lily und ich daheim in Shanghai blieben. Nach zwei Stunden Flugzeit erreichten sie die Stadt am Yangtse und begaben sich auf die Suche nach der Adresse, die der Mann angegeben hatte.

Das Haus lag in einer Nachbarschaft mit mehrstöckigen Reihenhäusern, die durch schmale Straßen verbunden waren. Ein paar alte Menschen hielten sich an öffentlichen Sportgeräten fit, einige andere standen vor Schaukästen, in denen die Seiten der aktuellen Tageszeitung ausgehängt waren. Der Häuserblock wurde von einem Wärter bewacht, der in seinem Häuschen ein Radio angestellt hatte. Er nahm sofort zur Kenntnis, dass eine Ausländerin das Gelände betrat. Yongbin beschwichtigte ihn mit ein paar Worten. Doch weil die Behörden sehr genau wussten, wer dort unter anderem wohnte, musste Pia damit rechnen, dass der Mann an der Pforte unmittelbar Alarm schlagen würde, obwohl sie ein Baby auf die Brust geschnallt hatte.

Denunzianten saßen in China an jeder Ecke. Organisiert wurden sie meist über die Nachbarschaftskomitees. Wenn es nicht die Wärter waren, dann waren sie an ihren roten Armbinden zu erkennen. Normale Leute, meist pensioniert und mit gespitzten Sinnen. Sie meldeten alles, was nicht der Norm entsprach, weil ihnen eingetrichtert wurde, sie müssten ihr Vaterland gegen zersetzende Kräfte verteidigen. Das Beste, was sie dagegen tun konnten, war, ausländische Besucher anzuzeigen.

Bei einem Besuch einer Nachbarschaft in Peking kurz vor den Paralympics 2008 betraten wir einen Innenhof, in dem eine ältere Dame ihren Komiteedienst schob. Wir besuchten dort einen Rollstuhlfahrer, der uns seine Geschichte erzählte. Wir gelangten unbemerkt ins Gebäude, aber beim Verlassen des Hauses stand die resolute Frau vor uns, um zu verhindern, dass wir noch ein paar Aufnahmen von dem Innenhof drehten. Sie sprach nicht mit uns, sondern begann damit, wie eine Sirene zu heulen. Laut, schrill, unaufhörlich. Aber niemand sah sich veranlasst, uns des Hofes zu verweisen. Alle schauten nur neugierig zu, während die kreischende Alarmanlage noch immer vor unserer Linse herumsprang. Es war ein völlig absurdes Schauspiel, das die Frau veranstaltete. Wir versuchten, sie zu fragen, weshalb sie uns hindern wollte zu drehen. Doch die einzigen Töne, die sie hervorbrachte, ergaben nur ein grelles Schnattern. Nach fünf Minuten gaben wir schließlich auf und zogen von dannen.

Der Wächter in Wuhan dagegen schrie nicht. Aber Pia

war auf der Hut. Sie wollten schnell arbeiten. Sie betraten die Wohnung des Dissidenten im zweiten Stock, begrüßten sich freundlich und begannen gleich damit, die Kamera aufzubauen. Yongbin übernahm die Technik, während Pia mit Mats auf dem Arm ein bisschen vorfühlte, wie sich das Leben des Mannes 25 Jahre nach dem Tiananmen-Massaker darstellte.

Für gewöhnlich brachte Pia viel Zeit für ihre Interviews auf. Dennoch waren sie häufig der deutlich kürzere Teil von intensiven Unterhaltungen, die den offiziellen Fernsehteil einrahmten. Die Erfahrung lehrte uns, dass es sich lohnte, mit unseren Gesprächspartnern viel Zeit einzuplanen, weil diese dann merkten, dass unser Interesse an ihren Erzählungen aufrichtig war. Damit wuchsen auch das Vertrauen und die Bereitschaft, offen mit uns zu reden. Das galt übrigens nicht nur für China, sondern prinzipiell für jeden Gesprächspartner, ganz egal, wo auf der Welt. Nicht immer war es praktikabel, lange und ausführlich miteinander zusammenzusitzen. Umso wichtiger war, die volle Aufmerksamkeit und Konzentration auf das zu lenken, was der Interviewte vermitteln wollte. Es war einfach auch eine Frage des Respekts. Viele unserer Gesprächspartner gingen ein Risiko ein. Oft taten sie uns einen Gefallen, indem sie uns ihre Zeit zur Verfügung stellten, damit wir gute Ergebnisse unserer Arbeit in die Redaktionen liefern konnten. Das galt für Dissidenten wie für Finanzfachleute gleichermaßen.

Die Gespräche mit Dissidenten standen immer noch unter einem besonderen Stern. Sie waren die Opfer eines autoritären Systems, dem es gelang, Menschen sozial völlig zu isolieren. Viele ihrer Mitmenschen sahen in ihnen Unruhestifter, die eine bessere Behandlung vom Staat nicht verdient hatten. Wer so urteilte, riskierte keinen Ärger mit dem Staat.

Mit Mats in Wuhan aufzukreuzen, war keine Selbstverständlichkeit für Pia. Der Mann hatte einiges durchgemacht, und sie wollte nicht respektlos erscheinen, wenn sie einen Säugling zum Interview mitbrachte. Doch was sollte sie tun, wenn sie Muttersein und ihren Job vereinen wollte? Ihr Interviewpartner nahm ihr jedenfalls nicht übel, dass das Baby dabei war. Und es behinderte auch die Arbeit nicht. Das war nicht ganz unwichtig, weil ein drohender Überraschungsbesuch der Staatssicherheit in der Luft lag.

Mats hatte während des gesamten Interviews auf dem Bett des Dissidenten gelegen. Gerade als Pia und Yongbin sich zum Aufbruch bereit machten, legte sich ein süßlicher Duft über das Zimmer. Das Kind hatte sein Geschäft erledigt. Nicht dramatisch, konnte passieren. Aber wenn es das nur gewesen wäre. Als Pia schnell eine neue Windel anlegen wollte, spürte sie warmfeuchten Austritt am Rücken des Jungen. Die Windel war komplett übergelaufen. Die gelbbraune Masse klebte dem Kind am Rücken und schmierte die Bettdecke des Gastgebers ein. »Oh nein«, sagte Pia und begann sofort, sich mehrfach zu entschuldigen.

»Méi shì, méi shì«, sagte der Mann und lächelte. »Macht nichts, macht nichts!« Was sollte er auch sonst sagen, nachdem ihm ein Baby auf den Bettbezug geschissen hatte. Tatsächlich nahm er es mit einem Lächeln. Pia wurde etwas unruhig. Die Komplettreinigung des Jungen kam jetzt ziemlich ungelegen, aber solche Unwägbarkeiten gehörten eben dazu, wenn Mats mit auf Reisen ging. Nach ein paar Minuten war das Kind sauber und der verdreckte Strampler verpackt.

Die Zeit drängte. Tatsächlich war die Staatssicherheit bereits zu ihnen unterwegs, was Pia zu diesem Zeitpunkt aber nur vermuten konnte. In aller Eile packten sie ihre Sachen zusammen und schossen noch einige Bilder von dem Mann bei der Arbeit. Er half seinen Eltern in deren winzigem Kopierladen aus, den sie unten im Haus betrieben. Die Bilder benötigte sie einmal mehr, um das Leben des Mannes besser dokumentieren zu können. Noch einmal zehn Minuten vergingen. Dann endlich verabschiedeten sie sich.

Pia und Yongbin hielten ein Taxi vor dem Wohnblock, verstauten ihr Gepäck und entschwanden in Richtung Flughafen. Damals war es noch möglich, ein Taxi auf der Straße einfach heranzuwinken. Wer sich heute auf sein Glück verlässt, steht sich wohl stundenlang die Beine in den Bauch. Dutzende Taxis fahren an einem vorbei, ohne dass die Fahrer überhaupt zur Kenntnis nehmen, dass man ihnen zuwinkt. Alle sind auf dem Weg zur nächsten Bestellung, die ihnen per Applikation auf das Mobiltelefon gespielt wird. Gegner der Digitalisierung werden in China nicht glücklich.

Zehn Minuten saßen die beiden im Auto, als Yongbins Telefon klingelte. Der Dissident war am Apparat. »Geht's euch gut?«, fragte er.

»Klar«, sagte Yongbin, »wir sind gerade auf dem Weg zum Flughafen.«

»Die Staatssicherheit war gerade hier.«

»Oh. Was wollten sie?«

»Wissen, wer ihr seid und was ihr vorhabt.«

»Und was hast du ihnen gesagt?«

»Dass wir über mein Leben gesprochen haben. Sonst nichts. Und dass ich nicht wüsste, wo ihr hinwollt.«

»Gut. Danke für den Hinweis. Und danke nochmal für deine Zeit«, antwortete Yongbin.

»Kein Problem. Beeilt euch jetzt.«

Yongbin drehte sich zu Pia um, und erzählte, was er gerade erfahren hatte.

»Haben sie ihm Ärger gemacht?«, fragte sie.

»Hat er nicht gesagt. Sie waren nur ganz kurz bei ihm. Er meint, wir sollen uns beeilen.«

Mats bekam von alledem nichts mehr mit. Er war selig in seinemTragesitz eingeschlafen.

18

Good bye, Mao

Es war Anfang Dezember 2015, als der Container kam. Ein Heer an Möbelpackern stürmte unsere Wohnung. Die Männer waren an Geschwindigkeit nicht zu überbieten. Das musste man ihnen lassen. Ich schätze, es waren um die 20 Leute, die unser Hab und Gut in Pappkartons verschwinden ließen. Einer von ihnen ließ ein großes Einmachglas, das mit Münzen gefüllt war, mitgehen: kein großer Schaden. Ansonsten verlief der Umzug einwandfrei. Beinahe zumindest. Möbelpacker in China sind dermaßen in ihre Aufgabe vertieft, dass sie keine Fragen stellen, wenn ihnen etwas spanisch vorkommen müsste. Da war zum einen dieser nicht geleerte Mülleimer mit benutzten Babywindeln. Der ging ebenso in einen der Kartons wie Pias Geldbörse.

Sie hatte das gute Stück in einer Handtasche verstaut, die neben ein paar Jacken auf einer Kommode lagen. Die Männer griffen Jacken und Tasche und stopften sie in einen der Kartons. Das war ein ziemlich großes Problem für uns, weil sich in der Geldbörse eine Kreditkarte befand, die wir zwingend benötigten, um die Zahlung diverser Flugreisen zu bestätigen, die unmittelbar vor uns lagen. Die Sache ging allerdings gut aus, weil Pia sich sehr genau erinnerte, wo die Handtasche gelegen hatte, ehe sie verpackt wurde. Sie rief das Unternehmen an und bat darum, in dem vollgepackten Container die Kartons zu öffnen, die in der Nähe besagter Kommode platziert waren.

Im zweiten oder dritten Karton fanden die Arbeiter tatsächlich die Handtasche mit Geldbörse und der Kreditkarte darin. Uns blieb viel, viel Ärger erspart. Es war die angemessene glückliche Fügung, die Pia angeschoben hatte mit ihrer bewundernswerten Fähigkeit, sich zu merken, wo sie die Dinge ablegte. Hätten wir meine Kreditkarte gesucht, hätten wir wahrscheinlich den gesamten Container ausräumen müssen. Und ich meine den ganzen Container.

Wir verbrachten die letzte Nacht bei Freunden, ehe wir am Morgen danach vom Flughafen Hongqiao nach Südchina reisten. Wir begaben uns von dort auf einen dreimonatigen Roadtrip, zu dessen Beginn wir über den Landweg von China nach Laos einreisten. Das Fernziel unserer Reise war Spanien, die nächste Station unseres Lebens. Es war ein wehmütiger Moment, als wir die chinesisch-laotische Grenze überquerten in dem Bewusstsein, dass wir zwar unter Garantie wiederkehren, aber wahrscheinlich nie wieder als Residenten in der Volksrepublik leben würden.

Unsere anstehende Reise durch sieben Länder wollten wir auch dafür nutzen, die vergangenen neun Jahre Revue passieren zu lassen. Die ganze Wucht dieser Erfahrung, ihre Kraft, uns als Menschen, aber auch als Journalisten zu formen, war uns damals noch nicht bewusst. Wenn uns jemand fragte, ob es die richtige Entscheidung war, so lange in China gelebt zu haben, dann lautete unsere Antwort: »Es war die beste Entscheidung, die wir für unsere Leben treffen konnten. Privat und beruflich.«

Wir lernten viel über Journalismus, über Menschen, über unterschiedliche Kulturen und natürlich über uns selbst. Wir perfektionierten in dieser Zeit unsere Fähigkeit, uns an die Umstände anzupassen, die uns umgaben. Zuhause ist, wo man sich heimisch einrichtet. Ein Freund von mir aus Deutschland sagte mal zu mir: »Wenn du von Zuhause sprichst und Rotchina meinst, da läuft es mir eiskalt den Rücken herunter.«

Tatsächlich bedeutete dieses Land Zuhause für uns. Wir fanden Freunde, chinesische wie ausländische, von denen ein Teil uns für den Rest unseres Lebens begleiten wird. Nicht zwingend in allzu großer Nähe, aber immer verbunden trotz der großen Distanzen, die zwischen uns liegen.

Wir lernten das Kommen und Gehen kennen, das in Städten wie Peking oder Shanghai unter Ausländern üblich war. Auch die Kinder lernten, Freunde ziehen zu lassen, weil die Lebenswege sich nach wenigen Jahren trennten. Diese Erfahrung war in unseren Augen unbezahlbar. Es schaffte Unabhängigkeit und Selbstbewusstsein, Aufgeschlossenheit und Kontaktfreude. Die Kinder wuchsen zudem mit drei Sprachen auf. Englisch als erste Sprache im Kindergarten, flankiert von Mandarin, gesprochen von den Assistentinnen. Yongbin und andere chinesische Freunde, unsere Babysitter, aber auch die Nachbarn und überhaupt alle Chinesen, die mit unserem Leben zu tun hatten, sprachen ausschließlich Mandarin mit Lily und Mats. Und in der Familie sprachen wir Deutsch.

Für Pia und mich galt der kulturelle Gewinn ja genauso. Die Sprache war eines, aber darüber hinaus sogen wir asiatisches und dabei vornehmlich natürlich chinesisches Leben an jedem Tag tief in unser Bewusstsein, was unseren Horizont und unser grundsätzliches Verständnis für Menschen aus allen Teilen der Welt massiv erweiterte.

Durch Yongbin erhielten wir über die Jahre einen tiefen Einblick in das Denken und Fühlen einfacher Leute vom Land. Wir verbrachten so viel Zeit zusammen, dass wir sehr genau übereinander Bescheid wussten, was Sorgen, Nöte, Vorlieben, Fähigkeiten, Stärken und Schwächen anging. Wenn wir reisten und aßen, diskutierten wir unendlich über das Wesen der Volksrepublik China, die Differenzen zu Deutschland, Yongbins oder unsere Vergangenheit oder einfach die jüngsten Abenteuer, die wir gemeinsam erlebt hatten. Bei dem Gedanken an manche Erlebnisse, bin ich froh, dass ich überhaupt noch lebe.

Für eine Geschichte waren wir in Yongbins Heimatprovinz Anhui gereist. Es ging um die Zucht und den Handel mit Flusskrebsen, eine Leibspeise vieler Chinesen. Einer der Händler stieg in das Wasser eines stillen Flussarms am Rande eines Dorfes. Er trug eine daumendicke Anglerhose aus Gummi, die ihm über die Hüfte reichte, als er durch das Wasser stakste. Wir konnten vom Ufer nur bedingt brauchbare Bilder drehen. Also entschied ich, dem Mann mit der Kamera auf der Schulter in Jeans und knöchelhohen Lederschuhen ins Wasser zu folgen. Es war relativ warm an diesem Tag. Das Wasser reichte mir einige Zentimeter über die Knie. Yongbin sah sich genötigt, es mir gleichzutun. Und so marschierten wir zu dritt langsam durch das Gewässer, dem

Mann immer auf den Fersen, um nah dran zu sein. Zehn Minuten hielten wir uns in der Brühe auf.

Wir trockneten gerade etwas in der Sonne, da stieg der Händler zurück ins Wasser. Mit dicken Gummihandschuhen griff er eine Holzröhre, die im Schilf am Rand des Gewässers verborgen war. Er mahnte uns, ein paar Schritte zurückzugehen. Dann bewaffnete er sich mit einem Holzknüppel und schüttelte die Röhre. Stück für Stück kam der schmale Körper einer Wasserschlange zum Vorschein. Der Mann hämmerte mit aller Wucht auf das Tier und versetzte ihm noch zwei wuchtige Hiebe auf den Schädel, als auch der endlich aus der Falle hervorlugte. Die Schlange war tot. Ich war sprachlos. Wir waren zehn Minuten in einem Gewässer herumspaziert, in dem giftige Schlangen ihr Unwesen trieben, und niemand hatte uns gewarnt. Entsetzt schaute ich Yongbin an, immer noch geschockt.

»Wusstest du das?«

»Ja«, sagt er.

Ja? Ich dachte, mich trifft der Schlag. »Wieso hast du nichts gesagt?«

»Na, ich dachte, wir brauchen die Bilder.«

Ich war fix und fertig. Keinen Zentimeter weit wäre ich in meiner Jeanshose in dieses Wasser gegangen, wenn ich gewusst hätte, dass dort offenbar gefährliche Schlangen hausten. Zumindest so gefährlich, dass der Mann nur mit dicken Handschuhen und einem Knüppel in den Zweikampf mit dem Reptil gegangen war.

»Meí shì«, sagte Yongbin schließlich und sah keinen weiteren Bedarf mehr, über Schlangenbisse, die es nicht gegeben hatte, nachzudenken.

»Ja, meí shì«, brummelte ich in mich hinein. »Macht nichts.« Diese zwei Worte zählten zu den Grundsätzen chinesischer Mentalität. Sie halfen auch uns, und vor allem mir dabei, einige Dinge im Leben gelassener zu sehen.

Wenn wir in den Folgejahren nach China reisten, sei es privat oder beruflich, stand außer Frage, dass wir mit Yongbin und seiner Frau ein paar Stunden verbrachten. Das war nicht immer leicht zu organisieren, weil er selbst viel unterwegs war. Mit dem Einstieg in den Job als Producer 2008 öffneten sich ganz neue Türen für ihn. Mit uns war er erstmals über die Grenze nach Hongkong gereist. Ich erinnere mich, wie er dort während eines Drehs mit dem Mikrofon in der Hand vor die Kamera sprang und in völliger Euphorie jauchzte: »This is Yongbin in Hongkong.«

Er hatte nie eine Universität besucht, sondern war schon mit 17 Jahren als Wanderarbeiter aus seinem Dorf in Zentralchina nach Peking gekommen, um auf dem Bau zu arbeiten. Er war einer der Wanderarbeiter mit gelbem Helm, wie wir ihnen im Laufe der Jahre überall im Land begegneten. Wenig später wechselte er in eine Autowerkstatt, wo er sich die Fähigkeiten aneignete, die uns Jahre später in den Bergen Sichuans die Weiterfahrt ermöglichten. Er begann, autodidaktisch Englisch zu lernen, und als er nach einigen Jahren gut genug war, heuerte er bei einer chinesischen PR-Agentur an, die auch ausländische Kunden betreute. All das passte ihm irgendwann nicht mehr, und er stand bei uns vor der Tür, nachdem wir in einem englischsprachigen Onlineportal annonciert hatten. Er kam völlig durchgeschwitzt zu seinem Vorstellungsgespräch bei uns an, und sein grünes Cordsakko schien völlig aus der Mode. Aber er war ein bodenständiger Typ, der den Job im ersten Anlauf nur deshalb nicht bekam, weil uns eine andere Kandidatin mit Fernseherfahrung geeigneter erschien. Nachdem wir Monate später diese Einschätzung korrigiert hatten, meldeten wir uns bei Yongbin und fragten, ob er an dem Job noch Interesse hätte. Er hatte.

Bei seinen ersten Kurz-Interviews mit Passanten auf der Straße ging es gleich um ein heikles Thema: Tibet. Seine Hand zitterte so sehr, dass ich ihm den Gefallen tat, das Mikro zu halten, während Pia die Kamera führte. Von da an wurde er immer souveräner. Er wuchs enorm mit seinen Aufgaben und entwickelte schnell ein Verständnis für die journalistische Herangehensweise von Reportern aus demokratischen Staaten.

Wir standen allerdings auch mehrfach vor einer Trennung, weil wir ihn oftmals gnadenlos mit Kritik überhäuften, was er von seinen Landsleuten in dieser direkten Form nicht gewohnt war. Er gestand uns dann, wie sehr er an sich zweifelte, und wir versuchten, ihn wieder aufzubauen. Dass wir deutsche Umgangstöne pflegten und damit auch den deutschen Stil der persönlichen Kritik, selbst wenn wir mit Chinesen zusammenarbeiteten, rechtfertigten wir damit, dass wir Yongbin auch sehr viel Zuspruch zugutekommen ließen. Wären wir ein großes Büro gewesen mit vielen Mitarbeitern, wären wir mit unserer Personalführung vielleicht brutal gescheitert, und wir hätten auf andere Strategien zurückgreifen müssen. So wie sehr viele deutsche Angestellte in deutschen Unternehmen in China scheiterten, wo es aber nicht so auffiel, weil sowieso alle zwei Jahre jemand Neues den Job machte. Wir arbeiteten an unserer

Rhetorik und packten Kritik oft in einen Rahmen positiven Feedbacks. Aber wir waren nicht immer dazu bereit. Wir kannten uns so gut, dass wir auch unseren Emotionen oft freien Lauf ließen. Und schließlich fanden wir einen gemeinsamen Weg durch diese Jahre, und heute ist uns Yongbin sehr dankbar für unsere Offenheit, weil sie ihn reifen ließ, wie er uns sagte. Ein halbes Jahr bevor wir das Land verließen, wechselte Yongbin zum *ZDF*, wo man ihn unbedingt haben wollte, nachdem man dort Pias Geschichten über Jahre verfolgt hatte. Er nahm das Angebot dankend an, weil er zurück nach Peking konnte, wo seine künftige Frau lebte. Einige Jahre später wechselte Yongbin indes zum norwegischen Fernsehen. Für unsere restliche Zeit in China fanden wir eine junge Frau namens Lu Sha, die uns schnell ans Herz wuchs und die mit einem unfassbaren Talent zur Netzwerkpflege wertvolle Arbeit in den verbliebenen Monaten für uns leistete.

Yongbin wird uns, wo und wie auch immer, für den Rest unserer Leben als Freund begleiten. Wir entwickelten ein Verständnis für unsere gegenseitigen Macken, die unsere kulturellen Unterschiede ganz einfach mitbrachten, und lernten, uns so zu akzeptieren.

Was lernten wir noch?

Auslandskorrespondenten zu sein, brachte uns im Vergleich zu den Strukturen, in denen wir in Deutschland gearbeitet hatten, in eine gänzlich andere Position. Plötzlich zeichnete uns ein Alleinstellungsmerkmal aus, um das uns viele Kolleginnen und Kollegen zu Hause beneideten. Nicht unbedingt um den Standort China, weil der vielen nicht geheuer war, aber die Möglichkeit zu haben, im Ausland zu leben und zu arbeiten, schien doch einer ganzen Reihe von Journalisten eine verlockende Perspektive zu sein.

Das Außergewöhnliche an unserer Rolle war, dass wir sowohl als Reporter im Einsatz waren, als auch die üblichen politischen Vorgänge begleiteten. Wir reisten entweder durch die Provinz und sprachen mit chinesischen Bauern, oder wir schauten bei Staatsempfängen der Kanzlerin über die Schulter. Wir waren bei den Pressekonferenzen dabei, wenn Chinas Premierminister einmal im Jahr zur Audienz bat oder saßen in Hongkong mit sogenannten Käfigmenschen beim Essen,[39] während ihnen eine Kakerlake aus dem Hemd krabbelte.

Was uns bis heute in der China-Berichterstattung sehr ärgert, ist ihre punktuelle Unvoreingenommenheit gegenüber autokratischen Strukturen. Es kommt vor, dass Entwicklungen oder Fortschritte in der Volksrepublik mit denen in Deutschland verglichen werden. Das ist legitim, solange man das ganze Bild betrachtet. Das heißt, es ist zwingend notwendig, die Gründe zu vermitteln, weshalb und auf wessen Kosten eine Diktatur schnelle Entscheidungen treffen und Vorhaben jeglicher Art einfach umsetzen kann. Andernfalls liefern die Kollegen oder Kolleginnen ein fatales Signal: Nämlich, dass Diktaturen eine gar nicht so schlechte Alternative zur Demokratie sein könnten. Wer sich öffentlich über den Berliner Flughafenbau lustig macht, hat allen Grund dazu. Aber im gleichen Atemzug nach China zu zeigen und zu sagen, schaut mal, wie schnell das dort geht, ist unverantwortlicher Irrsinn.

Es stimmt, dass in China Bauvorhaben in Rekordzeit über die Bühne gehen. Das liegt einerseits daran, dass mehr Geld zur Verfügung steht als sonst auf der Welt. Andererseits wird niemand gefragt, ob ein Projekt tatsächlich betriebswirtschaftlich rentabel, ob es umwelt- und sozialverträglich oder ob es sicher ist, ob es im gesellschaftlichen Konsens steht, ob es unter Umständen zustande kommt, die menschenwürdig sind. Journalismus in liberalen Staaten darf autokratische Regierungen auf der einen Seite nicht für ihre massiven Verletzungen von Menschen- und Bürgerrechten kritisieren, wenn er auf der anderen diese negativen Aspekte im direkten ökonomischen Vergleich mit dem eigenen Land nicht berücksichtigt.

Es ist erst ein paar Wochen her, dass wir am Stadtstrand von Málaga eine chinesische Familie trafen, die aus Chengdu nach Spanien in den Urlaub gereist war. Lily und Mats hatten das Mädchen der Familie beim Toben im Wasser angesprochen und schnell festgestellt, dass ihr Englisch nicht ausreichte. Chinesisch sprachen unsere Kinder leider nicht mehr. Kaum drei Monate aus dem Land weigerten sie sich, ein einziges Wort zu sprechen. Stattdessen richteten sie ihre Kapazitäten auf das Spanische. Also hielt ich als Übersetzer her und fragte das Kind nach ihrem Alter, wo sie herkam und ob sie hier im Urlaub war. Das genügte unseren Kids an Informationen. Fortan bauten sie gemeinsam mit dem Mädchen eine Stadt aus Sand mit einem Bewässerungssystem, das jedem chinesischen Ingenieur den blanken Neid ins Gesicht getrieben hätte.

Über das Spiel der Kinder kamen wir mit dem Vater ins Gespräch. Der Mann war natürlich erstaunt, dass hier jemand Chinesisch mit ihm sprach. Aber vor allem war er glücklich, jemanden gefunden zu haben, der ihm das Gefühl vermittelte, in Europa willkommen zu sein. Wir waren sicherlich nicht die Einzigen, die das so empfanden, aber wir waren vermutlich die Einzigen, die es der Familie in ihrer Sprache vermitteln konnten. Es ging dabei nicht darum, ein herzliches Willkommen auszurichten und einen schönen Urlaub zu wünschen. Es ging ausschließlich darum, sich aufrichtig füreinander zu interessieren. Wer seid ihr, was macht ihr, was sind eure Pläne? Das genügte, um zu zeigen, dass wir uns freuten, chinesische Touristen zu begrüßen. Er spürte das, und wir verabschiedeten uns lachend und herzlich.

Diese kleine Erinnerung beschreibt unser Verhältnis zu China und seinen Menschen wohl sehr gut. Wir werden uns auf eine gewisse Art und Weise immer fremd bleiben, aber wir werden stets auf die Chinesen zugehen, weil wir ihnen vermitteln wollen, dass wir eine spezielle Verbindung zu ihnen empfinden. Wir wurden so oft in China von fremden Menschen mit unfassbarer Herzlichkeit empfangen, dass es nun an uns liegt, den Chinesen in Europa diese Herzlichkeit zurückzugeben.

Danksagung

Ich möchte meiner Frau Pia für ihre Bereitschaft und ihren Mut danken, dass sie das Abenteuer China mit mir eingegangen ist. Ihre Entschlossenheit, ihr eiserner Wille und ihr Zuspruch haben mir immer dabei geholfen, neue Ziele zu setzen und nicht aufzugeben. Ich möchte ihr danken, dass sie trotz der beruflichen Anforderungen, eine großartige Mutter für zwei wunderbare Kinder geworden ist. Pias Energie hat unserer Familie viel Glück beschert.

Dankbar bin ich auch Mathilda Göpfert, Gesa Weiß und Kristina Langenbuch von der Literaturagentur Langenbuch & Weiß für ihre unermüdliche Unterstützung aller meiner Projekte.

Meinem Freund Töm möchte ich danken für seine aufrichtige Begeisterung und sein Interesse an unserer Arbeit sowie für seine unermüdliche Bereitwilligkeit, mir als Gesprächspartner und Ratgeber alternative Perspektiven aufzuzeigen.

Und nicht zuletzt geht ein großer Dank an Peter Kloeppel für seine Bereitschaft, das Vorwort zu schreiben. Wegen seiner Unterstützung haben wir unsere China-Pläne zuversichtlich umsetzen können.

Anmerkungen

1 Den Begriff »Stasi« nutzten wir der Einfachheit halber synonym für alle Beamten, die uns irgendwo im Land beobachteten oder uns nachspionierten. Ob es sich tatsächlich immer um Beamte handelte, die dem Ministerium für Öffentliche Sicherheit unterstellt waren, blieb uns verborgen. Dennoch nutzen wir diese allgemeine Bezeichnung auch in diesem Buch. Sie kann ebenso die örtlichen Mitarbeiter vom Büro für auswärtige Angelegenheiten oder des Propagandaministeriums oder auch Polizisten in Zivil meinen.

2 https://www.nchrd.org/wp-content/uploads/2014/10/Report-compressed.pdf

3 http://content.time.com/time/specials/2007/article/0,28804,1661031_1661028,00.html

4 Mitte 2017 traf Pia beide Familien noch einmal. Ein Kind war nach mehreren Jahren wiedergefunden worden und zu seinen leiblichen Eltern zurückgekehrt. Man hatte es mithilfe einer Suchaktion im Internet identifiziert. Tatsächlich war der Junge im Alter von zwei Jahren im Auftrag eines Ehepaares geraubt worden, weil es selbst keine Kinder bekommen konnte. In dem anderen Fall, zu dem wir damals den Polizisten befragt hatten, blieb der Junge vermisst.

5 Acht Jahre später ließen die Behörden die Witwe auf Druck der Bundesregierung nach Berlin ausreisen.

6 https://www.theguardian.com/world/2001/jun/11/china.internationaleducationnews

7 https://www.deutschlandfunk.de/chinesischer-dissident-hu-jia-biografie-eines-radikalen.1310.de.html?dram:article_id=307889

8 https://edition.cnn.com/2016/04/21/asia/china-foreign-spies/index.html

9 https://www.spiegel.de/kultur/gesellschaft/china-korrespondentin-ueber-attacke-auf-ard-team-a-886452.html

10 https://bitterwinter.org/xi-jinping-portraits-replace-catholic-symbols/

11 https://www.nytimes.com/2019/12/30/world/asia/china-wang-yi-christian-sentence.html

12 Caja Thimm: *China im Spiegel der Printmedien – Zwischen Ver-*

dammung und Erhöhung? In: Friedemann Vogel, Wenjian Jia (Hg.): Chinesisch-Deutscher Imagereport: Das Bild Chinas im deutschsprachigen Raum aus kultur-, medien- und sprachwissenschaftlicher Perspektive (2000-2013). Berlin/Boston 2017: Walter de Gruyter, S. 29–47, hier S. 37.

13 Ebd., S. 39.

14 https://www.sueddeutsche.de/medien/china-ausland-medien-1.4381901

15 https://www.sueddeutsche.de/politik/china-deutschland-china-bruecke-1.4757650?fbclid=IwAR1h6B5vCxdFdg9qTGqBBy5DEko2qt4uSt7cX0LfupTI9sMZ7oO8bvoy3B4

16 https://www.thelancet.com/journals/lanplh/article/PIIS2542-5196(17)30076-1/fulltext

17 https://www.scmp.com/news/china/society/article/2056553/smog-linked-third-deaths-china-study-finds

18 https://www.sueddeutsche.de/wirtschaft/hp-zulieferer-foxconn-wieder-am-pranger-1.1984118

19 https://www.faz.net/aktuell/wirtschaft/agenda/china-systematische-misshandlungen-in-kindergaerten-15307518.html

20 https://www.deutschlandfunk.de/china-zwangsraeumungen-in-peking-sorgen-fuer-entsetzen.1773.de.html?dram:article_id=401750

21 https://www.zeit.de/gesellschaft/zeitgeschehen/2018-11/autori tarismus-rechtsextremismus-antisemitismus-deutschland-ost-west-studie-uni-leipzig?fbclid=IwAR367LwzczSE9g1nvT4EMswFgbmbbxN1m_avAuZbWBcvq7rJbGB52riu2DQ

22 https://www.theguardian.com/world/2018/feb/22/how-china-snatched-gui-minhai-train-beijing-bookseller-hong-kong

23 https://www.n-tv.de/politik/Sind-Chinas-Soldaten-schon-in-Hongkong-article21397485.html

24 https://www.n-tv.de/politik/Ich-werde-keinen-Selbstmord-begehen-article21514162.html

25 https://www.zeit.de/politik/ausland/2019-11/proteste-hongkong-china-universitaet-demonstranten

26 https://www.reuters.com/article/us-china-xinjiang-rights/15-million-muslims-could-be-detained-in-chinas-xinjiang-academic-idUSKCN1QU2MQ

27 https://www.nytimes.com/interactive/2019/11/16/world/asia/china-xinjiang-documents.html

28 https://www.nytimes.com/interactive/2019/11/16/world/asia/china-detention-directive.html; Seite 4, Punkt 6

29 https://www.sueddeutsche.de/politik/china-deutschland-china-bruecke-1.4757650?fbclid=IwAR1h6B5vCxdFdg9qTGqBBy5DEko2qt4uSt7cX0LfupTI9sMZ7oO8bvoy3B4

30 https://www.nytimes.com/interactive/2019/11/16/world/asia/china-detention-directive.html; Seite 4, Punkt 6

31 https://apnews.com/9d43f4b74260411797043ddd391c13d8

32 https://www.bbc.com/news/10565838

33 https://www.mittelbayerische.de/politik-nachrichten/eltern-kranker-kinder-muessen-zahlen-21771-art329356.html
34 https://qz.com/1323471/ten-years-after-chinas-melamine-laced-infant-milk-tragedy-deep-distrust-remains/
35 https://www.reuters.com/article/us-china-tiananmen-mother/wary-china-keeps-close-watch-as-tiananmen-anniversary-arrives-idUSKBN0EE2GN20140603
36 https://www.dw.com/de/chinesische-sch%C3 %BClerin-fast-allein-im-klimastreik/a-51038344
37 https://www.nytimes.com/2019/07/12/world/asia/china-journalists-crackdown.html
38 https://www.wsws.org/en/articles/2008/10/chin-o16.html
39 https://www.faz.net/aktuell/wirtschaft/wirtschaftspolitik/armut-in-hongkong-der-kaefig-als-letztes-zuhause-1858608.html